农业与服务业一体化发展研究

李 娟 著

新 华 出 版 社

图书在版编目（CIP）数据

农业与服务业一体化发展研究 / 李娟著. -- 北京：
新华出版社, 2024. 8. -- ISBN 978-7-5166-7513-7

Ⅰ. F323；F726.9

中国国家版本馆CIP数据核字第2024BR4617号

农业与服务业一体化发展研究

著者：李娟

出版发行：新华出版社有限责任公司

（北京市石景山区京原路 8 号　邮编：100040）

印刷：北京昌联印刷有限公司

成品尺寸：170mm×240mm　1/16　　印张：14.5　字数：220 千字

版次：2024 年 8 月第 1 版　　　　　印次：2024 年 8 月第 1 次印刷

书号：ISBN 978-7-5166-7513-7　　　定价：74.00 元

微店　　　　视频小号店　　　抖店　　　　京东旗舰店　　　请加我的企业微信

  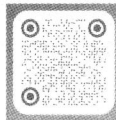 

微信公众号　　喜马拉雅　　　小红书　　　淘宝旗舰店　　　扫码添加专属客服

前　言

　　农业与服务业一体化发展是一项综合性的研究工作，旨在促进农业和服务业的深度融合，实现农村经济的可持续发展。这一领域的研究内容主要涉及农业生产、服务业发展、农村经济结构调整等多个方面。农业与服务业一体化发展的研究内容之一是农业生产的现代化和提质增效。这包括推动农业科技创新，引导农业生产向精细化、高效化方向发展。

　　随着经济的发展和科技的进步，农业与服务业的融合已经成为一种趋势。本书以农业与服务业一体化发展为主题，深入探讨了农业与服务业的互动关系、一体化发展的模式与实践、政策建议等方面。首先，本书分析了农业与服务业的发展现状，揭示了农业与服务业之间的相互影响和作用。在此基础上，阐述了农业与服务业一体化发展的理论基础，包括产业融合理论、产业链整合理论和生态系统理论，分析了农业与服务业一体化发展的必然性。其次，本书探讨了农业与服务业一体化发展的模式与实践。通过深入剖析不同模式的特点和适用范围，总结了各种模式的优缺点。同时，选取了德州市一些典型的一体化发展实践案例，分析了其成功经验与不足之处。此外，还预测了未来农业与服务业一体化发展的方向和重点。最后，本书提出了促进农业与服务业一体化发展的政策建议。这些建议旨在完善政策法规体系、加强基础设施建设、培育新型经营主体、强化科技创新驱动和优化服务体系等方面，为农业与服务业的一体化发展提供有力支持。

　　总之，本书对农业与服务业一体化发展进行了全面而深入的研究，为相关决策提供了有益的参考。通过阅读本书，读者可以更好地了解农业与服务业的发展趋势，以及如何更好地促进它们的融合发展。

目　录

第一章　农业与服务业一体化发展概述

第一节　农业与服务业一体化的概念与定义

一、农业与服务业一体化的概念

（一）农业与服务业的基本概念

农业和服务业是两个在社会经济中占有重要地位的概念，它们分别代表了人类在食物生产和多元化社会需求方面的活动。农业是指人类通过耕种、养殖等方式从事的食物和原材料的生产活动，而服务业则是指提供各种服务的产业，涵盖了从交通、医疗、教育到娱乐等多个领域。这两者的交互影响和相互促进，对于整个经济体系和社会发展都具有深远的意义。农业作为基本概念，代表了人类通过耕作、种植、养殖等方式生产食物和原材料的经济活动。农业的本质是对自然资源的利用和对植物、动物的培育。在农业中，农民通过劳动，利用土地和水资源，种植各类农作物，养殖家畜，以满足人们的食物和生活所需。

农业不仅仅是一种经济活动，更是涉及生态平衡、气候变化、水资源利用等多个方面的综合性活动。它不仅关乎个体生计，更关系到整个社会的稳定和可持续发展。服务业作为另一个基本概念，指的是一系列提供服务的产业。服务业的本质是通过为人们提供各种服务来满足社会的多样化需求。这包括但不限于交通运输、医疗卫生、教育培训、金融服务、娱乐休闲等多个领域。服务业的兴盛反映了社会的进步和人们对生活质量的不断提升。服务业的发展既为社会提供了多样性的选择，也为经济注入了新的动力。与传统的农业和制造业相比，服务业的特点是知识密集、技术导向和创新驱动。服务业的繁荣对于推动经济结构升级，提高国家综合竞争力具有重要意义。农业与服务业之间存在密切的联系，两者相互依存。农业为服务业提供了生产所需的食物和原材料。服务业无法独立存在，它需要农业提供充足的物质基础。在服务业发展的过程中，农业提供了原材料支持，为服务的提供提供了必要的资源基础。服务业为农业提供了各类支持服务。这包括了运输、市场销售、金融服务等方面。服务业的发展为农业产品的流通提供了便捷的渠道，为农民提供了更多的销售途径。服务业也通过技术手段，为农业提供先进的种植、养殖、管理等方面的支持，提高农业生产效率。农业与服务业一体化的发展成为当前社会经济发展的趋势。在这一趋势下，农业不再仅仅是生产性的经济部门，而是与服务业融合发展，形成了更加综合性的产业体系。这种一体化发展体现在多个方面。农业产品通过服务业的流通和销售网络更加便捷地进入市场，满足了人们对食物的需求。服务业通过提供农业科技、信息、金融服务等方面的支持，促进了农业生产的现代化和提质增效。这种一体化发展有助于打破传统的农业经济模式，推动农村经济的多元化发展。

农业与服务业一体化发展也面临一系列的挑战。其中之一是如何平衡农业和服务业的发展，防止资源过度倾斜。服务业的发展需要更多的技术和人才支持，而农村地区在这方面可能存在短缺。因此，如何促进农村人才培养和科技创新，是农业与服务业一体化发展亟待解决的问题之一。农业与服务业是社会经济中两个不可或缺的基本概念。它们相互依存、相互促进，共同构建了一个多元化、综合性的经济体系。农业通过提供食物和原材料支持服务业的发展，而服务业则通过提供各类支持服务促进农业的现代化和提质增效。农业与服务业一体化的发展趋势体现了社会经济结构的不断演进，对于实现可持续发展具有重要意义。

（二）农业与服务业一体化的概念

农业与服务业一体化是一种融合发展的经济模式，其核心思想在于将传统的农业生产与现代服务业有机结合，实现资源优化配置、提升产业附加值的目标。这种一体化的概念体现了经济发展的新趋势，旨在促进农村经济的多元化，实现农业产业链的全面升级。一体化的初衷在于推动农业生产方式的变革。传统的农业模式往往过于单一，依赖天气和季节，容易受到自然灾害的影响。一体化的概念强调农业与服务业的深度融合，通过引入现代技术和管理手段，实现农业生产的科学化和规模化。这种方式不仅提高了农业的生产效益，也降低了农业生产的风险，使农业成为更为可持续的产业。一体化还强调了服务业在农村经济中的角色。

传统上，农村往往被认为是农业的代名词，而服务业在农村的发展受到一定制约。一体化的概念突破了传统的观念，将服务业作为农业的有机补充，通过引入服务业的元素，促进农业生产的现代化和产业结构的多元化。这样的发展模式为农村创造了更多的就业机会，提升了农民的收入水平，同时也为农村经济的全面发展提供了动力。在一体化的实践中，关键在于建立完善的农业与服务业协同发展机制。这种机制需要涵盖政府、企业和农户等多方面的参与。政府在政策上要积极引导，提供支持和保障，创造有利于农业与服务业融合发展的环境。企业需要主动参与，通过技术创新和市场拓展，推动产业链的升级。农户则需要加强学习，适应新的生产方式和市场需求，提高农业的竞争力。一体化的概念也强调了农业与服务业之间的相互渗透。传统上，农业和服务业往往被划分为两个独立的领域，彼此之间联系有限。一体化的发展思路突破了这种划分，提倡农业与服务业的深度协同。农业通过引入服务业的管理理念和技术手段，提升生产效率；而服务业通过与农业深度合作，推动服务业的可持续发展。这样的相互渗透不仅能够提高产业附加值，也为农业和服务业带来了更多的发展机遇。农业与服务业一体化的概念是一种适应现代经济发展需求的战略性选择。它不仅在技术层面推动了农业的升级，也在产业结构上实现了更为合理的布局。这种一体化的发展思路不仅符合经济全球化的趋势，也为农村经济提供了新的发展路径。通过不断完善一体化的机制，推动农业与服务业的深度融合，我国农村经济将能够实现更为可持续、高效的发展。

（三）农业与服务业一体化的概念框架

农业与服务业一体化是指在经济体系中，将农业和服务业紧密融合，实现互相促进、协同发展的一种新型经济模式。这一概念框架涵盖了多个层面的关系与互动，包括经济结构、生产模式、市场需求、科技创新等多个方面。农业与服务业一体化的概念框架为实现农村经济的现代化提供了新的思路与战略。农业与服务业一体化在经济结构层面体现为农业与服务业相互渗透、融合发展。

传统上，农业和服务业被划分为两个独立的经济部门，但随着社会经济的发展，这两者之间的界限逐渐模糊。农业不再仅仅是农产品的生产者，也涉及农业旅游、休闲农业等服务性行业。服务业不再仅仅是城市中的产业，也逐渐渗透到农村地区，包括农业科技服务、文化创意服务等。农业与服务业一体化的经济结构框架提倡通过深度融合，实现产业结构的优化升级，促使农村经济更好地适应现代经济的需求。生产模式层面是农业与服务业一体化的另一核心。这一层面的框架体现在将服务业的创新与农业的生产有机结合，以实现农业生产的提质增效。服务业的技术、管理、信息化等先进经验可以被引入到农业生产中，提高农业生产的现代化水平。通过大数据技术，可以实现农业生产过程的精细管理；通过农业科技服务，可以为农民提供先进的种植、养殖等技术支持。这种深度融合的生产模式不仅提高了农业生产的效益，也推动了服务业的创新与发展。在市场需求层面，农业与服务业一体化框架体现在更为多样化、个性化的消费趋势。

随着城市化进程的推进，人们对生活品质的要求不断提高，对服务的需求也越发多元。农业与服务业一体化的市场需求框架强调通过提供农业产品和服务业的结合产品，满足不同层次、不同群体的个性化需求。农业旅游结合了农业生产和休闲服务，成为一种受欢迎的生活方式。这种多元化、个性化的市场需求促使农业与服务业更加紧密地相互配合，共同满足市场的多样化需求。在科技创新层面，农业与服务业一体化的框架体现为技术的双向渗透与创新。服务业的信息技术、人工智能等高新技术可以被引入到农业生产中，提高农业生产效率；而农业的生产经验、资源整合等方面也可以为服务业的创新提供参考与支持。这种技术创新的相互渗透使得农业与服务业更好地协同发展，共同推动经济社会的进步。

农业与服务业一体化的概念框架还涉及社会关系与文化层面。这体现在人们对于农业与服务业一体化所形成的新型社会关系的构建。在传统社会中，农民主要通过农业生产谋取生计，而城市居民更多依赖服务业提供的服务。而在农业与服务业一体化的框架下，农村居民也可以通过提供服务来增加收入，城市居民也可以通过参与农业产业来体验农村生活。这种新型社会关系的构建有助于弥合城乡差距，促进社会的协同发展。农业与服务业一体化的概念框架是一个复杂而多层次的体系，包括经济结构、生产模式、市场需求、科技创新、社会关系与文化等多个方面。这一框架为农村经济的现代化提供了全新的视角与战略，强调了农业与服务业的相互依存与协同发展，为构建更加均衡、可持续的经济体系提供了理论与实践的指导。

（四）农业与服务业一体化的政策支持与发展方向

农业与服务业一体化的政策支持是推动这一模式可持续发展的关键。政府需要从多个层面出发，制定有力的政策措施，为农业与服务业的深度融合提供坚实保障。政府应当在财政方面加大对农业与服务业一体化的资金支持。通过设立专项资金、优惠贷款政策等方式，加大对农业与服务业的投入力度。这样的资金支持可以用于引导企业在农村地区兴办服务业，为农业提供现代化的科技支持，促进农业与服务业的深度协同发展。政府需要制定激励措施，鼓励企业积极参与农业与服务业的一体化。可以通过给予企业税收减免、用地政策支持等方式，引导企业积极投身到农业产业链的服务环节，提升服务业的水平。这样的激励措施有助于形成更加紧密的农业与服务业一体化发展格局，促进产业结构的升级。政府还应加强对农业与服务业一体化的技术支持。通过建立科研机构、设立农业科技创新基地，提高农业科技水平，推动现代科技手段在农业生产和服务业中的广泛应用。这样的技术支持能够促使农业与服务业更好地相互渗透，实现资源优化配置，推动产业升级。

政府还应制定有力的市场准入政策，促进服务业与农业的深度合作。通过降低市场准入门槛、简化手续，鼓励更多的服务业企业进入农村市场。这样的政策有助于丰富农村市场供给，提升农村居民的生活品质，同时也为服务业企业提供了更广阔的发展空间。在发展方向上，农业与服务业一体化应以可持续发展为主旨。要加强农业与服务业的深度合作，推动双方形成更为紧密的产业链条。农业和服务业之间需要建立起相互依赖、相互促进的关系，以实现资源共享、优势互补。应推动农业与服务业在数字化、智能化方面的发展。通过引入先进的科技手段，提高生产效率，促进产业升级，实现经济可持续发展。要注重农民培训，提升其科技水平和创新能力，使农业从业者更好地适应现代服务业的发展需求。农业与服务业一体化的政策支持与发展方向需要多方面的协同努力。政府要通过财政支持、激励措施、技术支持和市场准入政策等手段，为这一模式的发展提供有力保障。发展方向则应注重深度合作、数字化智能化和农民培训，推动农业与服务业的有机结合，实现农村经济的可持续发展。

（五）农业与服务业一体化的未来展望与挑战

农业与服务业一体化在未来展望中具有巨大的发展潜力，然而也面临一系列挑战。未来，农业与服务业一体化将成为推动农村经济现代化的关键动力，为构建更加均衡可持续的经济体系提供新的机遇。

展望未来，农业与服务业一体化有望在经济结构上实现更为紧密的融合。随着城市化和现代化进程的不断推进，人们对于生活质量和服务品质的需求逐渐提升。农业与服务业的深度融合将能够更好地满足多样化的市场需求，推动农村经济由传统农业向现代产业转型。服务业的现代化管理与技术创新有望为农业注入新的活力，促进农产品的品质提升和市场竞争力增强。农业与服务业一体化将更加注重生产模式的创新和提质增效。

随着科技的不断进步，信息技术、人工智能、大数据等先进技术将在农业与服务业的融合中发挥关键作用。通过数字化农业、智能化服务，农业生产将更为精准、高效，服务业也将更加个性化、智能化。这样的生产模式创新不仅提升了经济效益，也促进了资源的可持续利用，推动了农业与服务业的共同发展。农业与服务业一体化的未来展望还包括在市场需求上实现更广泛的拓展。

随着人们对健康、环保、文化体验等多方面需求的提升，农业与服务业一体化将更好地满足这些多样化的市场需求。农业旅游、休闲农业等形式将更受欢迎，农产品的差异化生产将更符合市场细分化的需求。这种市场需求的多元化将推动农业与服务业更深度地相互渗透，形成更为丰富的产业链条。在未来，农业与服务业一体化有望为农民增加更多的收入来源。通过提供各类服务，农民可以在农业生产季节之外获得更稳定的经济收入。服务业的发展也将带动农村就业，提高农民的就业机会和收入水平。这有助于解决农村人口外流问题，推动农村社会的可持续发展。

农业与服务业一体化也面临一系列挑战。首先是技术水平的不均衡。一些地区的农业与服务业水平较低，缺乏现代化的管理和技术手段。要实现一体化发展，需要在全国范围内推动技术的普及和创新，缩小地区之间的差距。其次是资源利用的问题。农业与服务业一体化需要更多的资源支持，包括人力、资金、技术等方面的投入。如何有效整合这些资源，提高利用效率，是当前面临的重要问题。需要建立更加高效的资源整合机制，吸引更多的投资和人才参与农业与服务业的一体化发展。市场机制和政策体系的不完善也是农业与服务业一体化发展的挑战之一。需要建立更加灵活的市场机制，鼓励农业与服务业的创新和合作。政府在政策制定上也需要更多地考虑农业与服务业一体化的需求，为其提供更好的政策支持和保障。文化差异和社会观念的变革也可能成为一体化发展的障碍。在一些地区，人们对于农业和服务业的认知仍然停留在传统观念中，难以接受新的发展理念。因此，需要通过教育、宣传等方式，提升人们对农业与服务业一体化发展的认知水平，促使社会观念的变革。农业与服务业一体化在未来展望中有望成为农村经济发展的新引擎，为实现农业现代化和农村社会的可持续发展提供了广阔的空间。面对诸多挑战，需要各方共同努力，建立更加完善的机制和体系，以促使农业与服务业一体化更好地发展，为经济社会的长期繁荣做出贡献。

二、农业与服务业一体化的定义

（一）一体化的背景与动机

农业与服务业一体化的背景源于社会经济发展的深刻变革。

随着时代的发展，传统的农业生产模式面临着日益加剧的压力和挑战。城市化进程的加速，农村劳动力外流，农业生产面临着劳动力短缺、农田荒芜等问题。与此服务业的快速发展为农业提供了新的发展契机。

农业与服务业一体化的动机主要体现在三个方面。一是对农业结构调整的迫切需求。传统的农业生产模式在现代社会已难以满足日益增长的食品需求，亟须通过结构调整实现农业的可持续发展。服务业作为一个新的增长点，可以为农业提供更为广泛的支持，促使农业实现产业链的优化和升级。二是城乡经济差距拉大的背景下，政府需要通过推动农业与服务业的深度融合，促进农村地区的经济发展。服务业的引入能够丰富农村就业机会，提高农民收入水平，缩小城乡经济差距，实现全面的社会经济均衡发展。三是科技与信息技术的迅猛发展为农业与服务业一体化提供了有利条件。现代科技手段和信息技术的广泛应用，使得农业生产和服务业的深度融合更为便利。先进的农业技术，如智能化农机具、远程监测系统等，使农业生产更加高效；而服务业的信息化、数字化发展，则为农业提供了更为精准的市场信息和销售渠道。在背景与动机的驱动下，农业与服务业的一体化呈现出多层面的深度融合。农业通过引入服务业的模式，拓展了自身的产业链，加强了与市场的联系。服务业通过与农业产业的结合，提升了其市场竞争力，同时也为农业带来了更多的创新与科技支持。农业与服务业一体化是由农业生产的困境与社会发展的要求所共同推动的。通过深度融合，农业与服务业可以形成相辅相成、互利共赢的关系，为经济社会的可持续发展提供了新的路径。这种一体化模式的推动与应用不仅改变了传统的生产方式，也带动了农村地区经济的多元化发展，实现了资源的最优配置，推动了产业升级，为全面建设小康社会提供了有力支撑。

（二）一体化的目标与意义

农业与服务业一体化的目标在于实现农业生产与服务业深度融合，推动农村经济的多元发展。这一模式的实施旨在从多方面着手，全面提升农业生产力，优化资源配置，实现农村产业的升级，促使农民增收致富，推动农村全面建设小康社会的目标。其意义主要体现在经济、社会和生态等多个层面。农业与服务业一体化的目标在于实现农业的高效生产。通过引入现代服务业的理念和技术手段，提升农业的生产效率和科技水平。这包括农业机械化、智能化、数字化等方面的创新，通过科技的力量实现农业产业链的全面升级。高效的农业生产不仅能够满足日益增长的粮食需求，也有助于提升农民收入和农业的可持续发展。

农业与服务业一体化的目标在于拓展农业附加值。通过将服务业融入农业产业链，提升农产品的附加值，推动农产品从单一的原材料变成具有更多附加服务和品牌价值的综合产品。这不仅有助于拓宽农产品的销售渠道，还为农民提供了更多的创收机会，推动农业由传统的单一生产向综合服务业转变。农业与服务业一体化的目标在于优化农村产业结构。通过引入服务业，促使农村形成多元化的产业结构，不再过于依赖传统的农业经济。服务业的引入有助于形成产业多元发展，提高农村的整体经济活力。这样的结构优化有助于农村产业的升级，推动整个农村地区的现代化发展。农业与服务业一体化的目标在于促进农民就业。服务业的发展为农民提供了更广泛的就业机会，拓宽了农村居民的职业选择。服务业的引入能够使农民不仅参与传统农业生产，还可以从事更多服务业的工作，提高农民的就业水平，实现农村就业结构的优化。

农业与服务业一体化的目标在于推动农村社会的全面发展。服务业的引入丰富了农村社会的文化、教育、医疗等方面的资源，提高了农村居民的生活品质。服务业的发展也带动了农村社会的现代化进程，推动了农村社会的文明进步。农业与服务业一体化的目标在于实现农业生产的高效、农产品的附加值的提升、农村产业结构的优化、农民就业水平的提高以及农村社会全面发展。其意义在于推动农村地区的经济社会双向发展，实现农业与服务业深度融合的多赢局面。这一模式的实施将为农村经济的全面建设提供新的动力和方向。

（三）一体化的关键要素与实现途径

农业与服务业一体化的实现关键要素在于深度融合，充分整合资源和机制，使农业与服务业相辅相成，形成协同发展的良好态势。要实现这一目标，需要关注多个关键要素，并采取相应的实现途径。关键要素之一是技术创新。农业与服务业一体化的实现需要借助先进的技术手段，提高农业生产效益和服务业水平。

农业科技创新可以推动农业生产模式的现代化，包括智能化农业、数字化农业等。服务业也可以通过信息技术、人工智能等手段提供更高效、便捷的服务。技术创新的推动对于整合农业与服务业具有重要作用，可以提高生产效率、降低成本，实现农业与服务业一体化的可持续发展。资源整合是实现农业与服务业一体化的关键要素之一。包括人力资源、资金、土地等多方面的资源整合，有助于形成更为完整的产业链条。通过整合资源，可以更好地支持农业生产与服务业发展，促使两者形成良性互动。资源整合不仅有助于提高农业与服务业的整体竞争力，还能够促进农村经济的多元化发展。市场机制的完善是农业与服务业一体化的关键要素之一。建立更加灵活的市场机制，可以促使农产品和服务更加顺畅地流通和交易。市场机制的完善有助于创造更多的商机和合作机会，推动农业与服务业更好地协同发展。市场机制的完善还有助于提高农产品的附加值，使其更好地满足多样化的市场需求。政策支持是实现农业与服务业一体化的重要因素。政府在政策层面的支持可以为农业与服务业的合作提供有力保障。制定和调整相关产业政策，鼓励和引导资金投入到农业与服务业一体化的项目中。政府还可以通过税收、财政等手段提供一定的奖励和支持，激发企业和农户的积极性，推动农业与服务业的深度融合。农业与服务业一体化的实现还需要关注文化因素。农村和城市之间存在差异，文化观念的不同可能成为阻碍一体化发展的因素。因此，需要通过文化交流、教育宣传等途径，促使社会对农业与服务业一体化的理念认知更加一致，消除文化障碍，推动一体化发展。人才培养也是农业与服务业一体化的重要因素。培养具备农业和服务业知识背景的专业人才，有助于更好地实现两者的融合。这既包括农业领域的专业人才，也包括服务领域的专业人才。通过跨领域的培训和教育，能够培养更具创新能力和实践经验的农业与服务业一体化的人才。

　　社会合作与共享机制是实现农业与服务业一体化的关键要素。建立合作社、联合体等组织形式，可以实现农业生产和服务业的资源共享、信息交流。社会合作有助于形成更大规模的生产力，提高效益。社会合作也能够推动技术创新和经验共享，促进农业与服务业一体化的深度融合。农业与服务业一体化的实现关键要素涉及技术创新、资源整合、市场机制的完善、政策支持、文化因素、人才培养以及社会合作与共享机制等多个方面。通过综合运用这些关键要素，并采取相应的实现途径，可以更好地促进农业与服务业的深度融合，实现双方共同发展，为推动农村经济现代化提供有力支持。

（四）一体化的未来发展方向与展望

农业与服务业一体化的未来发展方向将呈现多层次、多领域的融合趋势。在这个过程中，农业与服务业将不再仅仅是相互依存的两个独立领域，而是逐渐形成全新的经济体系，为农村经济的现代化提供新的动力。未来农业与服务业一体化的发展方向将更加注重生态可持续性。在全球环境问题日益凸显的情况下，农业与服务业的一体化将更加注重生态友好型发展。农业生产过程中将采用更加环保、可持续的技术手段，减少对自然资源的消耗和环境的影响。服务业也将倡导绿色服务，推动循环经济的发展，实现农业与服务业一体化的可持续发展。未来的农业与服务业一体化将进一步强调数字化和智能化。

随着科技的飞速发展，信息技术、大数据、人工智能等将在农业与服务业中得到更广泛的应用。数字化农业将带来更精准的农业生产管理，提高生产效率。服务业也将通过智能技术提供更加便捷和个性化的服务，推动农业与服务业之间的深度融合。

未来农业与服务业一体化的发展将强调多元化产业链的构建。农业与服务业将不仅仅局限于传统的农产品生产和服务领域，而是逐渐拓展至农业科技、文化创意、旅游等多个领域。通过构建多元化的产业链，农业与服务业能够更好地适应市场的多样性需求，形成更为完整的价值链条，提高整体竞争力。农业与服务业一体化的发展还将强调社区经济的建设。农村社区将不再只是农业生产的场所，而是将服务业纳入社区经济体系，形成农村社区全方位的发展。通过在社区内建设文化创意产业、休闲农业、健康服务等，实现农业与服务业的深度融合，促进社区内的可持续发展。未来的农业与服务业一体化还将注重品牌建设。通过建设农业品牌和服务品牌，提高产品和服务的附加值，形成独特的竞争优势。这有助于农产品更好地进入市场，服务业提供的服务也更受消费者认可，实现农业与服务业品牌的共同发展。未来农业与服务业一体化的发展方向还包括加强国际合作。

随着全球化的深入发展，农业与服务业的国际合作将更为密切。通过参与国际贸易、科技创新合作等方式，农业与服务业能够更好地融入全球经济体系，分享先进经验，拓展市场。未来农业与服务业一体化的发展方向将呈现多元、数字化、智能化、生态友好的趋势。这一发展方向不仅有助于提高农业与服务业的整体效益，还能够推动农村经济的现代化和可持续发展。通过深度融合，农业与服务业将共同发展，为建设更加繁荣、均衡的社会经济结构贡献力量。

第二节　农业与服务业一体化的发展背景

一、农业与服务业一体化发展的初期阶段

（一）农业与服务业初期阶段的经济背景

20 世纪初至 20 世纪 30 年代，农业与服务业初期阶段的经济背景呈现出多方面的特征，这一时期的农业与服务业在全球范围内都经历了许多变革，受到了政治、经济和社会因素的深刻影响。这一时期的农业面临着严重的挑战。

随着工业化的推进，农业生产方式逐渐发生变革。农业生产在很大程度上仍依赖于传统的劳动力和技术，这导致了生产效率的相对滞后。

全球范围内经历的一系列战争和政治动荡，也使得农业生产受到了极大的冲击。不稳定的政治环境导致了资源的不断流失，使得农业领域的生产条件更加恶化。在这一时期，农业与服务业之间的联系相对较弱。由于农业生产的传统性质，服务业在农村地区并没有得到充分的发展。农民主要以自给自足为主，服务业的发展主要集中在城市地区。这导致了农业与服务业之间的脱节，农村地区的服务业相对滞后，与城市之间存在较大的差异。在全球

范围内，农业与服务业的初期阶段受到了世界大战和经济大萧条的影响。第一次世界大战导致了农业生产的破坏和资源的浪费，加之战后的恢复期，使得农业面临了空前的压力。经济大萧条的爆发使得全球范围内的经济都陷入了低谷，农业与服务业更是受到了双重打击。农业生产的低迷导致了农村经济的困境，服务业的发展也因此受到限制。在20世纪初至20世纪30年代，农业与服务业初期阶段的经济背景还表现为全球范围内的农村经济结构的相对滞后。农业仍然是绝大多数国家的主导产业，而服务业的发展相对较弱。这导致了农村地区的人口相对较多，而服务业的就业机会相对较少，农民主要以农业生产为主要生计来源。在这一时期，国际间的贸易和经济合作受到了很大的限制。各国面临经济大萧条的冲击，出口减少，贸易壁垒增加。这使得农业产品的出口受到了限制，农业与服务业之间的国际联系相对较弱。

国家更多地关注内部的经济问题，农村地区的农业与服务业发展受到了较大的局限。20世纪初至20世纪30年代的农业与服务业初期阶段的经济背景在全球范围内呈现出农业困境、农业与服务业脱节、世界大战和经济大萧条的影响、农村经济结构滞后以及国际贸易受限等特征。这一时期的农业与服务业面临着巨大的挑战，同时也为未来的发展奠定了一些基础。

（二）城市化与服务业需求的崛起

20世纪40年代至60年代，是城市化与服务业需求崛起的时期，这一时期的变革和发展对城市和服务业都带来了深远的影响。这一时期的城市化是由工业化进程推动的。

随着工业革命的兴起，农业社会向工业社会的转变成为主导趋势。大量农民涌向城市，寻求更好的就业机会。工业化推动了城市的扩张，城市人口迅速增加。这一时期的城市化不仅是经济结构的调整，也是社会结构的深刻变革。在这一背景下，服务业需求开始崛起。

城市人口的增加带动了对各类服务的需求，如商业、教育、医疗、交通等。商业服务得到了显著发展，大量商铺、市场涌现，满足了城市居民日常生活和娱乐的需求。教育和医疗服务也得到了拓展，城市成了知识和健康的中心，服务业逐渐成为城市经济的支柱。城市化与服务业需求的崛起使得劳动力结构发生了变革。

随着城市人口的增加，服务业的兴起带动了就业机会的扩大。相较于传统的农业和制造业，服务业的发展更加注重人的服务能力和技能。因此，城市人口的劳动结构逐渐向服务业方向转变。这一转变不仅提高了城市居民的收入水平，也使得城市成为吸引人才的重要场所。城市化与服务业需求的崛起对城市空间结构产生了深远影响。城市扩张带动了城市空间的重新布局，商业区、居住区、文化区等不同功能的区域开始形成。服务业的发展导致了城市空间更为多元和复杂，各类服务机构在城市中井然有序地分布，形成了城市多样性的面貌。与此服务业需求的崛起还推动了城市社会结构的演变。

随着服务业的蓬勃发展，城市居民的生活水平不断提高，社会层次逐渐分化。新兴的中产阶级崛起，他们对服务的需求更为广泛且注重品质。这促使了服务业向高端、专业化方向发展，城市服务业逐渐呈现出多层次和多样性。20世纪40年代至60年代是城市化与服务业需求崛起的时期，这一时期的城市化变革对服务业产生了深远的影响。城市人口的快速增加推动了服务业的迅速发展，各类服务需求得到了满足。与此城市化与服务业需求的崛起也改变了城市的社会结构、劳动力结构和空间结构，为城市的多元发展奠定了基础。这一时期的变革为后来服务业的进一步发展奠定了基础，形成了城市与服务业密不可分的发展格局。

（三）农业现代化与服务业的拓展

20世纪70年代至20世纪末，农业现代化与服务业的拓展在全球范围内呈现出密切关联的趋势。这一时期，农业经历了技术、制度、管理等方面的深刻变革，同时服务业也随着社会结构的变化和市场需求的增长而逐渐扩展，两者相互影响，共同推动了社会经济的发展。农业现代化在这一时期取得了显著进展。技术的不断创新成为农业现代化的重要推动力量。

农业机械化、化肥农药的广泛应用以及基因工程等领域的研究都使得农业生产效率大幅提升。新型耕作工具和生产技术的引入改变了传统的农业生产方式，使农民更加高效地进行农业生产。这些技术的应用促使农业从传统的手工劳动向机械化、自动化的方向发展，实现了生产手段的现代化。农业制度的改革也为农业现代化创造了有利条件。一些国家逐步取消了农业集体化，推行家庭承包制度，使得农民能够更好地发挥个体经济的灵活性。这一制度改革不仅激发了农民的生产积极性，也为农业产业链的发展提供了更多的市场主体。农业现代化的推进不仅仅是技术层面的提升，更是制度层面的变革，使农业生产更加适应市场需求和全球化的发展。与此服务业在这一时期也经历了迅猛的发展。城市化的推进使得服务业在城市中扮演更为重要的角色。金融、医疗、教育、文化等各个领域的服务业逐渐成为社会经济的支柱。新兴的信息技术为服务业的发展提供了强大的动力，电子商务、在线教育、远程医疗等新型服务模式不断涌现。服务业的多元化和专业化成为社会发展的重要特征。

农业现代化与服务业的拓展在一定程度上形成了互补关系。农业现代化提高了农产品的产量和质量，为服务业提供了更加丰富的原材料和市场。服务业的发展也为农业提供了各种支持，例如农业科技服务、农业金融服务等。服务业的扩展使得城市和农村之间的联系更为紧密，为农产品的流通和市场拓展提供了更多的机会。这一时期还见证了全球化的加速，国际间的交流与合作日益频繁。农产品的国际贸易大幅增加，农业与服务业在全球范围内得到更广泛的融合。全球市场的开放为农产品和服务业的国际化提供了新的机遇，同时也带来了更大的竞争压力。不同国家之间的农业现代化水平和服务业发展水平存在差异，国际合作促进了技术和经验的交流，推动了全球农业与服务业的共同发展。在一些国家，农业与服务业的协同发展成为国家战略的一部分。通过政府引导和政策支持，农业和服务业之间形成了更加紧密的联系。农业产业链的延伸和服务业的融合使得农产品从生产到销售形成更加完整的链条，提高了附加值。服务业的创新和发展也为农业提供了更多的支持，包括物流服务、市场推广等。在这一时期，社会对环境问题的关注逐渐升温，农业和服务业也在适应性和可持续性方面取得了一些进展。农业生产方式逐渐向绿色、有机、生态友好的方向转变，服务业在节能减排、环保技术等方面积极发挥作用。这为未来农业与服务业的可持续发展奠定了基础。

20世纪70年代至20世纪末，农业现代化与服务业的拓展形成了相互促进的格局。技术创新、制度变革、全球化趋势、城市化进程以及信息技术的快速发展都在不同程度上推动了农业与服务业的进步，使它们在社会经济中发挥了更加重要和协同的作用。

二、信息技术的崛起与农业服务业一体化

（一）信息技术在农业服务业一体化中的崛起

2000—2003年，信息技术在农业服务业一体化中崛起，成为推动农业生产与服务业深度融合的重要动力。这一时期，信息技术的应用不仅加速了农业的现代化进程，也为服务业提供了更广阔的发展空间，深刻改变了农村经济的发展格局。信息技术的崛起推动了农业生产的智能化和数字化。农业生产过程中的大量信息，如气象数据、土壤信息、作物生长状态等，通过传感器、遥感技术等手段进行实时采集和监测。这些数据通过信息技术的处理和分析，帮助农民更好地了解农田的状况，进行精准施肥、灌溉和病虫害防治，提高了农业生产的效益和质量。

信息技术为农业供应链的管理提供了新的手段。通过物联网技术，农产品的生产、加工、运输等环节实现了全面连接。生产者、供应商、物流公司、零售商等各个环节的信息共享，使得供应链更加透明高效。这不仅提高了农产品的流通效率，也减少了信息不对称所导致的损失，推动了农业供应链的优化。与此信息技术的崛起为农业服务业提供了新的发展方向。线上农业服务平台的兴起，为农民提供了更多的信息和服务，如市场行情、农业技术指

导、农产品销售等。这种线上服务的模式不仅打破了地理限制，还促进了农业生产与市场更加紧密的对接，提高了农产品的市场竞争力。信息技术的崛起也为精准农业提供了技术支持。通过全球卫星导航系统（GNSS）、地理信息系统（GIS）等技术，农民可以实现对农田的高精度定位，精确施肥、精准植保，减少了农业生产的资源浪费。这种精准农业的实践使得农业生产更加可持续，也为环境保护做出了积极的贡献。信息技术的崛起还推动了农业金融服务的创新。通过大数据分析和云计算技术，金融机构能够更全面地了解农户的信用状况，推动了农业信贷的普及和便捷。这有助于解决农业生产中资金难题，促进了农业生产的持续发展。在农业服务业一体化中，信息技术的崛起不仅提高了农业生产的效益和质量，也为服务业的发展提供了新的动力。信息技术的广泛应用使得农业生产与服务业更加紧密地结合，实现了资源的优化配置和农业供应链的升级。这一时期的信息技术崛起为农业服务业一体化奠定了坚实的基础，推动了整个农业与服务业的深度融合。

（二）数字化农业管理与农业服务业的创新

21世纪初至2010年代中期，数字化农业管理与农业服务业创新成为农业领域的重要发展方向。数字技术的迅猛发展为农业提供了新的管理和服务工具，推动了农业生产方式的转变，促进了农业产业链的升级。这一时期，数字化技术与农业服务业的创新相互交织，为农业提供了更为高效、智能、可持续的解决方案。数字化农业管理在农业生产中发挥了重要作用。精准农业成为数字化农业管理的核心理念，通过利用卫星遥感、无人机等技术手段，农民能够获取农田的精确信息，包括土壤质量、植被状况等。基于这些数据，数字化农业管理系统能够为农民提供精准的农业生产建议，包括种植时间、施肥量、灌溉时机等，以最大限度地提高农业生产的效益。

数字化农业管理还通过农业物联网的建设实现了设备的智能化。传感器、自动化设备等数字技术的应用使得农业机械能够实现实时监测、智能控制，提高了生产效率。智能灌溉系统能够根据土壤湿度和气象条件自动调整灌溉水量，避免了过度灌溉和浪费水资源。数字化农业管理还推动了农业大数据的发展。通过收集、分析农业生产中产生的大量数据，农业生产者可以更好地理解市场需求、农产品质量、生产成本等关键信息。这为农业生产提供了科学依据，帮助农民更好地制定决策，优化生产过程。在数字化农业管理的推动下，农业服务业也得到了创新。新型的农业服务模式逐渐涌现，为农民提供更全面、个性化的服务。农业电商平台通过数字技术连接农产品供应商和消费者，提供线上线下一体化的购物体验。这种模式不仅为农民提供了更广阔的销售渠道，也为消费者提供了更为便捷的购物体验。数字化技术的应用还推动了农业物流服务的升级。通过智能化的物流管理系统，农产品的运输、仓储、配送等环节得到了优化。这不仅提高了农产品的流通效率，降低了运输成本，还有助于提高产品的新鲜度和品质，满足消费者对农产品质量的更高要求。在农业服务业创新的过程中，数字技术还促进了农业科技服务的发展。数字平台为农业科研机构、农技公司等提供了展示成果和提供服务的平台。通过线上线下的农业科技培训、技术咨询等服务，农民能够更好地获取前沿的农业技术，提升生产水平。在这一时期，农业服务业也积极参与农村社区建设。数字技术的应用使得农村地区更好地融入现代社会，提升了农村居民的生活质量。数字化服务模式为农村提供了更多的教育、医疗、文化等服务，缩小了城乡服务差距。

数字化农业管理与农业服务业创新的融合还推动了农业产业链的升级。通过数字技术的支持，农业产业链逐渐从传统的线性模式转变为循环闭合模式。数字技术的应用使得生产、加工、流通等环节更为协同，形成更为完整的价值链。数字农业平台连接了农田、加工厂、零售商等多个环节，形成了数字农业生态系统，实现了农业产业链的整合和优化。21世纪初至2010年代中期，数字化农业管理与农业服务业的创新为农业领域注入了新的活力。数字技术的广泛应用使得农业生产更加智能化、精细化，提高了生产效率和质量。与此农业服务业通过数字化技术的创新，为农民提供了更为便捷、多元化的服务，促进了农业产业链的优化和升级。数字化农业与服务业的发展也对农村社区产生了深远的影响，助力农村地区实现现代化发展。

（三）农业电商与线上服务的崛起

2010年代中期至2010年代末，农业电商与线上服务迅速崛起，成为农业与服务业深度融合的重要体现。这一时期的发展不仅推动了农产品的线上销售，也为农业服务提供了全新的模式，深刻改变了传统的农业经营和服务方式。农业电商的崛起为农产品提供了新的销售渠道。

传统的农产品销售主要依赖于农贸市场和传统零售商，而农业电商通过建立线上平台，打破了地域限制，使得农产品可以更广泛地进入市场。消费者可以通过电商平台直接购买农产品，而农民也能够通过线上销售获得更多的收益，实现了供需双方的直接对接。农业电商的崛起为农产品提供了更加精准的市场定位。通过大数据分析和智能算法，农业电商平台能够更好地了解消费者的需求，进行个性化的推荐和定价策略。这使得农产品的销售更为精准，同时也提高了农产品的附加值，加强了农产品品牌建设。农业电商的发展也激发了线上服务业的创新。在农业电商平台上，除了农产品的销售，还逐渐涌现出一系列线上服务，如农业技术指导、在线培训、农业保险等。这些线上服务通过整合各方资源，为农民提供更全面的支持，推动了农业服务业的升级。农业电商的崛起还推动了农业生产过程的数字化和智能化。通过互联网、物联网、大数据等技术，农业生产环节的信息得以全面连接。从种植、养殖到采摘，每个环节都可以通过线上平台进行实时监控和管理。这不仅提高了农业生产的效益，也为农业可持续发展提供了技术支持。

在农产品销售方面，农业电商的崛起打破了传统的销售模式，降低了中间环节的成本，提高了农产品的市场竞争力。通过农业电商平台，农民可以直接与消费者进行交流，了解市场需求，更加灵活地进行产销对接。这使得农产品销售更加便捷、高效，为农民创造了更多的经济收益。农业电商与线上服务的崛起也加速了城乡经济的融合。通过线上平台，城市居民可以更方便地购买到新鲜的农产品，而农民也能够通过电商平台将农产品直接送到城市，打破了传统的销售模式，实现了城乡资源的优化配置。这一模式不仅加强了城乡居民之间的经济联系，还促进了城乡一体化发展。2010 年代中期至2010 年代末，农业电商与线上服务的崛起为农业与服务业的深度融合提供了新的契机。通过线上平台，农产品销售更为便捷，农业服务得到了创新，同时也推动了农业生产的数字化和智能化。这一时期的发展使得农业与服务业更加紧密地结合，为农村经济的可持续发展提供了新的路径。

三、社会需求与可持续发展推动农业与服务业一体化

（一）社会需求与农业服务业一体化的新动能

在 2010 年代初至 2010 年代中期，社会需求与农业服务业一体化成为推动农业领域新动能的重要因素。社会需求的多样化和不断变化，促使农业服务业不仅仅满足传统农业生产的要求，更加注重提供全方位的服务，涵盖了农业生产、农产品加工、市场推广、生态环保等多个方面。这一时期，农业服务业通过与社会需求的密切结合，融合创新，为农业提供了新的发展动能。社会对农产品质量和安全的关切促使了农业服务业向着更加安全、可追溯的方向发展。农产品的质量安全问题成为社会关注的焦点，为此，农业服务业在生产环节引入了一系列先进的技术手段，如智能感知技术、追溯体系等，以确保农产品的生产过程可控、透明。

农业服务业通过提供质量认证、溯源服务等，满足了社会对农产品质量和安全的需求，为农民提供了更加可靠的市场保障。社会对农业可持续发展的需求推动了农业服务业向生态友好型方向发展。

随着环保意识的提升，农业生产对环境的影响成为社会关切的焦点。农业服务业通过引入绿色生产理念，提倡有机农业、生态种植等方式，帮助农民实现农业生产的可持续发展。农业服务业还提供生态环境监测、土地资源保护等服务，以满足社会对于农业与自然环境和谐共生的期望。在社会对健

康生活的需求推动下，农业服务业与健康产业的融合逐渐显现。人们对于健康食品的需求增加，农业服务业积极响应，推动农产品的品质提升，注重农产品的营养成分和健康价值。农业服务业还促使农产品与医疗健康产业的深度合作，推动农业服务的多元化发展，提供包括农产品养生保健服务、农场体验等新型服务。社会需求的多样化也推动了农业服务业向着数字化、智能化方向发展。

随着城市人口的增加和生活水平的提高，人们对于农业产品的购买渠道和方式提出了新的需求。农业服务业通过建设数字化平台，推动农产品的线上销售，提供便捷的购物体验。数字技术的应用还使得农业服务更为精准，例如通过大数据分析为农民提供个性化的农业生产建议，以适应市场需求的多样化。在这一时期，社会对于乡村振兴的期待成为农业服务业的新动能。政府提出乡村振兴战略，社会对于农村地区的发展寄予厚望。农业服务业通过提供全方位的农村服务，如农村金融服务、文化创意服务、乡村旅游服务等，助力乡村经济的多元化发展。农业服务业的创新为农民提供了更多的就业机会，促进了农村社会的繁荣。社会对于农业科技创新的关注也催生了农业服务业的新发展。农业科技的应用，如基因工程、精准农业、智能农机等，成为社会关注的热点。农业服务业通过提供农业科技培训、技术咨询等服务，帮助农民更好地掌握先进的农业技术，提升生产效益。农业服务业还积极参与科技创新体系，推动农业科技的研发和应用，为社会提供更加先进的农业解决方案。

社会对于农村文化传承和农民素质提升的期望也促使农业服务业在教育、培训等方面提供更多服务。农业服务业通过农村文化创意活动、农民培训课程等，弘扬农村文化，提升农民文化素养。这种服务不仅满足社会对于传统农耕文化的保护需求，也为农民提供了更广阔的发展空间。在这一时期，社会需求与农业服务业一体化的新动能推动了农业服务业的创新发展。从满足农产品质量和安全、推动农业生态友好型发展，到促进农产品与健康产业的融合，再到数字化、智能化的发展，农业服务业在与社会需求的紧密结合中不断拓展服务领域，为农业注入了新的活力，实现了农业的可持续发展。

（二）可持续农业与服务业一体化的深度融合

2010 年代中期至 2010 年代末，可持续农业与服务业一体化呈现出深度融合的趋势，为农业与服务业的发展提供了新的方向。这一时期，社会对可持续发展的关注日益增强，可持续农业成为农业发展的重要方向。服务业通过与农业深度融合，为可持续农业的推动提供了更多的支持，形成了一体化的发展格局。可持续农业的发展在生产模式上呈现多样化趋势。农业生产过程中，开始采用更加环保、节能、高效的技术手段，例如有机农业、农业生态系统的恢复与保护等。

农民逐渐认识到可持续农业对土地资源的保护和农产品的质量提升具有积极意义，积极参与到这一新型的生产模式中。服务业通过线上平台为可持续农业提供了新的渠道。通过农业电商平台，农产品的销售更加便捷，同时也使得可持续农业的产品更容易进入市场。服务业的发展为农民提供了更全面的支持，包括农业技术的培训、生产管理的咨询等。这些服务不仅提升了农业生产效益，也为可持续农业提供了更多的可能性。可持续农业与服务业一体化的深度融合使得农业生产更加透明。通过信息技术的应用，农产品的生产过程得以全面监控和追溯。消费者可以通过线上平台了解产品的生产环境、生长周期等信息，提高了对产品质量的信任感。这种透明度有助于农产品的品牌建设，推动了可持续农业的发展。一体化的发展也促使了农业与服务业的协同创新。服务业通过与农业生产主体深度合作，提供更专业、差异化的服务。农业科技公司与农民合作开发新型农业技术，提高了农业生产的智能化水平；农产品电商与农户合作进行产销对接，提高了农产品的市场竞争力。这种协同创新模式推动了农业与服务业的共同进步。可持续农业与服务业一体化还在提升农民收入方面发挥了积极作用。通过服务业的支持，农民能够更好地了解市场需求，合理规划生产，提高了农产品的附加值。

服务业为农产品提供了线上销售渠道，使得农民可以更广泛地触达市场，增加销售渠道，进而提升了收入水平。在可持续农业与服务业一体化的背景下，农村经济得到了更为全面的发展。服务业的发展促使农村经济实现了从传统农业向现代产业的升级，不仅提高了农业生产效益，也拓展了农村的产业结构。这一模式为农村提供了更广泛的发展空间，使得农村经济更具活力。2010 年代中期至 2010 年代末，可持续农业与服务业一体化的深度融合推动了农业生产方式的创新，提高了农产品的市场竞争力，为农民增收致富提供了新的途径。这一模式不仅推动了农业与服务业的共同发展，也促进了农村经济的全面提升，为可持续农业的发展奠定了坚实基础。

（三）农业与服务业一体化的未来展望与挑战

在当前时期，农业与服务业一体化的未来展望充满着广阔的前景，然而也面临着一系列的挑战。这一趋势的发展既受到科技创新的推动，也受到社会、经济、环境等多方面因素的影响。未来农业与服务业的一体化将更加深入，形成更为紧密的合作关系。

随着科技的不断发展，数字化、智能化技术将在农业领域得到更广泛的应用，提升农业生产的智能化水平。

农业与服务业的一体化将不仅仅体现在产品销售和物流服务上，还将在生产过程、市场拓展、信息共享等多个层面实现深度融合，形成更加紧密的农服务链。农业与服务业一体化将迎来更加多元化的服务模式。未来，农业服务业将不再局限于传统的生产服务，还将涵盖更广泛的领域，如农村旅游、农产品文化体验、农事教育等。服务业的多元化将为农民提供更多的发展机会，同时也丰富了城市居民对于农村地区的需求体验，促进了城乡融合发展。在科技创新方面，未来农业与服务业的一体化将更加注重可持续发展。绿色农业、生态农业将成为发展的主流方向，农业服务业将在推动农业生产方式向更环保、可持续方向发展中发挥关键作用。数字技术、人工智能等新兴技术的应用将帮助农民更好地管理土地、控制病虫害，实现农业生产的高效、低耗、低排放。

　　农业与服务业一体化还将更加注重社会责任和农村社区的发展。服务业的发展将推动乡村振兴战略的深入实施，通过提供教育、医疗、文化等服务，帮助农村社区提升生活水平，实现更加全面的发展。农业服务业将更加关注农村青年的培养和农民的素质提升，为乡村地区注入更多的活力和动力。农业与服务业一体化的未来也面临一系列的挑战。科技应用的不平衡性可能导致一些地区在数字化、智能化方面的发展滞后。这种差距可能导致一些农业生产者无法充分享受到现代化服务带来的好处，加大了资源分配的不公平性。环境污染和资源紧缺问题仍然是制约农业与服务业一体化发展的重要因素。农业生产过程中的化肥农药使用、水资源浪费等问题，对环境产生负面影响。未来需要更加关注生产方式的绿色化，以及对资源的更加合理利用。市场的不确定性和国际贸易环境的波动也会对农业与服务业一体化带来挑战。全球化的背景下，农产品的市场受到国际市场的影响，国际贸易政策的变化可能对农业产业链带来不利影响。农业与服务业一体化需要更加灵活的市场适应能力，以应对外部环境的变化。社会对农业与服务业一体化的认知和接受度也可能影响其发展。

　　一些地区可能存在对新型服务模式的不理解或者对传统农业的保守态度，这可能成为农业与服务业一体化推广的障碍。因此，未来需要通过宣传教育，提高社会对新型农业服务模式的认知度和接受度。农业与服务业一体化的未来展望充满机遇，但也需要克服一系列的挑战。通过科技创新、可持续发展、社会责任等方面的努力，农业与服务业的一体化有望实现更为全面、高效、可持续的发展，为农村地区的繁荣和社会的进步做出积极贡献。

第三节　农业与服务业一体化的全球趋势

一、全球化背景下的农业与服务业一体化趋势

（一）全球化背景下的农业与服务业融合初探

全球化的背景下，农业与服务业的融合呈现出新的发展趋势。这一趋势不仅在国际范围内推动了农业生产和服务的互动与合作，同时也在国内推动了农业产业链的升级和服务领域的拓展。农业与服务业的融合为全球化带来了更加复杂而多元的面貌，同时也带来了机遇与挑战。在全球化的大背景下，农业与服务业的融合得以加速。国际贸易的不断扩大使得农产品能够更自由地流通于不同国家之间。农业生产者通过数字化技术和物流服务，能够更加高效地将产品推向国际市场。全球范围内的需求变化也促使农业服务业更好地满足不同国家和地区的需求，形成了跨国合作的新格局。

全球化推动了农业价值链的全球供应链化。在全球范围内，农业产业链的各个环节逐渐连接在一起，形成了高度互动的生态系统。农业生产者通过全球供应链更好地获取先进的生产技术和管理经验，提高了生产效益。全球供应链也为消费者提供了更为多元化的选择，使得各地的优势资源能够得到更充分的利用。在国际市场上，农业与服务业的融合使得农产品的服务附加值得以提升。通过提供更完整的服务链条，从农田到餐桌的全过程服务，农业产品的附加值得以提升，使得农产品不再仅仅是简单的商品，而成为更具有品牌和文化内涵的产品。这一趋势不仅满足了国际市场对于品质和服务的需求，也为农业产业的可持续发展提供了新的动力。农业与服务业的全球融合也面临一系列的挑战。不同国家和地区之间的法规、标准存在差异，可能导致农产品和服务在跨国交流中遇到一系列的贸易壁垒。这种不一致性可能

给农业与服务业的全球融合带来不确定性和阻碍。

　　全球化的不确定性和金融波动也对农业与服务业的融合产生影响。全球经济的波动和不稳定性可能导致农业产品价格波动，农业生产者和服务提供者需要更加灵活地应对市场变化。金融领域的不确定性也可能对融资和投资产生影响，限制了农业与服务业的发展。文化差异也是农业与服务业全球化面临的挑战之一。不同国家和地区有着不同的饮食习惯、文化传统，这可能导致农产品和服务在全球市场中的接受度存在差异。因此，在推动全球化的农业与服务业需要更加灵活地调整产品和服务，以适应不同文化的需求。环境问题也是农业与服务业全球化面临的共同挑战。全球范围内的气候变化、资源稀缺等环境问题对农业生产和服务业都构成了威胁。农业与服务业的全球融合需要更加注重环保和可持续发展，制定相应的战略应对气候变化、资源紧缺等环境问题，确保全球农业与服务业的可持续发展。在全球化的背景下，农业与服务业的融合呈现出新的发展态势。虽然面临一系列的挑战，但通过促进跨国合作、灵活应对法规和标准、加强环保和可持续发展等措施，农业与服务业有望在全球范围内实现更加有序、高效、可持续的发展。这一趋势也为各国经济的互利合作提供了新的机遇。

（二）国际合作与农业服务业一体化

　　2000—2010 年，国际合作对农业服务业一体化产生了深远的影响。这一时期，随着全球化的不断推进，国际间的农业合作逐渐成为一种重要的趋势。国际合作为农业服务业的一体化提供了广阔的机遇，推动了技术、资金、人才等多方面资源的共享与交流。国际合作为农业服务业的一体化提供了技术支持。通过国际间的科技合作，农业服务业可以借鉴其他国家先进的农业科技和管理经验。合作国家之间可以共同开展农业技术研发、培训交流等活动，促进农业生产水平的提升。这种技术支持不仅促进了农业生产效益的提高，也为农业服务业的创新提供了新的动力。国际合作为农业服务业提供了资金支持。

在国际合作的框架下，各国可以共同开展农业基础设施建设、农产品加工技术改进等项目。国际机构、发达国家与发展中国家之间的合作可以为农业服务业提供资金援助，推动农业服务业在人才培养、科研投入等方面取得实质性进展。国际合作也促进了人才交流与培训。各国在农业服务领域的专业人才可以通过国际间的培训计划、学术交流等方式，获取先进的管理理念和实践经验。这样的人才交流不仅提高了农业服务业从业人员的素质，也为不同国家的农业服务业合作打下了坚实的基础。在国际合作的背景下，农业服务业还可以通过开展联合研究与开发，共同应对全球性的农业挑战。面对气候变化和自然灾害等问题，国际间的农业合作可以共同研究应对策略，提高抗灾能力。这种合作形式不仅有助于各国农业服务业的创新，也为全球农业可持续发展提供了有力支持。国际合作还为农业服务业的一体化提供了市场拓展的机遇。通过国际贸易和合作，农产品和农业服务可以跨越国界，打破地理障碍。这不仅促进了农产品的国际市场开拓，也为农业服务业的国际合作提供了更为广阔的发展平台。

在国际合作的推动下，农业服务业得以融入全球农业发展的大格局中。合作国家通过共同努力，分享资源和经验，推动了农业服务业在全球范围内的一体化发展。这种全球性的合作与交流不仅加速了农业服务业的国际化进程，也为各国的农业与服务业共同繁荣提供了新的机遇。国际合作在 21 世纪初至 2000 年代末对农业服务业一体化产生了积极的影响。通过技术、资金、人才等多方面的合作，各国共同推动了农业服务业的创新和发展。国际合作不仅拓展了农业服务业的发展空间，也促进了各国农业与服务业的共同进步，为全球农业的可持续发展注入了新的活力。

（三）全球化挑战与农业服务业一体化的前瞻

全球化对农业服务业一体化提出了一系列挑战，同时也为未来的发展提供了新的前瞻。这一过程中，需深刻理解全球化的影响，明晰应对策略，以推动农业服务业的全面发展。全球市场的竞争将成为农业服务业一体化的挑战之一。在全球化的背景下，农业服务业需要面对来自世界各地的竞争者。产业链的全球化使得国际市场更加开放，农业服务企业需要提高自身的核心竞争力，不仅在技术、服务品质上有所突破，还需在市场营销和品牌建设上有所创新，以赢得全球市场的认可。全球资源的不均衡分布也对农业服务业的一体化提出了挑战。

在全球范围内，资源的分布差异导致了农业生产的不平衡，不同地区面临着不同的挑战。农业服务业一体化需要通过科技创新、技术输出等方式，促进资源更加均衡和有效利用，以确保全球各地农业的可持续发展。全球环境问题对农业服务业一体化构成了前所未有的压力。气候变化、土地退化、水资源紧缺等环境问题威胁着农业生产的稳定性和可持续性。未来农业服务业一体化需要更加注重环保和生态友好型发展，通过科技手段减少环境负担，推动农业生产向更加可持续的方向发展。在全球化的影响下，农业服务业一体化还需迎接社会结构和市场需求的快速变化。全球人口的不断增长和城市化进程的加速，使得对农产品和农业服务的需求发生了深刻的变化。农业服务业需要不断调整服务模式，更好地满足多样化的市场需求，同时关注人口老龄化、城市化对劳动力的影响，调整农业生产的组织结构，以适应社会结构的变化。面对这一系列挑战，农业服务业一体化的前瞻应聚焦于多方面的战略。注重技术创新，通过引进和研发先进技术，提高农业生产的效益和质量，提升农业服务业的核心竞争力。加强国际合作，通过建立全球性的农业服务网络，分享技术、资源和市场信息，促进全球农业服务业的互惠共赢。应重视人才培养，加强对农业从业人员的培训，提高其专业水平和综合素质，以更好地适应全球化的挑战。推动农业服务业一体化的前瞻还需注重可持续发展战略。通过推动绿色农业、智能农业的发展，减少农业生产对环境的负面影响，确保农业服务业在全球化进程中能够更好地履行社会责任。在市场需求的变化下，还需关注社会文化和消费趋势，调整服务内容和形式，以满足多元化的市场需求。农业服务业一体化在全球化的浪潮中既面临着挑战，又蕴含着广阔的前瞻。通过科技创新、国际合作、可持续发展战略的有机结合，农业服务业一体化有望在全球范围内实现更为健康、可持续的发展，为全球农业体系的升级和改善作出积极贡献。

二、数字化与科技创新推动的全球农业与服务业一体化

（一）数字化与科技创新的崛起

21世纪初至2000年代末，数字化与科技创新的崛起成为推动农业与服务业一体化发展的关键因素。这一时期，随着信息技术、互联网、大数据等领域的不断发展，数字化和科技创新逐渐渗透到农业和服务业的各个环节，为二者的深度融合提供了强大支撑。数字化技术为农业与服务业一体化提供了全新的管理工具。通过农业信息化系统，农业生产过程中的各个环节都能够被实时监测和记录。这包括了气象信息、土壤质量、作物生长情况等多个方面的数据。农民可以通过移动终端和云平台获取到这些数据，从而更加科学地进行农业生产决策，提高了生产的智能化水平。数字化与科技创新推动了农业服务业的创新模式。农业科技公司通过数字技术的支持，开发了一系列智能化农业服务产品。

智能化的农业机械设备、远程植保系统、智能化的农业物联网设备等，为农民提供了更加便捷、高效的服务。这种创新模式使得农业服务更加贴近实际需求，提高了服务的水平。数字化技术也为农业产品的销售提供了新的渠道。农业电商平台的兴起，使得农产品可以通过互联网直接进入市场。消费者可以通过在线平台了解产品信息、下单购买，而农民则能够通过电商平台直接将产品送达市场。这种数字化的销售模式既打破了传统的中间环节，降低了销售成本，也提高了农产品的市场竞争力。在农业与服务业一体化中，大数据技术的应用成为推动力之一。通过大数据分析，农业生产中的数据可以被深度挖掘，为农民提供更精准的农业技术指导。大数据还支持农业服务业的市场分析，为农产品的销售提供科学依据，使得市场定位更为准确。数

字化技术与科技创新也加速了农业生产过程的自动化。智能化的农业机械设备、机器人技术的应用，使得农田管理、种植、收割等环节可以更加高效、精准地进行。这种自动化的生产方式提高了农业生产的效益，减轻了农民的劳动负担。在数字化与科技创新的推动下，农业与服务业的一体化也得以实现。通过数字技术，农业生产、产品销售、服务管理等环节得以全面连接，实现了资源的高效利用。服务业通过线上平台为农业提供更全面、个性化的支持，推动了农业与服务业的协同发展。

2000—2010 年，数字化与科技创新的崛起为农业与服务业的一体化提供了前所未有的机遇。这种数字化时代的变革不仅提高了农业生产的智能化水平，也为服务业的创新提供了广阔的空间。数字化与科技创新的深度融合使得农业与服务业更加紧密地结合，为整个社会经济的可持续发展打下了坚实的基础。

（二）智能农业的崭露头角

智能农业作为一种崭露头角的农业服务业一体化的模式，正在全球范围内快速发展。这一模式将先进的信息技术、传感器、大数据分析等手段融入农业生产与管理，以提高农业效益，减少资源浪费，为农业服务业注入了新的活力。智能农业带来了生产方式的变革。通过引入无人机、自动化机械和传感器技术，实现了农业生产过程的数字化和自动化。农民可以通过智能设备监测土壤、植物生长状况，及时调整农业生产的方案，提高农产品的产量和质量。这种智能化的生产方式不仅提高了生产效率，也降低了劳动成本，为农业服务业的一体化提供了新的可能性。

智能农业推动了精准农业的发展。通过大数据分析，智能系统能够精准识别土壤的养分状况、病虫害的发生情况，有针对性地制定施肥、浇水、防治措施。这样的精准农业不仅减少了农药、化肥的使用，降低了对环境的影响，还提高了农产品的品质，适应了市场对绿色、有机产品的需求。智能农业的崭露头角还体现在其对农业服务业全过程的全面覆盖。智能设备不仅仅停留在生产环节，还涉及物流、销售等方面。物流上，智能化的仓储和运输系统能够提高物流效率，保证农产品的新鲜度。在销售方面，通过电子商务平台和智能市场，农产品能够更直接、高效地进入市场，缩短了生产者和消费者之间的距离，促进了农业服务业的全链条协同发展。智能农业的崭露头角也在一定程度上解决了农业生产中的人力短缺问题。传统农业生产中，面临着人力不足的问题，农民难以满足繁重的农事活动。而智能农业通过自动化、机械化的手段，减轻了农民的体力劳动，提高了生产效率。智能农业的推广也需要专业的技术人才，为农业服务业的人才培养提供了新的方向。智能农业的崭露头角也面临一些挑战。智能农业的推广和普及需要大量的资金投入。智能设备、传感器等高新技术的购置和维护成本较高，对于一些小农户而言可能难以承担。农业从业人员对于智能技术的接受程度和使用能力也是一个挑战，需要通过培训和教育来提高他们的科技水平。

智能农业的数据隐私和安全问题亦需引起重视。大量的农业数据被传感器和智能设备采集，涉及土地、作物、气象等多个方面的信息。如何保障这些数据的安全性，防止数据被滥用和泄露，是智能农业面临的一项严峻问题。相关政策和技术手段的完善对于解决这一问题至关重要。智能农业的崭露头角为农业服务业一体化带来了新的发展方向。通过技术创新、精准农业、全过程智能化等手段，智能农业正在推动农业服务业实现更高效、绿色、可持续的发展。智能农业也面临一系列的挑战，需要综合运用政策、技术和人才等多方面手段，为其可持续发展创造更加有利的环境。

（三）农业与服务业数字化协同创新

2000—2010年，农业与服务业数字化协同创新催生了一体化的发展模式。数字技术的不断进步与服务业的不断创新推动了农业与服务业之间的深度融合，形成了数字化协同创新的发展趋势。数字化与服务业的协同创新在农业生产中发挥着关键作用。通过数字技术，农民可以更加精准地了解土壤、气象等信息，以实现科学化农业管理。智能农机和传感器技术的应用使得农业生产过程更加自动化、高效化。服务业通过创新的方式，为农业提供数字化的农业管理、科研支持等服务，促进了农业生产模式的创新与升级。数字化协同创新也在农产品销售环节发挥了积极作用。农业电商平台通过数字化手段，连接了生产者与消费者，提供了更为便捷的销售渠道。服务业通过创新模式，为农产品提供在线推广、品牌建设等服务，使得农产品在市场中更具竞争力。这种数字化的销售模式打破了传统的中间环节，促使农产品的流通更为高效、灵活。数字化技术推动了农业生产和服务业的深度协同。农业生产数据的数字化、信息的共享使得服务业能够更加准确地了解农业生产的需求，为农民提供更为智能化的农业服务。服务业通过与农业生产主体深度合作，推动了新型服务业模式的产生，为农业生产提供了全方位的支持。

数字化与服务业协同创新还催生了智慧农业的发展。通过大数据、人工智能等技术的应用，智慧农业将农业生产过程数字化、网络化、智能化。智能农业设备、农业物联网的应用，使得农业生产更加精准、高效。服务业通过数字技术，为智慧农业提供先进的科研、培训等支持，推动了农业与服务业的一体化。在数字化协同创新的框架下，农业与服务业的一体化也在人才培养和科技研发方面取得了显著进展。数字化时代的要求使得农业与服务业对高素质的人才需求更为迫切。通过服务业与农业科研机构的合作，数字技术领域的专业人才得以培养，为农业数字化提供了更多的人才支持。数字化技术的应用也促进了农业科技创新，为农业与服务业的共同发展提供了科技支持。数字化协同创新助力了农业与服务业一体化的深度发展，推动了农业生产和服务业的升级。数字技术与服务业的紧密结合使得农业与服务业在信息、服务、销售等多个方面形成了紧密的合作网络。这种数字化协同创新的模式为农业与服务业的互补性发展提供了新的思路。

2000—2010 年，数字化与服务业的协同创新为农业与服务业一体化提供了强大的动力。数字化技术的广泛应用促使农业生产模式和服务业的发展方式发生深刻变革，使得农业与服务业更为紧密地融合。这种数字化协同创新的趋势为未来农业与服务业的可持续发展提供了有力支持。

三、全球可持续发展与绿色农业服务业一体化的前景

（一）可持续发展的新时代

可持续发展的新时代农业服务业一体化，是农业领域迈向更为健康、环保、全面发展的重要方向。这一模式融合了先进的技术、科学管理理念和社会责任观念，旨在在满足农业生产需求的同时最大限度地减少对环境的负面影响，实现农业的可持续发展。

新时代农业服务业一体化注重农业生产的生态友好性。通过推动绿色农业、有机农业的发展，采用无化肥、无农药的生产方式，最大限度地减少对土壤、水资源和生态系统的污染。这种环保的生产方式不仅有利于农产品的质量提升，也有助于维护农业生态平衡，推动农业向着更为可持续的方向发展。农业服务业一体化注重资源的有效利用。通过智能化、数字化技术的应用，精准施肥、精准灌溉、智能农机作业等手段，实现对资源的合理配置和有效利用，减少浪费。新时代农业服务业一体化还鼓励农业废弃物的资源化利用，例如农业废弃物的能源化处理和再利用，促进资源循环利用，提高资源利用效率。

农业服务业一体化在农业生产全过程中注重社会责任。通过建立公平的供应链、保障农民权益、推动乡村振兴，实现农业与社会经济的共同发展。新时代农业服务业一体化还注重提高农业从业人员的收入水平，通过科技培训、技能提升，提高他们的专业素养，增加其在产业链中的附加值。新时代农业服务业一体化通过数字技术的应用，推动农业信息化建设。建立数字农业平台，实现农业生产、销售、物流等全链条的信息化管理。这不仅有助于提高农业生产的效率和透明度，还为农业服务提供了更多的数据支持，使农业从业者能够更好地应对市场变化和农业生产的风险。在新时代农业服务业一体化中，农业科技的创新发挥着关键作用。通过推动农业科技的发展，引

进先进的生产技术、信息技术和物联网技术，实现农业生产过程的数字化、智能化。这不仅提高了农业生产的效益，还为农业服务业带来了更多的创新机会，推动整个农业产业链的升级。新时代农业服务业一体化也面临一系列挑战。农业科技的普及和应用仍然存在差距，一些农业从业者对新技术的接受度有限，需要加强科技推广和培训。农业服务业的一体化需要在政策和法规的支持下推进，建立完善的产业政策和法规体系，以推动农业服务业的规范化和可持续发展。

农业服务业一体化需要解决数字鸿沟的问题，确保农村地区也能够充分享受到数字技术带来的便利。新时代农业服务业一体化以可持续发展为目标，通过绿色农业、资源有效利用、社会责任、信息化建设和科技创新等手段，推动农业向着更为健康、环保和可持续的方向发展。这一模式在全面提升农业效益的同时也为农业可持续发展提供了更为有力的支持。

（二）绿色农业与服务业深度融合

2000—2010年，绿色农业与服务业深度融合，实现了农业与服务业的一体化发展。绿色农业的兴起标志着农业发展进入了以环保、可持续为导向的新时代。服务业通过创新模式，为绿色农业提供了更全面、个性化的支持，推动了绿色农业与服务业的协同发展。绿色农业注重生态环境保护，通过生态农业和有机农业的发展，实现了农业与自然的和谐共生。服务业通过提供生态农业管理、环保技术支持等服务，为农业生产提供了绿色、可持续的解决方案。这种环保的农业生产方式不仅有助于土壤和水资源的保护，也为农产品的品质提升提供了有力支持。服务业通过绿色农业的支持，推动了农产品的品牌建设与推广。绿色农产品在市场上逐渐赢得了消费者的认可，服务业借助互联网、社交媒体等手段，为农产品提供在线宣传和推广。这种品牌建设不仅提高了农产品的知名度，也为绿色农业的可持续发展奠定了基础。绿色农业与服务业的深度融合还促进了农产品的全程追溯体系的建立。通过数字化技术，服务业可以实时监控农产品生产、流通等全过程，并为消费者提供详尽的产品信息。这种全程追溯体系不仅提高了产品质量的可追溯性，也增强了消费者对农产品的信任感，推动了绿色农业与服务业的一体化。服务业通过创新销售模式，将绿色农产品推向更广泛的市场。农业电商平台和绿色农产品直供中心的建立，打破了传统销售渠道的限制，使得绿色农产品更容易进入城市市场。服务业的市场拓展为农民提供了更多的销售渠道，提高了农产品的市场竞争力。服务业在绿色农业中还发挥了科研与技术创新的重要角色。通过与农业科研机构的深度合作，服务业为绿色农业提供了先进的科技支持。这包括绿色农业技术培训、绿色农业新品种的推广等方面。科技创新的支持提高了农业生产的科学化水平，为绿色农业的可持续发展提供了更为坚实的基础。在绿色农业与服务业深度融合的背景下，服务业也促进了农村经济的全面发展。

服务业的发展拓展了农村就业渠道，提高了农民的收入水平。服务业的技术培训和管理指导为农民提供了更多的机会，使得农村经济逐渐向着现代化、绿色化方向发展。21世纪初至2000年代末，绿色农业与服务业的深度融合为农业与服务业的一体化提供了新的发展模式。服务业通过创新，推动了绿色农业的发展，为农产品的品质提升、市场拓展以及农村经济的全面发展做出了积极贡献。这种深度融合的模式为农业与服务业在可持续发展的道路上迈出了重要的一步。

（三）未来展望与全球合作的路径

未来展望着农业服务业一体化的发展道路，将在全球范围内加强合作，共同应对各种挑战，推动农业服务业的全面发展。这一发展路径旨在通过合作创新、资源共享、共建农业生态系统，实现农业服务业的可持续、健康、高效发展。未来农业服务业一体化将加强国际间的合作创新。各国在农业领域拥有独特的资源和技术优势，通过国际合作，可以实现资源的共享和优势互补。共同开展农业科研项目，推动先进技术在全球范围内的应用，共同解决全球农业面临的难题。合作研发更为适应不同气候和土壤条件的先进农业机械，提高全球范围内农业的生产效益。农业服务业一体化将构建全球农业资源共享平台。通过建立全球性的农业信息平台，实现各种农业数据的集成和共享，提高农业服务业的透明度和效率。农业从业者可以通过该平台获取全球范围内的市场信息、气象信息、农业科技成果等，为其决策提供更多的参考依据，促进全球农业的协同发展。未来农业服务业一体化将加强农业人才的国际培养与交流。通过建立国际农业科技人才培训计划，共同培养具备全球视野和综合素质的农业从业人员。促进不同国家农业科技人才的交流与合作，吸引优秀的农业人才跨国合作，推动农业服务业的人才队伍更好地适应全球化的发展趋势。农业服务业一体化将进一步推动全球农产品贸易的自由化。通过强化国际贸易规则，减少农产品贸易的壁垒，促进各国之间的农产品自由流通。建立更为开放和透明的贸易体系，为各国农业生产者提供更广阔的市场，推动全球范围内农产品的优势互补，实现农产品贸易的共赢。与此农业服务业一体化还将加强全球农业生态系统的建设。通过推动可持续农业的发展，减少对自然资源的过度开发，实现农业与自然的和谐共生。加强国际间的生态保护合作，共同解决全球面临的气候变化、生态环境破坏等问题，推动农业服务业向着更为绿色、环保的方向发展。

　　全球农业服务业一体化仍然面临一系列挑战。国际间的法规、标准存在差异，需要加强国际合作，推动农业服务业一体化的标准化和规范化。数字鸿沟的问题仍然存在，需要通过技术创新和政策支持，促进全球范围内农业信息化的普及。全球范围内的政治、经济环境变化等因素也对农业服务业的一体化产生着影响，需要各国加强协调，共同应对不确定性。未来农业服务业一体化的发展路径将在全球范围内加强合作创新、资源共享、人才培养和生态系统建设等方面取得新的突破。通过国际合作，推动农业服务业的全面升级和全球范围内的可持续发展，为全球农业体系的健康发展做出更为积极的贡献。

第四节　农业与服务业一体化的挑战与机遇

一、农业与服务业一体化的挑战

（一）市场与经济挑战

农业与服务业一体化在面临市场与经济挑战时，需要应对多方面的困难，努力实现全产业链的协同发展。市场与经济挑战主要体现在市场竞争激烈、经济波动不确定等方面。市场竞争的激烈性是农业与服务业一体化面临的首要挑战之一。

随着市场全球化的加深，各国之间的竞争变得更为激烈，不仅仅是农产品的竞争，更涉及农业服务的提供和整个产业链的竞争。在市场竞争中，企业需要提高产品和服务的附加值，通过技术创新、品质提升、品牌建设等手段，获得更多的市场份额，确保自身的生存和发展空间。经济波动的不确定性给农业与服务业一体化带来了巨大的挑战。全球经济的不断波动，价格的不稳定性，都对农产品的生产和销售带来了很大的不确定性。农业与服务业一体化需要更加灵活的运营策略，适应市场变化，降低经济波动对产业链的冲击。还需要通过风险管理、产业链协同等手段，提高整个农业与服务业一体化的抗风险能力，应对复杂多变的经济环境。市场与经济挑战还表现为资源配置的不均衡和农业生产成本的上升。在全球范围内，资源的不均衡分布导致了农业生产的差异性。农业与服务业一体化需要通过资源优化配置、合理利用科技手段等方式，解决不同地区面临的资源短缺问题。农业生产成本的上升也是一大挑战，需要通过提高生产效率、推动产业链协同发展等途径，降低农业与服务业一体化的整体成本，提高产业链的盈利水平。市场与经济挑战还在于农业与服务业一体化在市场准入、贸易政策等方面面临的制度壁垒。不同国家对农产品的市场准入标准和贸易政策存在差异，这为农业与服务业一体化的跨国经营带来了一定的困扰。需要通过国际合作，推动各国加强政策沟通与协调，降低农业与服务业一体化在全球范围内的贸易壁垒，促进全球农业与服务业的共同繁荣。市场与经济挑战是农业与服务业一体化发展过程中不可避免的问题。面对市场竞争激烈、经济波动不确定、资源配置不均衡、成本上升等多方面的挑战，农业与服务业一体化需要在全球范围内加强合作创新、降低成本、提高效益，以更好地应对市场与经济的变化，实现全产业链的协同发展。

（二）技术与创新挑战

2000—2010 年，技术与创新带来了农业与服务业一体化的新挑战。尽管技术的快速发展为农业与服务业提供了丰富的机会，但与此也伴随着一系列挑战，需要农业与服务业共同应对。技术的快速更新对从业人员的素质提出了更高的要求。

随着信息技术、人工智能等领域的不断发展，农业与服务业需要具备更强的数字化和科技化素养。这对从业人员提出了更高的专业要求，需要他们具备跨学科的知识结构，以适应技术创新带来的新业务和新管理需求。技术的应用在一定程度上增加了农业与服务业的运营成本。尽管新技术带来了效益的提升，但技术的采用和维护同样需要投入大量的资金。特别是在农业领域，农业科技的投入可能需要农民面临高额的成本压力。服务业也需要投资于技术设备、培训等方面，以保持在市场上的竞争力。技术的不平衡发展可能导致农业与服务业之间存在数字鸿沟。在一些地区，由于技术水平相对滞后，农业与服务业的数字化程度较低，导致信息不对称，影响了资源的合理配置。这种数字鸿沟可能使得一些农业从业者与服务业的对接面临困难，制约了一体化发展的步伐。与此技术的应用也带来了风险与安全隐患。在数字化的农业生产过程中，对网络和数据安全的需求更加迫切。农业生产数据的泄露或者被攻击可能导致生产损失，而在服务业中，客户隐私和数据安全同样是需要高度关注的问题。农业与服务业必须加强对技术安全性的管理，提高对潜在风险的警惕性。技术的应用也对现有的管理体系提出了挑战。农业与服务业一体化需要更加灵活、开放的管理模式，而传统的管理体制可能难以适应新的发展需求。这就要求农业与服务业在管理层面上进行创新，更好地融合新技术，提升整体管理水平。技术的快速迭代可能导致一些传统从业者在新时代面临淘汰的风险。尤其是在农业领域，一些传统的农业从业者可能面临技术更新换代的冲击，需要通过技术培训和转型来适应新的生产模式。服务业中的一些传统业态也可能因为技术的发展而逐渐式微，需要从业者具备更多的适应性和创新性。技术与创新在带来机遇的也给农业与服务业一体化带来了一系列挑战。应对这些挑战需要农业与服务业紧密协作，加强对从业人员的培训，提高管理水平，保障数字安全，促进技术在不同地区的均衡发展，以实现农业与服务业的持续健康发展。

（三）环境与可持续性挑战

农业与服务业一体化在面对环境与可持续性方面的挑战时，必须应对多方面的困难，以实现农业生产与服务的协同发展，推动可持续性发展。这些挑战主要表现在环境保护、气候变化、生态平衡等方面。环境保护方面的挑战主要表现在农业生产过程中对土壤、水资源和空气的污染问题。传统农业生产中过量使用化肥、农药和其他化学物质，导致土壤质量下降，水源受到污染，生态系统受到破坏。农业与服务业一体化需要倡导绿色生产理念，采用生态友好的农业技术和管理方式，减少对环境的负面影响，保护生态系统的健康。气候变化是农业与服务业一体化面临的另一个严峻挑战。全球气候变暖、极端天气事件的增加对农业生产带来了不确定性。极端气温、干旱、洪涝等极端天气事件影响了作物的生长，增加了农业风险。农业与服务业一体化需要通过科技手段，例如气象信息的及时获取和应用，提高对气候变化的适应能力，减少对农业产业链的不利影响。生态平衡的维护是农业与服务业一体化的重要课题。由于过度开发和环境污染，一些生态系统的稳定性受到了威胁。农业与服务业一体化需要通过可持续的农业生产方式，保护生态系统的多样性，减少对生态平衡的破坏。推动农业与生态环境的和谐发展，通过生态补偿机制和生态修复项目等手段，实现农业与自然环境的共生共荣。资源的合理利用和循环利用是农业与服务业一体化在可持续性方面的关键挑战。农业生产和服务业过度依赖有限的自然资源，导致资源的过度消耗和浪费。农业与服务业一体化需要通过循环农业、资源合理配置等方式，提高资源的利用效率，降低生产过程中的资源浪费，推动整个产业链向更为可持续的方向发展。环境与可持续性挑战是农业与服务业一体化发展过程中的重要问题。通过倡导绿色生产、适应气候变化、保护生态平衡、合理利用资源等多方面的措施，农业与服务业一体化可以更好地应对环境与可持续性方面的挑战，实现全产业链的可持续协同发展。

（四）社会与人力资源挑战

2000—2010 年，社会与人力资源方面的挑战对农业与服务业一体化构成了复杂而深刻的影响。人口结构的变化对农业与服务业的一体化提出了新的挑战。

随着社会的发展，城市化进程加速，农村劳动力逐渐向城市转移。这导致农业劳动力短缺，农业生产面临劳动力不足的困境。与此城市服务业的需求增加，却面临着人才匮乏的问题。这种城乡人口结构的变化使得农业与服务业之间的人力资源配置更加复杂，需要协同努力解决劳动力供需的不平衡问题。教育水平和技能结构的不匹配是农业与服务业一体化中的另一个人力资源挑战。

随着社会经济的发展，服务业对高技能、高素质的从业人员需求增加，而农业仍然需要熟练的农业工人。当前的教育体系与实际就业市场的需求之间存在不匹配，造成了高素质人才过剩、低技能工人不足的局面。这种不平衡对于实现农业与服务业一体化的协同发展构成了制约。社会对于农业从业者的社会地位认知不足也是一个挑战。传统观念中，农业工作被认为是辛苦而低层次的职业，这导致年轻人对农业从业的兴趣降低，选择流向城市从事服务业等相对看重的职业。这对于农业与服务业的结合形成了心理上的障碍，增加了培养农业从业者的难度。社会对于服务业从业人员的认知也存在偏见。虽然服务业在城市经济中扮演着重要的角色，但与一些高薪行业相比，服务业的报酬普遍较低，且劳动强度大。这使得一些人对从事服务业持有负面观念，减缓了服务业人才队伍的建设。在社会变革的农业与服务业一体化面临的社会挑战还包括农村人口老龄化。

随着农村劳动力的外流和老龄化，农业劳动力的结构性问题逐渐凸显。老龄化农村社区的建设和服务需求日益增加，服务业需要调整其服务模式以适应不同年龄层次的需求，这对于服务业的人才培养和管理提出了新的要求。社会观念中的"非农"偏见也是一个挑战。社会一直以来对"非农"工作的偏好可能导致人们对于农业与服务业一体化的理解不足，从而影响到人才流动和农业与服务业的深度融合。这种偏见需要通过教育和宣传工作逐渐改变，使人们更加理性地看待农业与服务业的融合发展。社会与人力资源方面的挑战给农业与服务业一体化带来了多层次、多方面的考验。需要农业与服务业共同努力，采取有效措施，调整人才培养机制，打破行业观念壁垒，促使农业与服务业更好地结合，共同迎接人力资源方面的挑战。

（五）政策与制度挑战

农业与服务业一体化在政策与制度层面面临着多方面的挑战，这些挑战直接影响着产业链的协同发展与可持续性推进。主要表现在政策不协调、制度落后、市场监管不足等方面。政策不协调是农业与服务业一体化的重要挑战之一。由于不同政府部门之间政策的分散和不协调，导致了一些政策的矛盾和冲突。农业部门可能推出一些鼓励农业发展的政策，而环境保护部门可能会提出限制农业生产的政策，造成了政策的不一致性。农业与服务业一体化需要通过政策协同机制，建立跨部门协调的政策体系，推动各项政策在实施中更好地协同发挥作用。制度落后是农业与服务业一体化面临的另一大挑战。由于一些地区的法律法规滞后，农业与服务业一体化在发展过程中受到了制度的束缚。一些陈旧的制度可能阻碍了农业与服务业的产业链的协同发展。农业与服务业一体化需要通过推动制度改革，建立现代化的法律法规体系，为产业链的发展提供更好的制度保障。市场监管不足也是农业与服务业一体化面临的挑战之一。由于一些地区市场监管机构的不足，一些违法行为难以得到有效的监管和制止。这导致一些不法分子在市场上作恶，扰乱了正常的农业与服务业一体化发展秩序。农业与服务业一体化需要通过加强市场监管，建立健全的市场监管体系，保障市场的公平、公正、公开。农业与服务业一体化在土地制度、产权保护等方面也面临着挑战。由于一些地区土地制度不够灵活，产权保护不到位，导致农业资源配置不够合理，制约了农业与服务业一体化的协同发展。农业与服务业一体化需要通过改革土地制度，加强产权保护，推动土地资源的更加合理配置，为产业链的协同发展提供更好的土壤。政策与制度层面的挑战是农业与服务业一体化发展中不可忽视的问题。通过协同政策、推动制度改革、加强市场监管等手段，农业与服务业一体化可以更好地应对政策与制度方面的挑战，推动整个产业链向更为协同、健康、可持续的方向发展。

二、农业与服务业一体化的机遇

（一）市场拓展与多元化机遇

农业与服务业一体化在市场拓展与多元化方面蕴含着丰富的机遇，通过有效把握这些机遇，产业链能够实现更广泛的发展。市场拓展方面的机遇主要表现在全球市场的开放和需求的不断增长。

随着全球化的深入，农业与服务业一体化有机会更加积极地参与国际市场竞争。不同地区拥有不同的农产品和服务优势，通过市场拓展，可以实现全球资源的优势互补，推动农业与服务业一体化在国际市场中占据更为有利的地位。全球市场对于高质量、绿色、可持续的农产品和服务的需求也在不断增长，为农业与服务业一体化提供了更为广阔的市场空间。多元化经营带来的机遇体现在农业与服务业的产业链多元发展。通过拓宽产业链，农业与服务业一体化可以实现农产品的深加工、农业旅游、农业科技服务等多个方向的发展，提高产业链的附加值。多元化经营不仅可以减轻农产品价格波动对产业链的冲击，还能够增加收入来源，促进整个产业链的全面发展。科技创新为农业与服务业一体化带来了新的机遇。

随着信息技术、物联网、大数据等技术的不断发展，农业与服务业一体化可以更好地利用先进技术提高生产效率、降低成本。通过智能农业技术实现精准施肥、智能化种植管理，提高农产品的品质和产量。科技还可以促进农业与服务业一体化与其他相关产业的深度融合，推动产业链更好地适应市场需求。消费升级和人居环境的改善也为农业与服务业一体化带来了机遇。

随着居民生水平的提高，对于优质、健康、绿色农产品和服务的需求不断增加。农业与服务业一体化可以通过提供个性化、差异化的产品和服务，满足不同层次、不同群体的需求，推动产业链更好地适应市场的多元化发展。政策支持也为农业与服务业一体化提供了机遇。

随着社会对于环保、可持续发展的关注增加，政府对于农业与服务业一体化的政策支持逐渐增多。通过提供财政支持、税收优惠、政策倾斜等方式，政府可以促进农业与服务业一体化更好地发展，推动产业链在可持续方向上实现更为稳健的发展。市场拓展与多元化为农业与服务业一体化带来了广阔的机遇。通过积极参与国际市场、拓宽产业链、利用科技创新、满足消费升级需求以及借助政策支持等手段，农业与服务业一体化可以更好地把握这些机遇，推动整个产业链的健康发展。

（二）数字化与科技创新机遇

2000—2010 年，数字化与科技创新为农业与服务业一体化创造了丰富的机遇。这一时期，数字技术的快速发展和科技创新的不断推陈出新，使得农业与服务业在数字化和科技化方面迎来了前所未有的发展机遇。数字化为农业与服务业提供了信息化的平台。

随着农业物联网、大数据等技术的不断进步，农业与服务业能够更加准确地收集和分析大量的农业数据，实现了对农业生产过程的实时监控和精准管理。这为提高农业生产效益、优化资源配置提供了强有力的支持。服务业也通过数字化手段，实现了更高效、便捷的服务提供，满足了不断增长的消费需求。科技创新为农业与服务业带来了智能化生产和管理的机遇。在农业领域，智能农机的应用使得农业生产更加自动化，通过传感器和机器学习等技术，农业生产得以精细化和智能化。服务业也通过创新性的科技手段，实现了更加智能、个性化的服务。这种智能化的发展为农业与服务业的协同提供了新的可能性，推动了生产模式和服务方式的变革。数字化和科技创新还为农业与服务业提供了更广阔的市场机遇。农业电商的兴起使得农产品能够更便捷地进入市场，消除了地域限制，实现了农产品的远程销售。服务业通过互联网平台和社交媒体等工具，开拓了更为广泛的市场，实现了线上线下的融合。这为农业与服务业的一体化发展提供了更多的销售渠道，增强了市场竞争力。

在数字化和科技创新的背景下，农业与服务业之间的深度合作也逐渐加强。数字技术的应用使得农业生产与服务业更加紧密地结合，服务业为农业提供更智能化的农业管理服务，促使农业生产更科学、高效。这种深度合作的模式为农业与服务业的一体化发展提供了更为有力的支持。数字技术和科技创新还为农业与服务业提供了人才培养的新途径。数字经济时代对于人才的需求更加多样化，培养具备数字化和科技化素养的从业人员成为当务之急。农业与服务业通过与高校和科研机构合作，推动了数字技术领域的人才培养，为未来农业与服务业的可持续发展提供了更加强大的智力支持。2000—2010年，数字化与科技创新为农业与服务业一体化提供了丰富的机遇。数字技术和科技创新的不断发展使得农业与服务业得以更好地融合，实现了生产模式和服务方式的革新。这一发展趋势为农业与服务业的未来提供了更加广阔的发展空间。

（三）可持续发展与环保机遇

农业与服务业一体化在可持续发展与环保方面面临着巨大的机遇，通过合理利用资源、科技创新以及强化环保意识，产业链能够实现更为可持续的发展。可持续发展与环保为农业与服务业一体化带来了资源利用的新机遇。传统农业生产过程中对土壤、水资源的大量使用，导致资源的过度消耗和浪费。通过推动循环农业、合理利用科技手段，农业与服务业一体化有望实现更为高效的资源利用，提高农业生产的可持续性，从而保护自然资源，减少对环境的负面影响。环保意识的提高为农业与服务业一体化注入了创新的动力。社会对于环保的注度不断提升，消费者对绿色、有机、可持续的农产品和服务的需求也在逐渐增加。农业与服务业一体化可以通过符合环保标准的生产方式，提供更为健康、环保的产品和服务，满足消费者日益增长的环保意识，推动产业链向更为可持续的方向发展。科技创新为农业与服务业一体化带来了环保的科技支持。

随着信息技术、物联网、大数据等技术的不断发展，农业与服务业一体化可以更好地利用先进技术推动绿色、智能的生产方式。通过智能农业技术实现精准施肥、智能化种植管理，可以提高农产品的品质和产量，降低对环境的负面影响，推动产业链向更为环保的方向迈进。政策支持为农业与服务业一体化提供了环保的政策环境。

随着社会对于环保的重视，政府对于绿色、可持续发展的倡导不断加强。通过提供财政支持、税收优惠、环保政策等方式，政府可以促进农业与服务业一体化更好地发展，推动产业链在环保方向上实现更为稳健的发展。环保为农业与服务业一体化拓展市场提供了新的机遇。全球市场对于环保产品和服务的需求逐渐增加，农业与服务业一体化可以通过提供符合环保标准的产品和服务，拓宽市场份额，实现更广泛的市场拓展。环保作为一个市场差异化竞争的关键因素，为农业与服务业一体化打开了更多发展的可能性。可持续发展与环保为农业与服务业一体化带来了重要机遇。通过合理利用资源、借助科技创新、强化环保意识以及顺应市场需求，农业与服务业一体化可以更好地把握这些机遇，推动整个产业链的可持续、绿色发展。

（四）国际合作与全球化机遇

2000—2010年，国际合作与全球化为农业与服务业一体化创造了丰富的机遇。这一时期，随着全球经济的日益紧密联系，国际合作不断加强，为农业与服务业的一体化发展提供了广阔的空间。国际合作为农业与服务业提供了更广阔的市场。

随着全球化的深入，农产品和服务能够更加便捷地进入国际市场，从而拓宽了销售渠道，提高了市场竞争力。国际市场的需求也为农业与服务业带来了新的商机，促使其不断创新、提升产品和服务质量。全球化为农业与服务业的技术创新提供了更多的可能性。国际合作推动了科技创新的跨国交流，不同国家和地区的先进技术得以传播和分享。这种技术创新的全球合作使得农业与服务业在数字化、智能化等方面取得了新的进展，提高了整体生产效益和服务水平。国际合作还为农业与服务业提供了人才交流和培养的机会。不同国家和地区的人才能够通过国际合作项目，分享经验、共同攻克科技难题。这种人才交流不仅提高了农业与服务业从业人员的专业素养，也促进了思想观念的融合，推动了农业与服务业的一体化发展。国际合作还为农业与服务业提供了投资和融资的渠道。通过国际金融机构和投资者的合作，农业与服务业能够获得更多的资金支持，推动企业的扩张和创新。这种跨国的资本流动有助于解决资金短缺问题，为农业与服务业提供更多发展的机遇。在国际合作和全球化的大背景下，农业与服务业也能够更好地借助国际市场的资源，实现产业链的优化与升级。通过合作，农业与服务业能够获取更加先进的管理经验、市场信息，提高整体竞争力。全球合作还有助于推动农业与服务业向绿色、可持续发展方向迈进，实现经济、社会和环境的协同进步。国际合作为农业与服务业提供了政策和法规的借鉴与交流机会。不同国家和地区的政策经验能够相互启发，促使农业与服务业在法规制度建设、行业标准制定等方面更好地适应国际化的发展趋势。这种国际合作在促进全球农业与服务业的可持续发展上具有积极的作用。国际合作与全球化为农业与服务业一体化提供了广泛的机遇。通过国际市场的开拓、科技创新的共享、人才和资金的跨国流动，农业与服务业在全球化时代迎来了更为广阔的发展前景。这种国际合作的机遇为农业与服务业的全面提升和共同发展创造了有利条件。

（五）社会需求与品牌建设机遇

农业与服务业一体化在社会需求与品牌建设方面蕴含着广泛的机遇，通过深刻理解市场需求、创新产品与服务，并有效构建品牌形象，能够实现产业链的更全面、健康发展。社会对于健康、优质、可持续的农产品和服务的需求为农业与服务业一体化提供了重要机遇。

随着生活水平的提高，消费者对于食品的质量和安全要求日益提升。农业与服务业一体化可以通过推动绿色生产、有机农业、农业科技创新等手段，提供更为安全、健康的农产品和服务，满足社会对于优质食品的日益增长的需求。个性化、差异化的社会需求为农业与服务业一体化创造了多元化发展的机遇。不同人群对于农产品和服务有着不同的需求，一些消费者注重食品的营养价值，而另一些消费者可能更注重环保、可持续的生产方式。农业与服务业一体化可以通过差异化的产品和服务设计，满足多元化的需求，建立更加广泛的消费者基础，推动产业链向更为多元化的方向发展。品牌建设为农业与服务业一体化提供了市场竞争的优势。在竞争激烈的市场环境中，一个强有力的品牌是吸引消费者、树立企业形象的关键。通过建设品牌形象，农业与服务业一体化可以在市场上树立自身的特色与优势，提高产品和服务的认知度和美誉度，增强市场竞争力。社会对于文化、休闲、生态旅游等方面的需求也为农业与服务业一体化带来了市场机遇。农业与服务业一体化可以通过提供农业观光、农家乐、绿色生态旅游等多样化服务，满足消费者对于文化体验和休闲生活的需求，创造新的市场增长点，推动产业链向更为多元化和丰富的方向发展。社会对于信息透明、公平贸易的需求为农业与服务业一体化提供了市场机遇。消费者越来越关注产品的生产过程、原材料来源、社会责任等方面的信息。农业与服务业一体化可以通过建设透明度高、贸易公正的品牌形象，提高消费者对产品和服务的信任度，形成良好的品牌口碑，推动产业链在社会需求和品牌建设方面取得更大的市场份额。社会需求与品牌建设为农业与服务业一体化带来了丰富的市场机遇。通过深入了解市场需求、创新产品与服务，并构建强有力的品牌形象，农业与服务业一体化能够更好地满足社会的多元化需求，推动产业链向更为全面、健康的方向发展。

第二章　农业与服务业的发展现状

第一节　农业发展现状

一、农业生产结构

（一）农业生产结构的基本特征

农业生产结构的基本特征涉及多个方面，包括农业产业的组成、资源配置、生产方式以及市场格局等方面的特点。这些基本特征共同构成了农业生产的独特面貌。农业生产结构的第一基本特征是多元化。不同地区、不同国家的农业产业具有多样性，涵盖了种植业、畜牧业、渔业等多个方面。这种多元化反映了各地的气候、土壤、地理条件等差异，使得农业生产具有地域性和差异化的特点。农业生产结构的第二基本特征是资源配置的差异。不同类型的农业生产需要不同的资源投入，包括土地、水资源、劳动力等。资源配置的差异导致了不同地区农业生产结构的差异，有些地区更适宜发展粮食作物，有些地区更适宜发展特色农产品。农业生产结构的第三基本特征是生产方式的多样性。传统的手工农业生产方式与现代化的机械化、自动化生产方式共存。一些地区依然采用传统的耕种方式，而一些先进的农业产业已经引入了先进的科技设备和信息技术，实现了高效、智能的农业生产。农业生产结构的第四基本特征是市场格局的变化。

随着全球化的推进，农产品市场逐渐成为国际性的市场。不同国家、不同地区的农产品在市场上相互竞争，形成了复杂的市场格局。一些地区也发展了本地化的农产品市场，强调本土特色和品牌。农业生产结构的第五基本特征是农业产业链的延伸。农业产业链包括从农产品生产、加工、运输到销售的全过程。

随着产业链的延伸，农业生产者与农产品的最终消费者之间的联系更加紧密。一些农业生产者通过建立直销渠道或农业旅游等方式，直接与消费者互动，实现产业链的短化和农产品的差异化。农业生产结构的第六基本特征是可持续发展。在全球范围内，农业产业逐渐关注可持续性发展，包括环保、生态保护、农业资源的合理利用等方面。农业生产结构的调整也趋向于推动农业向着更加环保、可持续的方向发展。农业生产结构的基本特征呈现出多元化、资源配置的差异、生产方式的多样性、市场格局的变化、产业链的延伸和可持续发展等方面的特点。这些特征共同构成了农业生产结构的独特面貌，反映了农业产业在不断适应和应对各种挑战的过程中的动态变化。

（二）农业生产结构的变化与趋势

我国农业生产结构的变化与趋势体现了农业现代化和产业升级的发展方向。在过去几十年的农业发展中，农业生产结构发生了显著的变化，同时也呈现出一些明显的趋势。农业生产结构的变化主要表现在农业从单一的粮食生产向多元化、高附加值的产业结构调整。传统的粮食主导型农业逐渐演变为以粮食、油料、畜牧、水果、蔬菜等多元产业为主的现代农业结构。这种多元化的生产结构有助于提高农业的全要素生产率，降低农业生产的风险，实现农业的可持续发展。农业生产结构的趋势之一是农业产业链的延伸。

随着市场需求的变化和消费升级，农业生产逐渐向产业链上游和下游延伸。农业生产者通过加工、包装、品牌建设等方式，参与到更多的产业链环节，提高了附加值，实现了农业产业链的优化和升级。农业生产结构的另一个趋势是农业现代化的推进。

随着科技的不断进步，新型农业技术的应用不断拓展，农业生产结构朝着更加现代、智能的方向发展。精准农业技术的广泛应用，推动了农业生产的数字化、信息化，提高了生产效益和资源利用效率。农业服务业的兴起也是农业生产结构发展的一大趋势。

随着城乡一体化的推进和消费升级，农业服务业在整个产业结构中占据愈发重要的地位。从农业技术推广、咨询服务到农产品加工、物流服务，农业服务业逐渐成为农业生产结构中不可或缺的一部分，为农民提供了更多的就业机会和增收途径。在农业生产结构的变化中，农业现代化不仅意味着生产手段的现代化，更涉及农业产业链的完善和农业服务业的发展。通过推动多元化产业结构、产业链的延伸以及农业服务业的兴起，我国农业生产结构呈现出更为多样化、现代化的趋势。农业生产结构的变化和趋势是与时代背景和市场需求紧密相连的。通过推动农业多元化、现代化和服务业的发展，我国农业生产结构正在逐步优化，为实现农业的可持续发展和农民的增收提供了更多的可能性。在未来，随着科技的不断进步和市场的不断变化，农业生产结构将继续呈现出更为多元、现代、服务化的发展趋势。

（三）农业生产结构的地区差异与可持续性

农业生产结构的地区差异与可持续性直接关系到各地农业的经济、社会和环境效益。地区差异主要受到地理、气候、资源等多方面因素的影响，而实现可持续性农业则需要充分考虑这些差异，采取相应的策略和措施。地区差异在农业生产结构上表现为主导农业产业的不同。一些地区适宜发展粮食作物，而另一些地区更适合发展经济作物或特色农产品。这种地区性的差异导致了各地农业生产结构的多样化，需要根据当地的资源禀赋和市场需求来合理配置农业产业。气候和土壤条件的不同也导致了地区差异的农业生产结构。寒冷地区可能更适宜发展畜牧业，而温暖湿润的地区则更适合发展种植业。这种差异要求在农业规划和管理中考虑气候和土壤特点，推动农业生产结构的科学调整。资源分布是影响地区差异的重要因素之一。一些地区可能具有丰富的水资源，更适合发展水稻等水浇地农业；而一些地区水资源匮乏，更适合发展旱地农业。科学合理地配置水资源是实现农业可持续性的关键，避免过度开发和浪费。

农业生产结构的地区差异还受到市场需求和消费习惯的影响。不同地区的消费者对农产品的需求有所不同，一些地区更注重粮食作物，而另一些地区更注重高附加值的特色农产品。因此，农业生产结构需要根据市场需求的多样性进行调整，以适应不同地区的消费特点。可持续性农业需要在实现农业生产结构合理性的基础上，考虑生态、经济和社会的全面可持续性。在地区差异的基础上，实现可持续性需要采取相应的措施，如科学施肥、合理利用农业废弃物、推动农业机械化等。农业可持续性还需要注重农民的经济收益和社会福祉，通过改善农村基础设施、提高农业产业链附加值等方式促进农民的生计可持续发展。在应对气候变化和环境污染等全球性挑战时，地区差异也需要被充分考虑。不同地区可能面临不同的气候变化影响，一些地区可能更容易受到极端天气事件的影响。因此，实现农业的全球可持续性需要各地区共同努力，分享经验，加强合作。农业生产结构的地区差异与可持续性之间存在密切的关系。合理应对地区差异，采取有针对性的政策和措施，是实现农业可持续性的关键。只有充分考虑各地的自然和社会条件，才能推动农业向着更加可持续的方向发展。

二、农业生产方式

（一）传统农业生产方式的特征与演变

传统农业生产方式具有一系列独有的特征，这些特征受到历史、文化、技术水平等多方面因素的影响。在演变过程中，传统农业生产方式逐渐发生了一系列变革，反映了社会经济的发展和农业现代化的趋势。传统农业生产方式的特征之一是小规模、分散的经营形态。在早期农业社会，农业生产主要以家庭为单位进行，农民通常通过自给自足的方式种植、养殖，形成了小规模的经营格局。这种传统经营方式以农业为主，同时兼顾手工业和家庭生活需要。传统农业生产方式注重自然循环和人力劳动。在技术水平相对较低的情况下，农业生产主要依赖于自然生态系统的循环，通过人力劳动完成农田的开垦、播种、收割等工作。这种自然与人力相结合的传统生产方式，虽然在一定程度上保持了生态平衡，但也受到了生产效率的制约。传统农业生产方式的耕作工具和农业技术相对简单。农业工具主要以手工农具为主，耕地和耕作方式相对原始。农民在生产过程中主要依赖于传统的耕作技术，如手工犁耕、手工播种等。这使得生产效率较低，同时也限制了农业生产的发展潜力。

随着时代的变迁，传统农业生产方式逐渐演变出一系列新特征。农业生产逐渐规模化和集约化。

随着农业技术的进步，机械化、化肥和农药的广泛应用，农业生产规模逐渐扩大，农业生产过程中出现了更多的专业化分工，农民开始采用更现代化的农业管理方式。农业生产方式的商业化和市场化趋势逐渐显现。

随着城市化的推进和市场需求的增加，农业产品开始走向市场，农民的经营理念逐渐从自给自足向市场导向转变。农业产业链的建设推动了农业生产与市场的深度融合，促进了农业产品的品牌化和标准化。农业科技的广泛应用成为农业生产方式演变的关键因素。现代农业借助先进的科技手段，包括遗传工程、信息技术、智能农机等，提高了农业生产的效率和质量。新技术的引入促使农业生产方式朝着数字化、智能化的方向发展，为农业现代化提供了新的动力。传统农业生产方式在演变的过程中经历了从小规模、分散到规模化、集约化的转变，从自给自足到商业化、市场化的发展趋势。科技的进步、市场需求的变化以及社会经济结构的调整，都在推动着传统农业生产方式的演变，使其更好地适应现代社会的需求。这一演变不仅为提高农业生产效益提供了可能，也为农民增收、农业可持续发展奠定了基础。

（二）现代化农业生产方式的崛起与特点

现代化农业生产方式的崛起是农业产业在科技、经济和社会发展的推动下的必然结果。这种生产方式具有多个显著特点，影响着农业的生产效率、资源利用和产业链的升级。现代化农业生产方式的一大特点是机械化和自动化的广泛应用。现代农业引入了各种先进的农业机械和自动化设备，如拖拉机、播种机、收割机、无人机等，大幅度提高了农业生产效率。机械化和自动化的广泛应用使得农业从传统的人工劳动向更高效的生产方式转变。信息技术在现代化农业中发挥着重要作用。农业生产过程中的数据采集、监测和管理都通过信息技术实现，使得农业生产更加智能化。传感器、遥感技术和农业信息系统等技术的应用，为农业生产提供了实时的数据支持，帮助农民科学决策，提高了资源利用的效率。现代化农业生产方式强调科学的农业管理和精准的生产。通过土壤测试、气象监测等手段，农民可以更加精准地进行农业生产计划和管理，合理施肥、灌溉和病虫害防治。这种科学管理的方式有助于减少农业生产中的浪费，提高农产品的质量和产量。

现代化农业生产方式注重可持续发展。农业生产中的资源利用效率和环境保护得到了更多关注。有机农业、生态农业等新型农业模式逐渐崭露头角，通过减少化肥农药的使用、推动农业生态系统的平衡，实现了农业的可持续性。现代化农业生产方式推动了农业产业链的升级。传统的小农户模式逐渐向规模化、集约化方向发展。农业产业链的延伸和升级使得农产品更容易进入市场，提高了农产品的附加值。合作社、农业企业等新型农业经营主体逐渐崛起，推动了农业产业链更加现代化和市场化。农业生产方式的多元化也是现代化农业的一个特点。除了传统的种植业和畜牧业，现代化农业还涵盖了农业旅游、农产品加工等多个领域。这种多元化的农业经营方式有助于农民降低风险，提高经济收益。现代化农业生产方式的崛起在提高生产效率、推动农业可持续发展、升级农业产业链等方面发挥了重要作用。机械化和自动化、信息技术的广泛应用、科学的农业管理、可持续发展等特点共同构成了现代化农业生产方式的独特面貌，为农业的现代化和可持续性发展提供了强大的动力。

（三）可持续农业生产方式的发展与前景

可持续农业生产方式的发展及其前景是农业领域的一个重要课题。

随着人们对生态环境和资源的关注不断增加，可持续农业成为实现农业生产与环境、社会、经济协调发展的必然选择。可持续农业注重自然资源的合理利用。传统农业生产方式中常常存在过度耕作、过度使用化肥农药等问题，对土地、水源、生态环境造成了一定程度的损害。而可持续农业则通过推行有机农业、农田生态修复等措施，减少对土地的压力，实现了自然资源的可持续利用。可持续农业强调生态系统的保护。通过生态农业的推广，农田与自然环境的协调发展得以实现。合理的种植结构和轮作休耕等措施有助于提高农田生态系统的稳定性，减轻了农业对生态环境的影响。可持续农业也注重农田与周边生态环境的和谐共生，促进农业与自然生态系统的有机融合。可持续农业倡导生产方式的创新。引入现代农业科技，推动农业机械化、智能化、信息化发展，提高农业生产的效益。新一代农业技术的应用，如精准农业、无人机监测、农业大数据分析等，有助于提高生产力，降低资源浪费，使农业生产更加智能、可持续。可持续农业还注重社会经济效益的实现。通过推动农业产业链的升级，培育农产品品牌，提高产品附加值，实现农业生产与经济的协调发展。可持续农业也关注农民的收入状况，通过农业保险、产业扶贫等方式提高农民的收入水平，实现农业与社会的共同繁荣。在未来，可持续农业的发展前景十分广阔。

随着人工智能、大数据等新技术在农业中的应用不断深化，可持续农业将更加智能化，实现农业生产的精准管理和高效运营。国际社会对于环境保护的共识日益加强，可持续农业将成为全球农业发展的主流趋势。农产品的绿色认证、有机认证等标准的普及，也将推动可持续农业的发展。可持续农业的发展与前景在于实现农业生产与生态环境、社会、经济的协调发展。通过合理利用自然资源、保护生态环境、推动农业科技创新和产业链升级，可持续农业有望在未来取得更为显著的成果，为农业可持续发展和社会经济的可持续繁荣做出更大的贡献。

三、新兴趋势和挑战

（一）新兴技术与数字化农业趋势

新兴技术与数字化农业的融合呈现出农业发展的新趋势，对农业生产、管理和决策等方面产生了深远的影响。在农业发展现状中，新兴技术的应用成为推动农业现代化的重要力量。无人机技术在农业领域的广泛应用使得农民能够更加方便地进行农田监测、病虫害防控。精准农业的发展推动了传感器技术的应用，通过实时数据收集和分析，实现对农田土壤、植株生长等多个方面的精细化管理。区块链技术为农产品的溯源提供了可靠的手段，确保了食品的质量和安全。这些新兴技术的应用使得农业生产更加智能、高效，有助于提高农产品的品质和产量。数字化农业趋势逐渐成为农业发展的主导方向。农业大数据的应用为农业决策提供了科学的依据，通过对庞大的数据进行分析，可以更好地把握市场需求、农产品供应链等方面的信息，优化农业产业链。

物联网技术的广泛应用使得农业设备、传感器、无人机等可以实现互联互通，形成智能化的农业生态系统。人工智能技术的进步为农业提供了更高效的解决方案，例如智能农机的应用，使得农田管理更加自动化、智能化。新兴技术的发展助力了农业产业的升级。农业科技园区的兴起，使得农业企业更容易获取新技术、新品种，促进了农业生产方式的转型升级。生态农业、有机农业等新型农业模式的发展也得益于新兴技术的支持，使得农业发展更加注重环保、可持续性。在数字化农业趋势中，农村电商的崛起也成为国内农业现状中的亮点。通过互联网技术，农产品的销售逐渐从传统的线下市场转向线上，使得农民能够更直接地面向消费者销售农产品，增加了农产品的附加值。这一趋势有助于推动农业产业链的优化和农村经济的振兴。新兴技术与数字化农业的发展也带来了一些挑战。农业从业者在技术应用上的不平衡、信息安全和隐私问题、农业大数据管理等方面都需要不断探索解决方案。新兴技术的高成本和农村基础设施不足等问题也制约了一些地区的农业现代化进程。新兴技术与数字化农业的发展对国内农业现状产生了深远的影响。这一趋势在提高农业生产效率、推动农业产业升级、促进农产品市场化销售等方面发挥了积极的作用。

随着技术不断创新和政策的支持，新兴技术和数字化农业有望为农业可持续发展打下更为坚实的基础。

（二）可持续发展与绿色农业趋势

中国农业发展正积极响应可持续发展理念，逐步走向绿色农业的道路。这一转变是在全球可持续发展趋势的推动下，结合国内农业现状，通过多方面的改革和创新来实现的。农业生产方式逐渐向绿色农业转变。传统农业中广泛使用的化肥、农药等化学品对环境造成一定压力，因此，农业正在加速转向更为生态友好的生产方式。有机农业、生态农业等新型农业模式在全国范围内得到推广，减少对土壤、水源和生态环境的污染，实现了绿色农业的初步阶段。科技创新在农业可持续发展中发挥着关键作用。新一代信息技术、大数据、人工智能等先进技术的应用，使得农业生产更加智能化、高效化。精准农业技术的推广，使得农业生产能够更加精细地管理，减少资源浪费，提高产出。这些科技创新不仅提高了农业生产的效益，还有助于推动绿色农业的发展。农业生产中的资源利用效率逐步提升。

随着水资源日益紧张，农业灌溉系统的改进成为关键。高效的水肥一体化技术、滴灌、喷灌等现代灌溉技术的应用，使得农业用水更为科学、合理。在土地利用方面，精准施肥、轮作休耕等管理措施也在提高土地的可持续利用。农业与生态环境保护融为一体。农田生态修复、湿地恢复等生态工程的实施，有效改善了农业生产区的生态环境。推动农村生态文明建设，注重农田与自然环境的协调发展，是实现绿色农业的重要环节。农业发展中，注重生态保护与农业生产相互促进，实现了农业与自然环境的协同发展。农产品质量和安全得到更为严格的监管。为了满足消费者对安全、健康的需求，国家对农产品的质量监管越来越严格。从生产到销售的全过程都需要符合相关标准，农产品质量安全问题成为制约农业可持续发展的一个关键因素。这也迫使农业生产者更加注重绿色农业的实践，确保产品的安全和环保。中国农业发展正朝着可持续和绿色的方向迈进。通过生产方式的改革、科技的推动、资源利用效率的提高、生态环境的保护以及产品质量和安全的保障，农业正逐步实现绿色可持续发展。这一趋势不仅符合国际潮流，也是适应国内农业现状和农民需求的重要方向。未来，农业将继续深化改革，加强创新，为实现可持续发展和构建绿色社会作出更大贡献。

（三）全球市场与贸易挑战

全球市场与贸易对农业发展产生了深远的影响。农业作为一个重要的产业领域，受到了全球市场变化和贸易挑战的双重压力。全球市场的需求变化直接影响着农产品的生产和出口。全球经济的波动、人口结构的变化以及消费习惯的转变都对农产品的需求产生了重大影响。不同国家和地区对于农产品的需求差异巨大，这使得农业生产者需要灵活调整生产结构，以适应市场的变化。国际贸易的发展对农业产业链的构建和调整产生了深刻影响。全球化使得农产品的贸易更加频繁，但也使得各国农业面临更加激烈的竞争。农产品的贸易不仅受到市场价格的波动，还受到国际贸易政策和贸易壁垒的制约。贸易保护主义、关税壁垒、非关税壁垒等问题，使得农产品的出口受到了一系列挑战。全球市场中的品牌建设和质量标准也对农产品的市场竞争力提出了更高的要求。一些发达国家通过品牌战略和质量认证，形成了自身独有的农产品形象。这对一些发展中国家的农产品出口构成了一定的障碍，使得这些国家的农业产业面临着更大的市场竞争压力。全球市场的物流和运输也对农产品的出口产生了直接的影响。高效的物流体系和先进的运输设施有助于降低农产品的运输成本，提高其在国际市场上的竞争力。反之，交通不便、物流成本高昂的地区则可能因为运输问题而受到不利影响。在农业发展现状中，全球市场与贸易也推动了一些新的农业模式的发展。农村电商的兴起，通过互联网技术改变了传统的农产品流通方式，使得农民更加便利地与全球市场接轨。一些农产品的跨境电商出口也成为一种新的贸易模式，使得农产品更加直接地进入国际市场。全球市场与贸易对农业发展现状具有双重作用。全球市场为农产品提供了更广阔的销售渠道，推动了农业产业链的全球化。由于市场的不确定性、贸易壁垒等因素，农业生产者也面临更大的风险和挑战。因此，在农业发展中，更加深入地了解全球市场的动态、合理应对贸易挑战，对于保障农产品的质量、提高竞争力具有重要意义。

第二节　服务业发展现状

一、服务模式的创新与应用

（一）数字化技术的应用

数字化技术的迅速应用已经在服务业中掀起了一场深刻的变革。这种技术的广泛运用不仅提高了服务效率，同时也创造了全新的服务模式。服务业在数字时代焕发出勃勃生机，数字化技术的应用为整个行业注入了活力，带来了深远的影响。数字化技术的应用使得服务业的运作更加高效、便捷。通过云计算、大数据分析等技术手段，服务提供商能够更好地了解消费者的需求，从而更精准地提供个性化的服务。数字化技术也促使了服务流程的自动化，降低了人力成本，使得服务更为经济高效。通过数字平台，消费者可以随时随地享受服务，这为服务业创造了更广阔的市场和更灵活的经营模式。数字化技术的应用不仅提升了服务效率，同时也催生了全新的商业模式。共享经济的兴起正是数字技术的应用的产物，通过在线平台，人们可以方便地分享资源和服务，形成了一种全新的经济合作模式。区块链技术的应用也在服务业中崭露头角，为交易的透明性和安全性提供了新的解决方案，推动了服务业向着更为去中心化的方向发展。数字化技术的应用也深刻改变了服务的形态。虚拟现实和增强现实技术的应用为服务提供了更为沉浸式的体验，使得用户能够在虚拟环境中获得更为真实的感觉。这不仅拓展了服务的边界，同时也为用户提供了更为多元的选择。通过数字化技术，服务不再局限于传统的线下形式，而能够通过互联网走进人们的生活的方方面面，为用户创造更为丰富的体验。数字化技术的应用也在服务创新中发挥了关键作用。通过人工智能、机器学习等技术，服务业能够更好地预测和理解用户的需求，提供更为个性化的服务。智能化的客户服务系统使得用户能够更便捷地获得所需信息，提高了服务的质量和效率。数字技术的创新为服务提供了更多可能性，使得传统服务业焕发出新的创新力量。

数字化技术的应用也为服务业的国际化发展提供了有力支持。通过互联网，服务可以轻松地跨越国界，为全球消费者提供更为便捷和多样化的选择。国际支付系统的数字化也为跨国交易提供了更为便利的手段，推动了全球服务业的一体化发展。数字时代的到来使得服务业在全球范围内更加紧密地联系在一起，促进了国际服务贸易的繁荣。数字化技术的应用已经深刻改变了服务业的发展格局。通过数字化手段，服务业提升了效率、创造了新的商业模式、改变了服务形态，同时也推动了服务创新和国际化发展。数字化时代为服务业注入了新的活力，使得服务不再局限于传统的形式，而能够更好地适应人们日益多样化和个性化的需求。数字化技术的不断演进将继续引领服务业朝着更为创新、智能、全球化的方向发展。

（二）电子商务的崛起

电子商务的崛起为服务业注入了新的活力。随着互联网技术的迅猛发展，传统的商业模式正在被颠覆，电子商务成为服务业不可忽视的一部分。电子商务为企业提供了更广阔的市场和更便捷的交易方式，推动了服务业的创新和发展。电子商务的兴起改变了消费者的购物行为，使得线上购物成为日常生活的一部分。消费者通过电子商务平台可以随时随地购物，极大地提高了购物的便利性。这种便捷的购物方式激发了消费需求，为服务业创造了更多的商机。电子商务不仅仅改变了消费者的购物方式，也深刻影响了企业的经营模式。企业通过电子商务平台可以迅速拓展市场，实现全球范围内的业务覆盖。这种全球化的业务拓展为服务业带来了更广泛的市场机遇，也使得企业更加注重服务质量和创新。与传统的实体商业相比，电子商务具有更低的运营成本。通过互联网平台，企业能够实现无缝对接和高效的信息传递，降低了中间环节的成本。这使得服务业更加灵活，可以更好地满足消费者的需求，提供更具竞争力的产品和服务。

电子商务的崛起也带来了一系列的挑战。信息安全、网络诈骗等问题成为电子商务面临的严峻挑战。企业需要加强对安全风险的防范，保障消费者的权益。电子商务的发展也使得传统实体商业面临着转型的压力，需要更好地适应新的市场环境。电子商务的崛起为服务业注入了新的活力，推动了服务业的创新和发展。企业通过电子商务平台实现全球化的业务拓展，提高了市场竞争力。需要注意电子商务发展过程中所面临的各种挑战，以保障服务业的可持续发展。

（三）创新商业模式

商业模式的创新已成为服务业发展的关键动力。这种创新不仅仅是为了适应市场变化，更是服务业在激烈竞争中求生存、谋发展的必然选择。通过不断探索新的商业模式，服务业得以在日益复杂的经济环境中保持竞争力，取得更为显著的发展。创新商业模式为服务业注入了新的活力，使得传统服务的提供方式得以根本性改变。共享经济的兴起就是创新商业模式的典型代表，通过共享资源和服务，实现了资源的最大化利用。这种模式不仅降低了服务的成本，也为服务提供商创造了新的盈利点。商业模式的创新不仅体现在产品或服务本身，更在于服务提供链条的重新设计，实现了资源的优化配置和社会价值的最大化。创新商业模式的发展也在一定程度上推动了服务业的数字化转型。通过互联网、大数据等技术手段，服务业能够更灵活地运用信息化的手段，提高效率、降低成本。这种数字化转型不仅提升了服务体验，也为服务提供商提供了更为精准的运营数据，帮助其更好地理解市场需求和用户行为，从而更加灵活地调整商业模式以适应市场的动态变化。创新商业模式的发展也在强调用户体验和个性化服务。在竞争激烈的市场中，服务提供商通过创新商业模式，致力于更好地满足用户的需求。个性化定制、定价策略的创新、用户参与的程度等方面的创新都使得用户体验得以提升。服务提供商通过更加灵活的商业模式，更好地迎合不同用户的需求，形成了更为紧密的用户服务关系。商业模式的创新还在一定程度上推动了服务业的生态系统建设。通过与其他行业合作，形成产业联盟，服务提供商能够更好地共享资源、共同应对市场挑战。这种合作模式通过整合各方资源，实现了多方共赢。商业模式的创新使得服务业不再是一个孤立的存在，而是与其他产业相互联系、相互支持，形成了更为庞大的服务生态系统。创新商业模式也为服务业的国际化发展提供了新的契机。通过跨国合作、跨境电商等方式，服务业能够更好地拓展国际市场。不同国家和地区的文化差异、市场需求差异等因素都需要服务提供商根据实际情况灵活调整商业模式。这种国际化的商业模式创新，使得服务业在全球范围内能够更好地适应不同市场的需求，实现了全球服务贸易的繁荣。商业模式的创新是服务业发展的推动力。通讨不断尝试、调整、创新，服务业能够更好地适应市场的需求，提高竞争力。商业模式的创新不仅在于提供更为高效、灵活的服务方式，更在于服务提供链的重新搭建和产业生态的构建。这种创新，推动着服务业朝着更为创新、可持续、国际化的方向迈进。

二、服务业的整体发展趋势

（一）服务业的占比不断增长

在当今社会，服务业正以不可忽视的势头不断壮大，成为国民经济中的一支重要力量。这种趋势并非一蹴而就，而是经历了长期的发展演变。服务业占比的不断增长，是现代社会经济结构调整的必然结果，也是人们需求结构不断升级的反映。服务业的兴起与科技的飞速发展密不可分。

随着科技创新的不断涌现，人们对于生活品质和工作效率的要求日益提高，这促使了服务业的多元化发展。在数字化、信息化的浪潮下，各种互联网平台的涌现为服务业提供了广阔的发展空间。在线购物、在线支付、共享经济等新型服务模式不断涌现，深刻改变了人们的生活方式。服务业通过整合科技资源，为人们提供更加便捷、高效的生活服务，成为社会进步的推动力。

随着社会经济的不断发展，人们的需求也逐渐从简单的物质需求向精神需求和文化需求转变。这种转变使得服务业焕发出新的生机。文化创意产业、教育培训等服务领域崭露头角，满足了人们对知识、文化、艺术等方面的需求。服务业的占比逐渐增长，不仅仅是因为人们对于基本生活需求的满足，更因为服务业能够提供多样化、个性化的服务，满足了人们日益丰富多彩的精神需求。全球化的发展也为服务业的崛起提供了有利条件。国际间的交流日益频繁，人们对于跨国服务的需求不断增加。旅游业、外语培训、国际物流等服务在全球范围内得到迅猛发展，成为国际贸易和文化交流的纽带。服务业的国际化发展不仅促进了各国之间的经济合作，也拉近了不同文化之间的距离，为世界和平与繁荣作出了积极贡献。服务业占比不断增长，既是经济结构升级的产物，也是社会文明进步的体现。服务业的发展不仅仅是经济数字的增长，更是社会发展的多元化表现。人们对于个性化、多样化服务的需求日益凸显，这将进一步推动服务业的创新和发展。在未来，服务业有望继续占据经济结构的重要位置，成为推动社会发展的不可或缺的力量。

（二）国际化与全球化

在当今世界，国际化和全球化已成为服务业不可忽视的趋势。服务业的整体发展随着国际化和全球化的推动呈现出日益庞大和多元化的态势。服务业的国际化表现在企业在跨国范围内的扩张，而全球化则强调了服务业在全球范围内的相互依存和共享。服务业国际化的崛起源于市场的开放和技术的进步。

随着国际贸易的增加，服务业得以更便捷地跨足国际市场。信息技术的飞速发展使得服务业能够实现实时沟通和协作，从而加速了跨国服务交流。这种国际化趋势带来了服务业规模的扩大和多元化。全球化使得服务业在全球范围内形成紧密的网络。企业逐渐超越国界，形成全球供应链和价值链。这种全球性的联结不仅促进了跨国服务流动，也使得服务业更具适应性和创新性。全球化为服务业带来了更广泛的市场机会，同时也增加了市场竞争的激烈程度。服务业的国际化和全球化对经济的发展起到了积极的推动作用。跨国服务贸易促进了不同国家之间的资源优化配置，提高了效益和竞争力。服务业的国际化还为企业提供了更多的发展机会，促使其更好地融入全球价值链。服务业的国际化和全球化也带来了一些挑战。文化差异、法规不同等问题使得服务业在跨国经营中面临着一系列的难题。全球化也导致了资源的不平衡分配，使得一些国家或地区更容易受益，而另一些则可能陷入不利境地。服务业的国际化和全球化是当前世界经济发展的不可忽视的趋势。这一趋势既为服务业带来了更广阔的发展空间，也为全球经济的繁荣作出了积极的贡献。需要认识到其中存在的挑战和问题，以更好地引导服务业的健康发展。

（三）强调体验经济

在当今经济形势下，体验经济已经成为服务业的一大核心发展趋势。

随着社会进步和人们生活水平的提高，对于服务的需求已经不再局限于简单的物质满足，而是更加强调感知、情感和体验。这种趋势的崛起，使得服务业在整体上呈现出新的面貌。体验经济的发展是由人们对于生活品质的不断追求所驱动的。在过去，服务业主要以满足基本需求为主，而如今，人们对于服务的期望已经不再仅限于此。个性化、独特性、情感共鸣等方面的需求成为人们选择服务的重要考量。服务业通过创新，致力于提供更加个性化、贴心化的服务体验，以满足人们对于更丰富、更有深度的生活体验的渴望。体验经济的兴起与科技的发展密不可分。科技的进步为服务业注入了新的活力，推动了服务体验的不断升级。虚拟现实、增强现实等技术的应用使得服务更加生动、直观，为用户创造出更为沉浸式的体验。数字化的服务平台使得人们可以更加方便地享受个性化的服务，使得体验经济的发展呈现出数字时代的独特特征。体验经济的崛起也与社会文化的变迁密切相关。

随着社会的不断进步，人们对于文化、艺术等方面的需求不断增加，这推动了文化创意产业的蓬勃发展。艺术展览、文化活动等服务通过提供独特的文化体验，满足了人们对于精神层面的需求。这种文化体验的提供不仅仅是为了满足消费者的需求，更是为了建立品牌的独特形象，赋予服务以更为深刻的内涵。体验经济的整体发展还受到社会消费观念的深刻变革的影响。过去，人们更加注重商品的实用性和价格，而如今，消费者更加关注产品或服务背后的故事、文化，更注重购物和服务过程中的愉悦感。这种心理价值的转变使得服务业不再只是提供简单的产品或服务，更需要提供一种愉悦、有趣、有深度的消费体验。在全球经济一体化的趋势下，体验经济也呈现出国际化的发展特征。各国之间的文化交流、旅游流动使得不同地域的服务业相互借鉴，推动了全球体验经济的繁荣。国际品牌通过在不同文化环境中提供独特的服务体验，使得消费者在全球范围内都能够感受到类似的情感共鸣，形成了全球共通的消费文化。体验经济的整体发展是服务业不可忽视的趋势。科技、文化、社会心理等多方面的因素共同推动了体验经济的崛起。服务业需要不断创新，注重用户体验，以满足人们日益提高的个性化、情感化的需求。体验经济不仅是服务业的发展方向，更是人们对于丰富多彩生活的追求的体现。

三、面临的挑战与机遇

（一）技能和人才短缺

服务业的快速发展在一定程度上导致了技能和人才的短缺问题。

随着服务业的不断壮大，对多样化、专业化技能的需求也日益增加。目前许多领域都存在技能匮乏和人才短缺的情况。这种局面给服务业带来了一系列的挑战，影响了其整体发展。技能和人才的短缺主要表现在多个方面。快速变化的市场需求要求员工具备灵活适应的技能，但当前培训和教育系统并未能及时跟上步伐，导致员工缺乏新兴技术和市场趋势方面的知识。一些高技术领域的迅猛发展使得需求超过了供给，形成了技术专业人才的短缺。这进一步加剧了服务业中对高技能人才的争夺。服务业的复杂性和多样性要求从业人员具备更高水平的专业技能。传统的教育体系未能及时调整课程和培训计划，以适应服务业的快速发展。这导致了从业人员在实际工作中可能面临技术上的不足，难以满足市场的多元化需求。除技术性技能外，服务业也对人际交往和沟通能力等软技能提出了更高要求。许多从业人员在这方面的培训相对不足，导致了服务交互中可能出现的沟通不畅和客户关系不佳的问题。人才的短缺对服务业的整体发展产生了负面影响。企业在招聘和培训方面面临更大的挑战，从而影响了业务的正常运作。技能和人才的匮乏也限制了服务业创新的空间，阻碍了其在市场竞争中的地位。为解决技能和人才短缺问题，需要采取综合性的措施。教育体系应更灵活地调整课程和培训计划，紧跟市场的发展趋势。企业需要加强内部培训，提高员工的综合素养和适应能力。政府与企业之间的紧密合作也是解决人才短缺问题的关键，共同制定政策和计划，推动服务业人才的培养和流动。通过综合施策，服务业将能够更好地应对技能和人才短缺的挑战，实现更为稳健和可持续的发展。

（二）数据隐私与安全问题

数据隐私与安全问题已经成为服务业发展过程中的一大挑战。

随着数字化技术的广泛应用，大量的个人信息和敏感数据被服务业收集和处理，这引发了广泛的关注和担忧。数据隐私和安全的问题不仅影响了个人权益，也对服务业的整体发展构成了威胁。

随着服务业的数字化程度不断提高，个人数据的采集、存储和分析也变得更加频繁和复杂。服务提供商需要处理大量用户的个人信息，这使得数据泄露和滥用的风险大幅增加。用户对于个人数据的隐私和安全问题日益敏感，一旦发生数据泄露，不仅会导致用户的信任丧失，也可能引发法律责任和负面的品牌形象。在服务业中，用户的个人数据往往是服务提供商获取利润的重要资产。过度收集和滥用个人数据可能引发用户的反感。数据隐私问题不仅仅是道德和法律层面的问题，更关涉到服务商与用户之间的信任关系。用户希望自己的数据能够得到妥善处理，而不是被滥用于广告推送、信息泄露等方面。

随着数据隐私问题的突出，各国和地区纷纷出台了相应的法规和法律，以规范个人数据的收集、使用和保护。服务业不得不调整自身的数据处理方式，以符合法规要求。这一方面增加了服务商的合规成本，另一方面也推动了服务业从根本上重视数据隐私问题，注重建立健全的隐私保护机制。数据安全问题同样是服务业发展中亟待解决的问题。由于服务业涉及的数据量庞大，数据的存储和传输存在一定的风险。恶意攻击、黑客入侵等威胁对服务业构成了严重的威胁。一旦发生数据泄露，除了对用户造成损害外，服务商也可能面临巨大的法律责任和经济损失。为了保障数据的安全，服务业需要加强对信息技术系统的防护，采取更为严格的数据加密和访问控制措施。服务商还需要建立完善的安全管理和应急响应机制，及时发现并应对潜在的安全威胁。数据安全不仅仅是服务业内部的技术问题，更是一个系统性、全局性的挑战，需要整个服务业链的共同努力。

随着服务业的全球化发展，跨境数据流动成为一个突出的问题。不同国家和地区的数据保护法规和标准存在差异，服务商需要同时遵循多个不同的规定，这增加了服务业的运营成本和管理难度。数据的国际传输不仅需要考虑法律法规的兼容性，还需要关注不同国家文化和社会习惯的差异，这对服务业构成了一项复杂的挑战。数据隐私与安全问题是服务业发展中不可忽视的重要方面。在数字化时代，服务业需要积极应对用户的隐私关切，建立起健全的数据隐私保护机制。加强数据安全管理，保障用户信息的安全性，是服务业可持续发展的基础。通过法规合规、技术手段和国际协作等方式，服务业才能更好地应对日益严峻的数据隐私与安全挑战，确保整体发展的可持续性。

（三）市场竞争激烈

服务业的整体发展受到市场竞争的深刻影响。激烈的市场竞争使得服务业不断面临着新的挑战和机遇。在这个竞争激烈的环境中，服务业必须不断提升自身的竞争力，以适应市场的变化，实现健康而可持续的发展。市场竞争的激烈程度不断推动着服务业的创新。企业为了在竞争中脱颖而出，必须不断寻求新的商业模式、产品和服务。这种创新驱动力促使服务业日益注重科技的应用，提高效率和降低成本。服务业的企业在创新中寻求突破，以满足不断变化的市场需求。激烈的市场竞争对服务质量提出了更高的要求。为了吸引和保留客户，服务业企业必须不断提升服务水平，满足客户的个性化需求。客户体验成为服务业竞争中的重要因素，企业需要关注客户反馈，不断改进服务流程和提升服务质量。

在市场竞争中，价格也成为影响服务业竞争力的重要因素。企业在降低成本的需要保持产品和服务的质量，以确保价格的竞争力。服务业企业还需要通过不同的市场定位和差异化策略，寻找自身的竞争优势，从而在竞争激烈的市场中占据有利位置。市场竞争的激烈使得服务业的供应链和价值链变得更加复杂。企业需要与供应商建立更紧密的合作关系，以确保物流和供应链的高效运作。服务业企业还需要注重与合作伙伴的协同，共同推动整个价值链的优化。激烈的市场竞争也推动了企业对人才的需求。服务业需要拥有高素质、创新能力强的员工，以应对市场的挑战。招聘、培训和留住优秀的人才成为服务业企业的一项重要任务，人才的引进和培养将直接影响企业的竞争力。在激烈的市场竞争中，服务业企业需要保持战略的灵活性。灵活的战略可以使企业更好地应对市场的波动和竞争对手的变化。企业需要不断调整自身的战略定位，找到适应市场需求的最佳策略。市场竞争的激烈使得服务业必须保持高度警觉和敏感性。企业需要在创新、服务质量、价格策略、供应链管理以及人才引进等方面不断寻求突破，以在激烈的市场竞争中占据有利地位，实现服务业的可持续发展。

第三节　农业与服务业的关系

一、农业对服务业的影响

（一）农产品流通与物流服务

农产品流通与物流服务在当今社会经济中发挥着至关重要的作用。农业作为一个国家经济的基础，与服务业密切相连，两者相互支持、相互促进，构建了一个复杂而有机的体系。农产品的流通离不开物流服务的支撑，而物流服务的发展也受到农业生产的影响，二者之间形成了紧密的互动关系。

农产品流通是农业生产链的重要环节，直接关系到农产品从生产到消费的全过程。农产品的流通过程包括生产、收购、加工、运输、储存、销售等多个环节，这其中的每一个环节都需要依赖物流服务的支持。物流服务在农产品流通中发挥了重要的角色，通过运输、仓储、信息管理等手段，保障了农产品顺畅、高效、安全地流通。农产品流通中，物流服务的一个核心是运输。农产品生产往往分布在农村，而市场和消费者集中在城市，因此需要进行大规模的农产品运输。物流服务提供商通过建立广泛的运输网络，包括道路、铁路、水路和空运，保证了农产品从产地到销售地的快速、安全的运输。这不仅使得农产品能够及时进入市场，也缩小了城乡之间的经济差距。仓储是农产品流通中不可或缺的环节，而物流服务提供商通过建设和管理仓储设施，为农产品提供了合适的存储条件。这不仅延长了农产品的保质期，减少了损耗，也使得农产品能够更好地应对市场波动，提高了市场灵活性。物流服务的高效仓储管理为农产品提供了有力的保障,保证了市场供应的稳定性。物流服务在农产品流通中还发挥了信息管理的重要作用。通过现代信息技术的应用,物流服务提供商能够实时监测农产品的生产、运输和库存情况,提高了整个农产品供应链的透明度和可控性。这不仅有助于减少信息不对称,提高市场效率,也使得农产品的质量和安全问题能够得到更好的监管和管理。物流服务与农业的关系不仅在于物流服务对农产品流通的支持,同时也受到农业生产的影响。农业生产的季节性、气候等因素直接影响了农产品的供应,从而对物流服务提出了更高的要求。

物流服务提供商需要通过合理规划和调度,应对农产品供应的波动,确保市场的稳定性。农业与服务业的关系体现在农产品流通与物流服务的协同发展中。农业是服务业的重要组成部分,两者之间的互动促成了更加健康和可持续的经济体系。农业的发展为服务业提供了原材料和市场,而服务业的发展则为农业提供了先进的技术和高效的流通渠道,形成了一种互利共赢的关系。农产品流通与物流服务在农业与服务业的关系中,体现了现代经济体系中相互依存、相互促进的特点。服务业通过物流服务的提供,加速了农产品从产地到市场的流通速度,提高了市场效率,同时也为农业提供了更为广阔的市场空间。农产品流通与物流服务的整体发展,既是农业现代化的必然产物,也是服务业转型升级的关键环节。两者的协同发展不仅能够满足人们对于农产品的需求,也有助于提升整个国家经济的竞争力和可持续发展能力。

（二）农业技术与咨询服务

农业技术与咨询服务在当今社会扮演着关键的角色,成为农业与服务业相互交融的重要纽带。农业技术的发展为农业生产注入了新的活力,而咨询服务则在技术应用中提供了重要的支持和指导。这种密切的合作关系推动着农业的现代化发展,实现了农业与服务业的良性互动。农业技术的进步直接影响着农业生产的效益和可持续性。先进的种植技术、智能化的农机设备以及精准农业的应用,使得农业生产更加高效、节能、环保。农业技术的提升不仅提高了农产品的产量和质量，也促进了农业产业链的升级，为农民创造了更好的收入。在农业技术的应用中，咨询服务扮演了重要的角色。农业咨询服务通过提供专业的技术支持，帮助农民更好地理解和应用先进的农业技术。这种服务形式不仅涉及农业生产过程中的实际操作，还包括市场信息的解读和经济效益的评估。咨询服务的专业性和个性化使得农业技术更好地服务于实际生产需求，推动了农业的可持续发展。农业技术与咨询服务的结合在提高农产品质量上也推动了农业产业的数字化和信息化发展。通过传感器、无人机等技术手段，农业生产过程中的数据收集和分析变得更加精准和实时。咨询服务将这些数据转化为可操作的建议，帮助农民更好地调整生产策略，降低风险，提高效益。农业技术与咨询服务的合作还有助于农业可持续发展的推进。通过生态农业技术的引入和可持续经营的咨询服务，农业生产更加注重环保、资源利用和生态平衡。

农业技术的可持续性和咨询服务的战略规划共同推动了农业生产向更为环境友好的方向转变。农业技术与咨询服务的融合也带动了农村经济结构的升级和多元化发展。通过引入先进的农业技术，农民可以更好地适应市场需求，扩大农产品的市场份额。咨询服务则通过提供市场分析和经营管理方面的建议，帮助农民更好地开发农产品的附加值，促使农村经济的多元发展。农业技术与咨询服务的推动也面临一些挑战。技术普及和咨询服务的覆盖面仍然存在差异，部分农民可能因为信息不对等而受限于技术应用的范围。农村地区基础设施的滞后可能影响技术的实际应用和咨询服务的到位，农业技术与咨询服务的交融推动了农业的现代化和可持续发展。这种合作关系不仅提高了农产品的质量和生产效益，也促进了农业经济的多元化和农民生活水平的提高。农业与服务业之间的这种有机结合为农业带来了更广阔的发展前景。

（三）金融与保险服务

金融与保险服务在农业与服务业的交织中发挥着不可或缺的作用。农业是国家经济的基石，而金融与保险服务则为农业提供了资金支持和风险保障。两者之间的互动关系不仅促进了农业现代化和农民收入的增加，同时也为金融与保险服务提供了广阔的市场和社会责任。金融服务作为农业发展的重要支持，通过提供融资、投资和理财服务，为农业生产提供了必要的经济支持。金融机构通过向农业提供贷款和信贷，使得农民能够获得必要的资金用于购买种子、农药、肥料等农业生产必需品。这种金融服务不仅加速了农业生产的进行，也提高了农业生产的效率，推动了农产品的增产和优质化。金融服务还通过投资农业科技、设施建设等方面，助力农业现代化。资金的流入为农业提供了技术改良和设备升级的条件，推动了农业的产业升级。金融机构的参与使得农业能够更好地融入现代化产业体系，提高农产品的附加值和国际竞争力。

金融服务在农业领域中也起到了风险管理的作用。天气、自然灾害等不可控因素对农业产生了潜在的风险，而农业保险作为金融服务的一部分，为农民提供了风险保障。农业保险的推广使得农民在面对不可预测的自然灾害时能够获得一定的经济补偿，减轻了农业经济波动带来的冲击。这种风险管理不仅使得农业更为可持续，也增强了农民的经济安全感。农业也为金融服务提供了广阔的市场。农民的金融需求涵盖了融资、存款、理财等多个方面，这为金融机构提供了多元化的业务拓展空间。农业作为国家经济的基础，其庞大的市场规模吸引了金融服务的深度参与，形成了一个相互促进、良性发展的局面。农业与保险服务之间也存在着密切的联系。农业保险作为一种风险管理工具，通过提供保险产品为农业提供了重要的保障。在自然灾害、气候异常等不确定因素影响下，农业保险帮助农民规避了经济风险，降低了生产不确定性。这种风险保障有助于保持农业的稳定性，增加了农业生产的可持续性。农业与保险服务的结合也为金融机构创新提供了契机。金融机构可以通过研发符合农业需求的保险产品，创造更灵活、个性化的金融工具。这种创新不仅有助于提高金融机构的竞争力，也为农业提供了更为多样的保险选择,满足了不同农业主体的差异化需求。农业与金融与保险服务的关系体现了现代农业的金融化趋势。

随着社会经济的发展和农业产业的转型,农业不再只是传统的生产领域,更成为金融服务的重要对象。农业的金融化使得金融服务在农村地区得到更广泛的传播,提高了金融服务的普及率,也为农业提供了更多的金融选择。农业与金融与保险服务之间存在紧密的关系,彼此相互促进、共同发展。金融与保险服务通过为农业提供融资、投资和风险管理,推动了农业的现代化和可持续发展。而农业作为庞大的市场,为金融与保险服务提供了广阔的业务空间,促进了金融机构的创新和发展。这种相互依存的关系构建了一个有机的经济体系,为国家经济的持续增长提供了坚实的基础。

二、服务业对农业的影响

(一)农业信息化

农业信息化是当代农业发展的重要方向,其涵盖了信息技术在农业生产、管理、决策和服务等方面的广泛应用。这一趋势的兴起标志着农业进入了一个数字化、智能化的时代。农业信息化不仅对提高生产效益和资源利用效率具有积极意义,同时也为农业可持续发展和精准管理提供了新的可能性。在农业信息化的背后,先进的农业技术起到了关键作用。通过传感器、遥感技术、无人机等先进设备的应用,农业信息化实现了对农田、作物、气象等多方面数据的实时采集和监测。这种技术的广泛应用使得农业生产变得更加精准和高效,提高了农业生产的整体水平。农业信息化为农民提供了更多的决策支持。通过信息化系统的建设,农民可以获取到关于市场行情、气象状况、农产品品质等多方面的信息。这使得农民能够更准确地制定农业生产计划、合理选择作物品种、把握市场机会,从而提高了农业经济效益。农业信息化不仅关注农田的管理,还深入到农产品的全过程。从生产、加工到销售,信息化系统能够实现全链条的监控和管理。这有助于提高农产品的质量和安全水平，满足市场对安全食品的需求，同时也增强了农业产业链的竞争力。在资源利用方面，农业信息化也发挥了积极作用。通过智能灌溉、精准施肥等技术手段，农业生产更加注重对水、肥料等资源的科学利用，减少了浪费，提高了资源利用效率。这对于实现可持续农业发展，保护生态环境具有重要意义。农业信息化为农村经济带来新的发展机遇。农村信息化的推动使得农产品的销售更加便捷，农产品加工业的发展也因信息化而得到促进。这对于农村经济的多元化和农民收入的提高有着积极的推动作用，农业信息化的发展也面临一些挑战。技术普及仍然存在差异，一些偏远地区可能由于基础设施和教育水平的限制而难以享受到信息化带来的便利。

信息安全问题也是一个亟待解决的难题，随着农业信息化的推广，农业数据的保护变得尤为重要。信息化对农业从业人员的技能需求提出了更高的要求，需要加强相关培训和教育。农业信息化是农业发展的必然趋势，其应用使农业生产更加科学、高效。农业信息化的推动不仅提高了农业生产水平，也为农民提供了更多的决策支持和经济机会。农业信息化的发展仍然需要综合考虑技术普及、信息安全和人才培养等多个方面的问题，以实现农业信息化的可持续发展。

（二）农业教育与培训

农业教育与培训在现代社会中与服务业形成了紧密的联系。农业作为国家经济的支柱产业，其发展与农业从业者的素质息息相关。农业教育与培训不仅为农民提供了必要的知识和技能，也为服务业提供了人才支持和市场需求，两者之间形成了相互依存的关系，共同推动了国家农业和服务业的发展。农业教育是培养农业从业者的主要途径之一。通过农业教育，农民能够获取种植、养殖、农业技术等方面的知识，提高生产技能水平。这不仅有助于农业从业者更好地应对市场竞争和农业生产中的复杂环境，也提高了农产品的质量和产量。农业教育的提升直接影响着农业的现代化进程，为农业服务业提供了更高水平的从业者，促进了整个农业产业链的健康发展。农业教育与培训也为服务业提供了人才资源。

随着农业现代化的推进，对于农业科技、管理、市场等方面的专业人才需求逐渐增加。通过农业教育体系，为服务业培养了大量的农业专业人才，这些人才不仅为农业产业的技术创新提供了支持，也为服务业提供了更为全面、专业的服务。农业教育与培训还为农业从业者提供了适应市场需求的综合素质。在现代农业中，除了专业技能外，农民还需要具备市场意识、经营管理能力等多方面的素质。通过系统的农业培训，农业从业者能够更好地适应市场需求，灵活应对市场变化，提高自身综合素质。这为服务业提供了更为全面的合作伙伴，也为农业服务提供了更为专业的支持。农业教育与培训在提高农民收入方面发挥了关键作用。通过教育培训，农民能够学到科学种植、养殖技术，提高农业生产效益，增加农产品附加值。这不仅使农民个体的经济收入得到提升，也为农业产业链的健康发展提供了有力支持。农业从业者的收入水平的提高直接影响了其对服务业的需求，推动了服务业的发展。农业教育与培训还为农民创业提供了更多的机会。通过培训，农民可以获得更多关于市场营销、企业管理等方面的知识，为其创办农业相关的企业提供了技术和管理的支持。这些创业者不仅能够在农业领域中发展，还能够为服务业创造更多的就业机会，促进社会经济的全面发展。农业教育与培训的创新对农业和服务业的发展都有积极的推动作用。

随着科技的进步，农业教育逐渐引入先进的农业科技理念，培养了更多具有创新能力的农业专业人才。这些人才在服务业中能够推动农业生产方式的变革，推动服务业向更加高效、智能的方向发展。农业教育与培训在服务业的需求引导下，也逐渐注重农业产业链的可持续发展。培养具有环保、可持续发展理念的农业从业者，推动农业向着更加生态友好、资源可持续的方向发展，为服务业提供了更为可持续的农产品供应。农业教育与培训与服务业之间构建了一个相互促进的关系。农业教育不仅为农业提供了技术和管理方面的人才支持，也为服务业提供了更为全面的农业从业者。服务业的需求推动了农业教育与培训的创新，促使农业与服务业在人才培养、技术创新、产业链发展等方面形成紧密的互动关系。这种关系不仅有助于提升农业的现代化水平，也为服务业提供了更加专业和有竞争力的支持。

（三）农业旅游与体验服务

在农业现代化的进程中，服务业的发展和农业旅游与体验服务的兴起成为推动力量之一。服务业在农业现代化中扮演了多重角色，不仅为农业生产提供支持，同时也丰富了农村的产业结构，促进了可持续农业的发展。农业旅游与体验服务是服务业在农业现代化中的一项重要创新。这一形式通过将农业与旅游相结合，为城市居民提供了更直观的农村体验。农业旅游不仅丰富了人们的生活，也为农民提供了新的经济收入来源。游客可以亲身体验农业生产过程，了解农村文化，促进了城乡交流和农村经济的多元发展。

服务业在农业现代化中的角色不仅表现在提供新的农村体验服务上，同时还涉及农业技术咨询和培训。服务业通过为农民提供先进的种植技术、养殖技术等方面的咨询服务，促进了农业生产的现代化。农业技术的引入不仅提高了农业生产效益，也为农村经济的可持续发展提供了技术支持。农业体验服务和农业技术咨询不仅为城市居民提供了更多的农业信息，也带动了农村就业的多元化。农业旅游需要农民提供导览、餐饮、农产品销售等服务，这为农村居民创造了更多的就业机会。农村的产业结构得到优化，农业与服务业相互融合，推动了农村经济的升级。服务业还在农业现代化中发挥了重要的推动作用，通过提供物流和信息服务，优化了农产品的供应链。服务业的介入使得农产品能够更快捷地进入市场，提高了产品的附加值。这有助于解决农产品销售的问题，促使农业生产更加市场化。农业现代化中服务业的另一重要角色是农产品加工与品牌推广。服务业通过引入现代化的加工技术，帮助农产品加工成更高附加值的产品。通过服务业的推广与宣传，农产品得以建立自己的品牌形象，提高市场竞争力。这有助于农产品更好地走向国际市场，推动农业的全球化发展。农业与服务业的融合进一步拓展了农村的产业链。通过提供农业体验服务、农产品加工与品牌推广，服务业为农村产业的多元化提供了新的方向。这种多元化的产业结构不仅提高了农民的收入水平，同时也提高了农村的抗风险能力，使农业的可持续发展更加有保障。服务业在农业现代化中仍然面临一些挑战。农业旅游和体验服务的发展需要解决基础设施、环境保护等问题，以确保游客体验的质量。农业技术咨询和培训需要解决农民对新技术的接受程度和培训的可及性等问题。服务业的参与还需要考虑农村文化的保护和传承，以避免现代化进程中的文化冲突。服务业在农业现代化中发挥了多方面的积极作用。通过农业旅游与体验服务、农业技术咨询与培训、农产品加工与品牌推广等方式，服务业促进了农业与农村经济的多元发展。这种农业与服务业的融合不仅丰富了农村生活，也为农业可持续发展提供了新的思路和机遇。

三、农业与服务业一体化的必要性

（一）市场需求与服务升级的驱动

市场需求与服务升级的驱动农业与服务业一体化的必要性体现在多个方面，这不仅是农业产业和服务业的发展趋势，更是适应社会经济变革、满足人民日益增长的美好生活需求的重要举措。市场需求的变化是农业与服务业一体化的必要性的重要动因。

随着城市化和社会经济的快速发展，人们对农产品的需求不再仅仅满足于基本的口粮需求，更加注重食品的品质、安全和营养价值。消费者对于农产品的品种多样性、个性化需求逐渐增加。为了满足这些复杂多变的市场需求，农业与服务业需要更加紧密地协同合作，提供更加多元化、个性化的产品和服务。服务升级是农业与服务业一体化的必要推动因素。

随着社会经济的发展，服务业日益成为经济的支柱产业。在农业领域，传统的农业生产方式已经不能满足现代社会对农产品品质和生产过程的更高要求。因此，通过服务升级，引入更加先进的生产技术、科学的农业管理和高效的供应链管理，能够提升农产品的附加值，更好地满足市场需求。农业与服务业一体化的必要性还表现在推动农村经济发展、增加农民收入的层面。传统的农业生产方式在一定程度上限制了农民的收入增长。通过引入服务业元素，如农业旅游、休闲农业等，不仅能够提高农产品的附加值，也能够创造更多的就业机会，促进农村经济的多元化发展。农业与服务业一体化对于提升农业产业链的竞争力也至关重要。通过引入服务业的理念和模式，可以构建更加完善的农业产业链，实现从生产、加工到销售的全过程优化。服务业的参与能够提高产业链上下游的协同效率，促进整个农业产业的升级。农业与服务业一体化还能够推动农村地区的基础设施建设。

服务业的引入将促使农村地区发展更为健全的交通、通信、能源等基础设施，提升农村地区的生活品质和产业环境，实现农村与城市之间的协同发展。市场需求与服务升级是农业与服务业一体化的不可或缺的动力。通过协同发展，农业和服务业能够更好地适应社会经济的发展趋势，满足市场需求的多样性，推动农业产业的升级，增加农民收入，促进农村经济的发展。农业与服务业一体化是适应时代潮流、推动经济社会可持续发展的必然选择。

（二）科技创新与数字化转型的推动

科技创新和数字化转型对于推动农业与服务业一体化具有必要性。这种必要性体现在多个层面，包括提高农业生产效率、推动农业产业升级、满足市场需求、促进可持续发展等方面。科技创新和数字化转型能够显著提高农业生产效率。新一代农业技术的引入，如精准农业、农业大数据分析、智能农机等，可以实现农业生产的精准化管理。通过实时监测农田状况、精准施肥、科学农药使用等手段，农民可以更有效地管理农业生产过程，提高作物产量，降低生产成本，从而实现农业生产的高效运营。科技创新和数字化转型有助于推动农业产业升级。新技术的应用可以推动农业从传统的小农业向现代化、规模化的方向发展。通过农业产业链的优化和整合，实现从生产、加工到销售的全过程一体化管理，提高产品附加值，满足市场多样化的需求。这有助于推动农业产业的升级，提升整个农业产业的竞争力。科技创新和数字化转型能够满足市场需求。

随着社会经济的发展和城市化进程的推进，市场对农产品品质、安全、品种多样性等方面的需求日益增加。科技创新和数字化转型可以提供更多的手段，如农产品追溯系统、无人机巡查、智能农业物流等，满足市场对高质量、安全可追溯的农产品的需求，提升农产品的市场竞争力。科技创新和数字化转型也有助于实现农业可持续发展。通过推动绿色农业技术的应用，减少对环境的影响，实现资源的有效利用，可以促进农业的可持续发展。数字化转型也能够提升农业生产的透明度，有助于监管和管理，减少资源浪费，降低对生态环境的负担。科技创新和数字化转型对于推动农业与服务业一体化是至关重要的。这不仅有助于提高农业生产效率、推动农业产业升级，还能满足市场需求，促进农业可持续发展。在新时代的背景下，科技创新和数字化转型将成为农业与服务业一体化发展的重要动力，推动农业在现代社会中更好地发挥其作用。

（三）可持续发展与农村振兴的战略需要

农业与服务业一体化是可持续发展与农村振兴的战略需要，其必要性凸显在多个方面，这不仅是为了实现经济的可持续增长，更是为了解决农村发展中面临的环境、社会和经济问题，全面提升农村的生产力、生态环境和居民生活水平。农业与服务业一体化是实现农村经济可持续发展的有效途径。传统的农业生产方式存在着资源浪费、环境污染等问题，不能适应可持续发展的要求。通过引入服务业元素，如农业旅游、休闲农业等，可以提高农产品的附加值，实现农业的产业升级，更好地满足市场需求。这种一体化的发展方式有助于解决农业经济的单一性和季节性问题，推动农村经济实现更加持续、稳定的增长。农业与服务业一体化有助于实现农村产业结构的优化升级。传统的农业产业结构以粮食、畜牧业为主，缺乏多元化和高附加值的产业。通过引入服务业，可以推动农业向生态农业、有机农业、特色农业等方向发展，形成更为多元化、高附加值的农业产业结构，提高农产品的市场竞争力。农业与服务业一体化对于促进农村的生态环境保护至关重要。传统农业生产方式可能导致土壤退化、水资源污染等环境问题。通过引入服务业，如农业生态旅游、农田生态修复等，可以实现农业与生态环境的协同发展。这种一体化的模式有助于减少农业对环境的负面影响，实现农业的可持续性发展。

农业与服务业一体化是实现农村振兴战略的重要支撑。农村振兴战略旨在通过改革发展农业、加强农村基础设施建设、促进农村产业升级等方式，推动农村经济的全面发展。而农业与服务业一体化正是农村振兴的战略选择之一，通过提升农业产业链的附加值、拓宽农村就业渠道，能够更好地推动农村经济的振兴。农业与服务业一体化还有助于解决农村人口问题。通过发展服务业，如农业旅游、农产品加工等，可以创造更多的就业机会，吸引年轻人留在农村就业，缓解农村劳动力不足的问题。这对于实现农村振兴战略中的人口结构调整、促进农村人口流动具有积极意义。农业与服务业一体化是实现可持续发展与农村振兴战略的必要性的体现。通过将服务业元素引入农业，推动产业升级、优化产业结构、改善生态环境，可以更好地满足现代社会的需求，实现农村经济的可持续发展和振兴。

第三章 农业与服务业一体化发展的理论基础

第一节 产业融合理论

一、融合理论的基本概念与背景

(一)产业融合的定义

产业融合是指不同产业之间相互渗透、相互协作,形成新的产业链、价值链和创新链的过程。在当代社会,农业与服务业的一体化就是一种典型的产业融合现象。这种融合不仅为农业提供了更为多元的发展路径,也为服务业提供了更广阔的市场空间,共同推动了社会经济的全面发展。农业与服务业的一体化首先体现在农业生产的多元化。传统上,农业主要以粮食、农产品为主,但随着社会经济的发展,人们对于农产品的需求更为多元化。通过产业融合,农业不仅仅是简单的生产农产品,还可以通过农业旅游、观光农业、农庄经营等形式,将农业与服务业相结合,满足了人们对于休闲、娱乐、文化体验的需求。

农业与服务业一体化还表现在农产品的加工与销售环节。通过将农产品加工成更为精细化、差异化的产品,农业产业可以更好地满足市场需求。服务业介入其中,提供更为专业的市场营销、物流管理等服务,促使农产品更快、更准确地进入市场。这种加工与服务业的一体化,不仅提高了农产品的附加值，也为服务业创造了更多的就业机会。农业与服务业的一体化在农村经济的发展中有着显著的影响。农业产业与服务业的融合使得农村经济更加多元化，不再仅仅依赖传统的农业产业。农民有机会参与到更多服务业的从业中，如农村旅游、民宿经营等。这种一体化的发展提高了农民的收入水平，也为农村提供了更广泛的发展机会。农业与服务业的一体化也推动了农业生产方式的创新。通过引入现代科技手段，如智能农业、信息化管理等，提高了农业的生产效率和质量。服务业的专业技术支持使得这些先进技术更好地服务于农业生产，从而形成了一种互动、互补的关系。这种创新不仅提升了农业产业的现代化水平，也为服务业提供了更多的技术市场。农业与服务业一体化的另一体现形式是农业与电商的结合。通过互联网技术，农产品的销售途径变得更为广泛，直接连接了农民与消费者。

服务业通过提供电商平台、物流配送等服务，加速了农产品的上市，促进了农业产业的发展。这种线上线下的一体化为农民提供了更为便捷的销售渠道，同时也为服务业提供了更多的市场份额。农业与服务业的一体化还表现在农业生态环境的保护与治理。通过产业融合，农业产业得以更好地关注和保护生态环境。服务业提供环境保护、生态治理等服务，协助农业实现可持续发展。这种共同关注生态环境的一体化，为社会提供了更为健康、可持续的农产品，也为服务业提供了更广泛的市场。农业与服务业的一体化在实践中仍面临一些挑战。技术水平的不均衡、市场机制的不完善、农民经营意识的提升等问题制约了这种一体化的深入发展。服务业需要在农业科技培训、市场机制建设、农民经济素质提高等方面发挥更为积极的作用，促使农业与服务业的一体化更为顺畅、高效。农业与服务业的一体化是产业融合的一种典型体现，是推动社会经济全面发展的有力手段。通过将农业与服务业相结合，不仅满足了多元化的市场需求，也为农业提供了更多的发展机会。农业与服务业的一体化在改善农产品附加值、促进农村经济发展、推动农业现代化等方面发挥了积极作用，为构建更加健康、可持续的产业链和价值链奠定了坚实基础。

（二）产业融合的背景与动因

产业融合的背景与动因在农业与服务业一体化方面具有重要意义。这一趋势的形成得益于多方面的因素，包括科技进步、市场需求变化、资源优化利用等。农业与服务业一体化的背景和动因相互交织，推动了两者的有机结合，为可持续发展提供了新的路径。科技的迅速发展是农业与服务业一体化的背景之一。现代农业技术的不断创新，包括智能农机、先进的种植技术等，使得农业生产更加高效、智能化。服务业通过数字化、信息化手段提供更精准的市场信息、物流支持等服务，为农业的现代化提供了技术支持。这种科技驱动促使了农业与服务业的深度融合。市场需求的变化也是农业与服务业一体化的动因之一。

随着城市化进程的加速，消费者对农产品的需求也发生了变化。更加个性化、安全、环保的农产品受到青睐，这促使农业需要更加注重品质和服务。服务业通过品牌建设、市场推广等手段提高农产品的附加值，满足了市场对优质农产品的需求，推动了农业与服务业的深度合作。资源的优化利用是农业与服务业一体化的另一个动因。农业和服务业在资源利用上存在一些互补性，通过合作可以更有效地利用资源。服务业在市场营销、物流等方面的专业能力为农产品提供了更广泛的市场渠道，促使农业资源得到更好的开发和利用。这种资源的优化利用推动了农业与服务业的深度协同发展。社会对可持续发展的呼声也是农业与服务业一体化的背景之一。人们对于农产品的生产过程、环保问题的关注不断增加，这促使农业需要更加注重可持续性发展。服务业通过提供环保型农业技术、推动绿色农业的发展等方式，为农业的可持续性发展提供了支持。社会对可持续发展的要求成为农业与服务业一体化的重要动因。农业与服务业一体化还得益于政策的支持。政府在可持续发展、农业现代化等方面的政策导向为农业与服务业提供了合作的良好环境。政府通过引导资金、推动政策法规的制定，为农业与服务业的产业融合提供了政策保障。这种政策支持使得农业与服务业更好地适应了市场和社会的需求，推动了两者的有机结合。农业与服务业一体化也面临一些挑战。农业与服务业之间存在文化、管理、技术等方面的差异，实现更好地协同发展需要克服这些差异。市场竞争的激烈和消费者需求的多样化也对农业与服务业提出更高的要求，需要更具创新性的合作方式。产业融合的背景与动因推动了农业与服务业的深度合作，形成了农业与服务业一体化的趋势。科技的进步、市场需求变化、资源的优化利用等因素使得两者在实现互补性发展的过程中取得了积极成果。政策的支持为这一趋势提供了保障。面对挑战，农业与服务业需要更加紧密合作，创新合作模式，以更好地应对可持续发展的挑战，实现共同繁荣。

（三）融合理论的重要性

融合理论在农业与服务业一体化中具有重要的意义。这一理论强调不同领域、产业之间的协同合作，通过相互融合形成更为有机、高效的发展模式。在农业与服务业一体化的过程中，融合理论提供了一种理念和方法论，促进了两者之间的深度合作，为经济全面发展提供了新的动力。融合理论推动了农业与服务业的资源整合。通过理论的指导，农业与服务业可以更好地整合各自的资源，实现资源的共享与优化配置。农业生产所需的土地、水源等资源与服务业的市场渠道、人力资源等进行有效整合，形成互利共赢的合作关系。这种资源整合使得整个产业链更为紧密，提高了生产效益，同时也促进了服务业的多元发展。

融合理论强调了农业与服务业的技术融合。通过将农业的先进技术与服务业的创新理念相结合，推动了农业与服务业的科技水平提升。服务业的信息技术、管理技能与农业的现代化技术相结合，使得农业生产更加智能化、高效化。这种技术融合不仅提高了生产效率，也为服务业提供了更为高效的农产品供应链，推动了产业向着更为先进的方向迈进。融合理论还促使了农业与服务业的市场融合。通过理论的引导，农业与服务业能够更好地适应市场需求，形成更为灵活、多样化的市场战略。农业产品的销售不再仅仅依赖传统的农贸市场，而是通过服务业的市场渠道，如电商平台、线上线下结合的销售模式等，实现更广泛的市场覆盖。这种市场融合使得农业与服务业之间形成更为紧密的市场关系，共同推动了市场的繁荣。融合理论还注重了农业与服务业的人才融合。通过合理规划培训计划，农业从业者能够获取更多与服务业相关的管理、市场等方面的知识。服务业专业人才也能够更好地了解农业产业链，形成更为专业、有素质的农业从业人才队伍。这种人才融合不仅为农业提供了更为全面的人才支持，也促进了服务业的专业化发展。融合理论强调了农业与服务业的文化融合。通过理论的引导，农业与服务业能够更好地理解彼此的文化差异，形成更为和谐的合作氛围。

农村地区的文化传统与现代服务业的文化理念相结合，不仅有助于传承农村的文化传统，也使得服务业更好地适应农村地区的文化环境。融合理论的实践对于改善农业与服务业的生态环境也产生了积极的影响。通过理论的指导，农业与服务业能够更加关注生态环境的保护和可持续发展。农业的生产方式更加注重生态友好型，服务业通过环保理念的引导，推动农业产业链的可持续发展。这种生态环境下的融合实践不仅有助于保护环境，也为社会提供了更为健康、可持续的产品。融合理论在农业与服务业一体化中发挥着重要的作用。通过资源、技术、市场、人才、文化等多方面的融合，农业与服务业能够实现更为紧密的合作，促进了两者之间的协同发展。这种融合实践不仅提高了农业与服务业的整体效益，也为社会经济的全面发展提供了新的思路和动力。

二、融合发展的形成机制与发展趋势

（一）一体化融合发展的形成机制

农业与服务业一体化融合发展的形成机制是多方面因素的综合作用。这一形成机制涵盖了市场需求、技术创新、资源整合、政策支持等多个方面，共同推动了农业与服务业的深度协同发展。市场需求是农业与服务业一体化融合发展的重要驱动力。

随着社会经济的发展和消费者观念的转变，对农产品品质、安全和环保的需求不断增加。服务业通过市场调查和分析，了解消费者的需求，推动农业调整生产结构，提高农产品的附加值，满足市场的多元化需求。这种市场需求导向的机制使得农业与服务业更加紧密地协同发展。技术创新是推动农业与服务业一体化融合的重要因素。现代农业技术的不断创新，如智能农机、先进的种植技术等，提高了农业生产效益，降低了生产成本。服务业通过数字化、信息化等技术手段，为农业提供更精准的市场信息、物流支持等服务。这种技术创新的机制使得农业与服务业在科技领域形成有机的合作关系，推动双方不断迈向更高水平的发展。资源整合是农业与服务业一体化融合发展的重要机制之一。

农业和服务业在资源利用上存在一定的互补性，通过整合两者的资源，可以实现更加有效的利用。服务业在市场开发、物流体系等方面的专业能力为农产品提供了更广泛的市场渠道，促使农业资源得到更好的开发和利用。这种资源整合的机制推动了农业与服务业的深度协同发展。政策支持是农业与服务业一体化融合发展的有力保障。政府在可持续发展、农业现代化等方面的政策导向为农业与服务业提供了合作的良好环境。政府通过引导资金、推动政策法规的制定，为农业与服务业的合作提供了政策支持。这种政策支持使得农业与服务业更好地适应了市场和社会的需求，形成了有利于双方合作的政策环境。社会文化因素也是农业与服务业一体化融合发展的重要影响机制。农业与服务业之间存在文化、管理等方面的差异，而社会的文化观念在一定程度上影响了双方的合作。通过文化融合，双方可以更好地理解对方，增进合作的默契，推动农业与服务业实现更深层次的协同发展。这一综合的形成机制推动了农业与服务业一体化融合发展。市场需求的引导、技术创新的支持、资源的整合、政策的推动以及文化的融合相互交融，使得双方在合作中形成了紧密而有机的关系。这种一体化融合发展的机制为农业与服务业的协同发展提供了坚实的基础，促使双方共同应对挑战，迎接机遇，实现更高水平的可持续发展。

（二）一体化融合发展的发展趋势

农业与服务业一体化融合发展的趋势在当前社会经济背景下愈发清晰。这种趋势不仅反映了产业结构调整的需要，也是适应科技进步和市场需求变化的必然结果。信息技术的广泛应用是农业与服务业一体化融合发展的显著趋势。

随着信息技术的不断创新，农业生产中引入了大数据、物联网等先进技术。这种技术的应用使得农业生产更为智能化、精细化，提高了农产品的品质和产量。与此服务业通过信息技术的支持，能够更好地进行市场推广、客户服务等工作，形成农产品生产与服务的有机衔接。绿色发展理念在农业与服务业一体化融合中愈发凸显。社会对环保和可持续发展的关注不断升温，农业与服务业一体化发展也在顺应这一趋势。农业生产逐渐向有机农业、生态农业转变，强调环保、绿色、可持续的发展模式。服务业在推动农产品销售、市场推广时，也倡导绿色理念，引导消费者关注环境友好型的农产品。产业链的深度整合是农业与服务业一体化融合发展的发展趋势之一。

随着市场需求的不断变化，整合产业链上的各个环节成为提高效益、降低成本的关键。农业生产、加工、销售与服务业的市场推广、物流运输、科技支持等环节深度整合，形成更为高效、协同的产业链，有助于实现全产业链的优化配置。农业与服务业一体化发展的趋势还表现在城乡一体化方面。以城市为中心的服务业逐渐渗透到农村地区，推动了城乡经济的互动与融合。农产品销售、农村旅游、农业科技服务等都成为城市服务业延伸的方向，促使农业与服务业形成更加紧密的关系，多元化经营是农业与服务业一体化融合发展的趋势之一。农民不再仅仅依赖传统农业收入，而是通过农业与服务业的深度融合，开发出多元化的经营模式。这包括农产品的深加工、生态旅游、文创产业等多个方向，提高了农民的收入水平，实现了农业经济的多元化发展。国际化是农业与服务业一体化融合发展的趋势之一。

随着全球化进程的推进，农业与服务业在国际市场上的交流与合作日益频繁。农产品的国际化销售、服务业的国际合作等成为农业与服务业一体化的新方向，推动了我国农业与服务业的国际竞争力。人才培养与科技创新是农业与服务业一体化融合发展的重要趋势。为了适应新时代的发展需要，培养适应农业与服务业一体化的复合型人才势在必行。科技创新对于提升农业与服务业的水平至关重要，通过引入先进的农业技术和服务业管理理念，不断提高整体创新能力。农业与服务业一体化融合发展的趋势是多方面因素共同作用的结果。从信息技术的应用、绿色发展理念的强调，到产业链的深度整合、城乡一体化的推进，再到多元化经营和国际化、人才培养与科技创新的重要性，这些趋势共同构成了农业与服务业一体化发展的新格局。在新的发展阶段，农业与服务业将更加深度融合，实现经济、社会和环境的协调共生。

（三）产业融合的创新合作与跨界整合

产业融合的创新合作和跨界整合在农业与服务业一体化中发挥了关键作用。这种合作和整合不仅推动了农业与服务业的协同发展，也为产业提供了新的增长点。创新合作和跨界整合的实施使得两个领域在技术、市场、资源等方面取得了积极成果，促进了可持续发展。创新合作是产业融合的基础之一。通过农业与服务业的创新合作，双方能够共同研发新的农业技术、服务模式等，推动产业向前发展。农业与服务业的合作不仅仅是单一领域的合作，更是在跨领域的基础上实现的。创新合作通过整合双方的优势资源，加速了技术的传播和推广，促使新技术更好地为农业提供服务。跨界整合则是推动农业与服务业一体化的关键机制。通过农业与服务业的跨界整合，可以实现资源的优化配置，提高整体效益。服务业通过引入市场机制、物流体系等方面的优势，促进了农产品的市场化流通。这种跨界整合使得农业更好地适应市场需求，为农产品的推广和销售提供了更广泛的平台。在产业融合的创新合作中，数字化技术的应用是一个重要方向。通过数字化技术，农业与服务业可以实现更高效的信息传递、管理和监控。通过智能农机的使用，农民可以实现农业生产的智能化管理。服务业则通过数字化的市场推广、电商平台等手段为农产品提供更广泛的市场渠道。数字化技术的创新合作为农业与服务业的协同发展提供了有力的支持。市场导向的创新合作也是推动农业与服务业一体化的重要手段。通过了解市场需求，双方能够调整农业生产结构，提高农产品的竞争力。服务业通过市场创新，如品牌建设、市场推广等方式，提升农产品的附加值。这种市场导向的合作通过满足市场需求，使得农业与服务业更好地适应了市场的变化。服务业在农业与服务业一体化中的角色也体现在物流体系的创新合作上。通过建立更高效的物流体系，农产品能够更及时地进入市场，满足市场需求。

服务业的物流体系不仅提高了农产品的供应效率，也促进了农产品的市场化。这种物流体系的创新合作使得农产品更好地流通于城乡之间，推动了农业与服务业的深度整合。在产业融合的过程中，品牌建设和宣传也是创新合作的关键方向。通过建设农产品品牌，服务业可以提高农产品的知名度和市场影响力。通过宣传农产品的独特卖点、环保特性等，服务业为农产品赋予更多的附加值，推动了农业与服务业的合作。产业融合的创新合作也面临一些挑战。双方在文化、管理、技术等方面的差异可能会影响合作的深度和广度。创新合作需要充分考虑这些差异，通过沟通、培训等方式加强合作双方之间的理解，推动合作的顺利进行。创新合作和跨界整合是推动农业与服务业一体化的关键机制。数字化技术的应用、市场导向的合作、物流体系的创新合作、品牌建设和宣传等方面的创新合作推动了农业与服务业的深度协同发展。在未来，双方可以继续深化合作，创新合作模式，以更好地适应市场需求，推动农业与服务业的共同发展。

三、融合发展的应用

（一）融合发展的应用前景

融合发展是农业与服务业一体化的必然趋势。这一趋势在未来展现出广阔的前景，将为农业和服务业带来全新的机遇和挑战。融合发展的前景主要体现在市场拓展、可持续发展、技术创新以及经济效益等方面。农业与服务业一体化的融合发展将推动市场的拓展。通过服务业的支持，农产品得以更广泛地进入城市市场，满足城市居民对多样化、高品质农产品的需求。服务业的市场推广和电商平台等手段为农产品提供了更广泛的市场渠道，促使农业与服务业在市场上实现更深度的协同发展。融合发展有助于实现农业与服务业的可持续发展。通过合作，农业可以更好地适应市场需求，减少资源浪费，实现生产过程的环保和可持续。服务业在提供信息服务、物流支持等方面发挥作用，为农业的可持续发展提供了支持。这种可持续发展将推动农业与服务业实现更加健康、平衡的发展。技术创新是融合发展的重要驱动力，为农业与服务业带来前所未有的机遇。农业通过引入先进的技术手段，提高生产效率，降低成本，增加农产品的竞争力。服务业通过数字化、信息化手段提供更精准的市场信息、物流支持等服务，为农业提供了技术支持。这种技术创新将推动农业与服务业实现更高水平的发展。

经济效益也是融合发展的显著特点。农业与服务业的合作可以实现资源的优化配置，提高整体效益。通过市场推广和品牌建设等手段，服务业为农产品赋予更多的附加值，提高了农产品的经济效益。这种经济效益的共享将促使农业与服务业更加深度地协同发展。在农村振兴的背景下，农业与服务业的融合发展有望成为推动农村经济多元化的有效途径。服务业通过提供就业机会、农产品加工等方式，为农村居民创造更多的经济收入。农业与服务业的深度合作将为农村提供更多的发展机遇，推动农村实现经济的繁荣。农业与服务业一体化的融合发展也面临一些挑战。文化、管理、技术等方面的差异可能影响合作的深度和广度。双方需要在合作中加强理解，通过培训、沟通等方式解决合作中的问题。市场竞争的激烈和消费者需求的多样化也对农业与服务业提出更高的要求，需要更具创新性的合作方式。融合发展将为农业与服务业带来更加广阔的前景。通过市场拓展、可持续发展、技术创新和经济效益等方面的协同合作，农业与服务业将实现更高水平的共同发展。在未来，农业与服务业的融合发展将不断创新合作模式，深化合作领域，为双方带来更大的机遇，推动农业与服务业的共同繁荣。

（二）可持续发展在农业与服务业融合发展中的应用

农业与服务业的一体化融合发展关乎社会经济的可持续性。这一发展模式在实现经济繁荣的也需要充分考虑对环境、社会和资源的影响，以保障未来世代的需求。因此，可持续发展成为农业与服务业一体化融合的重要目标，旨在实现经济、社会和环境的协调共生。

在经济层面，可持续发展要求农业与服务业的一体化发展能够保持稳健的经济增长。这意味着要实现资源的有效配置，推动产业结构的升级和创新，促使农业与服务业形成相互支持、相互促进的良性循环。经济的可持续发展还要求适应绿色经济理念，降低碳排放，推动生产方式向更加环保、低碳的方向演变。在社会方面，可持续发展要求农业与服务业的一体化应该关注社会公平与包容。农业产业链的融合需要使农民分享经济增长的红利，实现农村居民的收入提高和生活水平的提升。服务业在农村地区的发展也要注重创造更多的就业机会，提升社会的整体就业水平，减少贫困和不平等现象。要关注文化传承，保护农村的文化遗产，促进农业与服务业在文化层面的融合。

在环境方面，可持续发展要求农业与服务业的一体化能够实现生态平衡。农业的生产过程需要遵循绿色农业原则，减少农药、化肥的使用，保护土壤和水资源。服务业在推动农业一体化发展时，需要关注生态保护，避免对环境造成过度压力。这包括在旅游业、文创产业等方面，要注重环境友好型的发展方式，减少对自然资源的过度消耗。可持续发展还需要关注资源的有效利用。农业与服务业一体化的发展要充分考虑资源的可再生性和可持续性。这包括水资源、土地资源等的合理利用，防止过度开发导致的资源枯竭。农业生产和服务业的发展要在确保资源可持续利用的前提下，寻求经济和社会效益的最大化。可持续发展还要求农业与服务业的一体化考虑未来的发展方向。要制定长远的发展战略，考虑人口增长、气候变化等因素对农业与服务业的影响。这包括推动技术创新，提高农业的抗灾能力，培养适应未来社会需求的专业人才，以应对不确定的未来挑战。在全球化的今天，可持续发展还需要农业与服务业的一体化考虑国际合作与责任。农业产品的生产和服务业的发展要符合国际标准，遵循国际贸易规则，推动农产品的国际化。也要履行社会责任，关注全球可持续发展目标，为解决全球性问题贡献力量。农业与服务业一体化的可持续发展是一个综合性的目标，要求在经济、社会、环境等多个层面进行协调。只有在这些方面实现协同进步，农业与服务业的一体化才能够在长远的发展中取得持久的成功。

（三）数字技术在农业与服务业融合发展中的应用

数字技术在农业与服务业融合发展中发挥着重要的作用。这一融合的趋势为农业和服务业创造了新的发展机遇，推动了生产方式、管理模式和市场格局的变革。数字技术在农业与服务业融合中助力了精准农业的发展。通过应用传感器、遥感技术和无人机等数字技术，农业生产者能够更精确地了解农田的状况，监测植物的生长状态，实现对农业生产全过程的精细化管理。这种精准农业的模式使得农业生产更加高效、节约资源，并减少了对环境的不良影响。数字技术促进了农产品的数字化溯源。通过区块链技术的应用，农产品的生产、流通和销售信息可以被追溯到源头，确保了产品的质量和安全。这不仅满足了消费者对于食品安全的需求，也提高了农产品的市场信誉，有助于拓展国内外市场。数字技术的应用使得农业与服务业更加紧密地相互连接。农业物联网技术的发展使得农业设备、传感器和其他相关设施可以实现互联互通，构建了数字化的农业生态系统。这使得服务业能够更及时地提供农业信息、市场分析和销售建议，为农业生产者提供更全面、智能的服务。在数字技术的推动下，农业与服务业的融合还助力了新型农村电商的发展。通过电商平台，农产品可以更加直接地与终端消费者连接，实现了农产品的线上销售。这种模式不仅拓展了农产品的销售渠道，还推动了农村产业的升级和农民收入的增加。数字技术的应用也助推了农业旅游的发展。通过数字化平台，农业景区可以更好地展示农业生产的全过程，提供互动体验和数字封面。这为服务业提供了开发农业旅游的新途径，也使得消费者更深入地了解农业生产过程。数字技术在农业与服务业融合中还面临一些挑战。其中之一是数字鸿沟问题，即一些农村地区的数字化水平较低，导致农业生产者难以充分享受数字技术带来的便利。解决这一问题需要政府和企业共同努力，加强数字基础设施建设，提升农村地区的数字化水平。数字技术在农业与服务业融合发展中发挥着不可替代的作用。通过提高农业生产效率、改善产品质量和拓宽市场渠道，数字技术推动了农业与服务业更紧密的协同发展，为构建现代农业和服务业的融合模式提供了新的动力。

（四）绿色发展理念在农业与服务业一体化中的应用

在农业与服务业一体化中，绿色发展理念的应用已经成为推动可持续发展的关键。这一理念在整个农业生产与服务链条中得到了广泛应用，涉及资源利用、生产方式、服务模式等多个方面。绿色发展理念在农业生产中的应用主要体现在资源利用的可持续性。农业生产依赖于土地、水源和气候等自然资源，因此绿色发展理念强调的是对这些资源的科学合理利用。通过推动精准农业技术的应用，实现对水肥的精准管理，减少对水资源的过度利用。倡导有机农业、生态农业，减少对土壤的化学污染，保护土地生态系统的完整性。这样的做法既保障了农业生产的可持续性，又有利于农田生态环境的保护。绿色发展理念在服务业一体化中的应用主要表现为服务的可持续性和环保性。服务业一体化强调提供全方位、全周期的服务，绿色发展理念在这一过程中发挥了重要作用。在农业生产全链条的服务中，通过推动绿色供应链管理，减少过剩生产、减少物流环节的能源浪费，实现服务过程的低碳化和环保化。推动生态农业旅游、农产品加工绿色服务等，促使服务业向着更加环保、可持续的方向发展。绿色发展理念在农业与服务业一体化中还涉及新兴产业的发展。

随着社会对环保和健康的关注增强，绿色食品、有机食品等新兴产业逐渐崛起。这为服务业提供了更多的发展机会，包括农产品加工、农产品销售、餐饮服务等。通过引导农业生产向绿色、有机方向发展，服务业一体化可以更好地满足消费者对健康、环保食品的需求，促使服务业发展更为可持续。绿色发展理念还在农业与服务业一体化中推动了创新。在生产、管理、服务等多个环节，通过引入绿色技术、绿色管理模式，促进生产过程的智能化、高效化。利用大数据技术进行农业生产管理，推动服务业信息化发展，提高农业与服务业一体化的整体效益。绿色发展理念在农业与服务业一体化中还涉及社会参与与共享。强调社会公众的参与，推动社区居民参与农业生产与服务的过程，实现资源共享和社区绿色发展。通过农业合作社、绿色社区服务等方式，促进农业与服务业的共同发展，实现社会可持续发展。绿色发展理念在农业与服务业一体化中的应用是多层次、多方面的。通过资源利用的可持续性、服务的环保性、新兴产业的发展、创新和社会共享，绿色发展理念推动了农业与服务业的一体化发展，促使两者更好地协同，实现可持续发展的目标。这不仅有利于提高农业生产效益，还为服务业的绿色发展打下了坚实的基础。

（五）创新商业模式在农业与服务业一体化中的应用

创新商业模式在农业与服务业一体化中发挥着关键的作用，为农业生产提供了更灵活、高效的解决方案，推动了农业产业链的升级和服务业的发展。共享经济模式在农业与服务业一体化中得到了广泛应用。通过共享农业设备、仓储、物流等资源，农业生产者可以降低成本，提高资源利用效率。共享经济模式也助力于服务业的发展，例如农产品的共享销售平台，使得农产品更广泛地进入市场，为服务业提供了更多的营销渠道。电商平台在农业与服务业一体化中发挥了重要作用。通过电商平台，农产品可以直接销售给终端消费者，实现了农产品的线上销售。这种新型的商业模式使得农业生产者更灵活地应对市场需求，同时也促进了服务业的发展，如在线农产品展示、市场分析等服务。新型农业合作社是创新商业模式在农业与服务业一体化中的重要表现。农业合作社通过整合农业生产者资源，实现农产品的规模化生产和销售。这种合作模式不仅提高了农产品的生产效率，还为服务业提供了更多的合作机会，例如合作社内部的物流、销售等服务。农业生态旅游的发展也是创新商业模式的体现。通过将农业产业与旅游业相结合，农业生态旅游吸引了更多的游客，为农业提供了额外的收入来源。这种商业模式不仅推动了农业产业的升级，也为服务业创造了新的增长点。数字化农业服务平台是创新商业模式在农业与服务业一体化中的新亮点。这种平台通过整合农业信息、农产品交易、服务需求等资源，为农业生产者提供全方位的数字化服务。服务提供商也可以通过这种平台更直接地与农产品生产者合作，形成一种互利共赢的商业合作模式。创新商业模式在农业与服务业一体化中也面临一些挑战。合作社管理和运营的难度、数字化平台的安全性、共享经济的监管等问题都需要不断地创新和改进。新型商业模式的推广和普及需要政府和企业共同努力，以提供更好的法律、政策和基础设施支持。创新商业模式在农业与服务业一体化中为产业链的提升和服务的创新提供了新的动力。通过合理整合资源、降低成本、提高效率，创新商业模式促使农业和服务业更紧密地融合，推动了农业产业链的升级和服务业的创新发展。

第二节　产业链整合理论

一、整合理论的基本概念与背景

（一）产业链整合的定义

产业链整合是指在农业与服务业一体化过程中，通过优化资源配置、协调生产环节、拓展产业链条，实现不同产业之间相互依存、协同发展的一种经济组织形式。这种整合旨在提高农业生产的附加值，促使服务业与农业有机结合，推动整个产业链的升级和可持续发展。产业链整合在农业与服务业一体化中具有资源优化的作用。通过整合不同产业的资源，如土地、劳动力、资金等，实现资源的高效配置和利用。这种整合能够使农业生产更为科学、合理，提高资源利用效率，从而推动整个产业链的发展。

产业链整合有助于协调生产环节，提高农产品的附加值。通过整合生产、加工、销售等环节，形成完整的产业链，从而实现农产品的一体化生产。这有利于提高农产品的质量和品牌价值，满足市场对优质农产品的需求，推动农业与服务业深度融合。产业链整合还能够促使服务业与农业形成更为紧密的协同关系。服务业可以提供农业生产所需的技术支持、市场信息、物流等服务，从而提高农业的整体竞争力。反过来，农业的发展也为服务业提供了新的业务拓展机会，形成良性循环的发展模式。产业链整合在农业与服务业一体化中还具有产业升级的作用。通过整合产业链上下游，推动农产品从初级加工到深加工的发展，形成更为多元、高附加值的产品体系。这有助于提高农业产业的竞争力，推动农业产业向高端、智能化方向发展。产业链整合也有助于推动农村经济的多元化发展。通过整合产业链，可以吸引更多的服务业投入到农村地区，创造就业机会，改善农民收入。这种发展模式有利于实现农村产业结构的优化升级，推动农村经济的可持续发展。在产业链整合的过程中，需要注重各个环节的协同配合，充分发挥不同产业的优势，形成有机的整体。通过这种方式，农业与服务业的一体化发展将更具活力，为农村经济提供新的增长点，推动乡村振兴战略的实施。

（二）产业链整合的背景与动因

农业与服务业一体化的背景与动因是多方面因素的综合作用，涉及社会、经济、科技等多个层面。这一趋势的形成离不开全球经济发展的大背景、科技创新的崛起、市场需求的变化等多重因素，下面将对这些方面进行详细的论述。全球经济的发展是农业与服务业一体化背景的重要组成部分。

随着全球化的推进，各国之间的经济联系日益加强，贸易往来愈发频繁。在这一大趋势下，农业与服务业的整合成为提高国家整体经济竞争力的必然选择。农产品的生产、加工、销售等环节与服务业密切相关，通过整合产业链，提高农产品附加值，更好地适应全球市场需求，实现农业产业的国际化发展。科技创新的崛起是推动农业与服务业一体化的重要动因。

随着信息技术、生物技术等科技的不断发展，农业生产和服务业得以更好地结合。先进的农业技术为提高农业生产效率提供了可能，而服务业的数字化、智能化发展也为农业提供了更多的支持。精准农业技术的应用、农业大数据的分析等，为农民提供了更科学、精准的农业管理手段，促进了农业与服务业的深度协同。市场需求的变化也是农业与服务业一体化的推动因素。

随着消费观念的升级和人们对健康、品质生活的追求，农产品的需求逐渐呈现多样化、个性化的趋势。服务业的发展使得对高品质、定制化农产品的需求不断增加，而这正是农业与服务业一体化的市场机遇。通过提供个性化的农产品、农业旅游、农业体验等服务，满足消费者对于生活品质的不断提升的需求，促使农业与服务业共同发展。环境保护和可持续发展的要求也推动了农业与服务业的一体化。在全球气候变化和资源紧缺的情况下，农业生产面临更多的环境压力。服务业的介入，通过科技手段提高农业生产效益，推动绿色农业的发展，有助于实现农业与服务业的可持续融合。服务业的发展也带动了农业生产的生态化，通过生态农业、有机农业等方式，保护农业生态环境，提升资源的可持续利用水平。农业与服务业一体化的背景与动因是多重因素相互作用的结果。全球经济的互联互通、科技创新的不断推动、市场需求的多元化变化以及环境保护和可持续发展的要求，共同构成了农业与服务业一体化的大背景。这一趋势的形成不仅有助于提升产业链的效益，还推动了农业的现代化、智能化发展，为实现可持续发展目标提供了有力支持。

（三）整合理论的重要性

整合理论在农业与服务业一体化中具有重要的指导意义和推动作用。该理论强调不同产业之间的协同合作，通过资源整合、流程协同等方式，实现产业链上下游的有机衔接，推动农业与服务业的深度融合，从而取得协同效应和综合效益。整合理论强调资源的优化配置。在农业与服务业一体化中，涉及土地、人力、资金等多方面资源，如何优化配置这些资源，发挥它们的最大效益，是整合理论关注的核心问题。通过整合资源，形成更高效的产业链，可以最大限度地提高生产效率，推动整个农业与服务业的协同发展。整合理论注重产业链条的协同发展。在农业与服务业一体化中，产业链条的协同发展至关重要。整合理论强调不同产业环节之间的有机衔接，通过流程协同、信息互通等方式，推动整个产业链的高效运作。这有助于提高整体产业链的效益，增强产业链的竞争力。整合理论还强调产业之间的协同效应。在农业与服务业一体化中，不同产业之间存在着相互依存的关系。整合理论认为通过协同合作，可以形成正反馈的效应，促使产业之间相互促进、相互支持。这样的协同效应有助于推动整个农业与服务业的共同发展。整合理论强调服务业在整个产业链中的作用。在农业与服务业一体化中，服务业不再是简单的辅助性行业，而是与农业形成了紧密的关联。整合理论认为服务业可以提供技术支持、信息咨询、市场拓展等多方面服务，从而促进农业的现代化发展。服务业的协同作用使整个产业链更具竞争力。整合理论关注产业的可持续发展。在农业与服务业一体化中，整合理论强调通过协同发展，实现产业的可持续发展。这不仅包括生态环境的保护，也包括农业与服务业的长期稳定发展。整合理论通过强调全局观念，提高产业链的整体效益，推动产业链的可持续发展。整合理论在农业与服务业一体化中发挥着重要的引导和推动作用。通过优化资源配置、协同发展产业链、强调协同效应和服务业的作用，整合理论为实现农业与服务业深度融合提供了有力的理论支持，推动了产业链的优化和可持续发展。

二、整合理论的形成机制和发展趋势

（一）农业与服务业一体化整合理论的形成机制

农业与服务业一体化整合理论的形成机制涉及多个层面的因素，包括政策引导、市场需求、科技创新以及社会发展等多个维度。这些因素相互作用，共同推动了农业与服务业一体化整合理论的形成。政策引导是农业与服务业一体化整合理论形成的重要推动因素。各国政府在面对农业与服务业发展的时候，通过相关政策的引导，推动两者的深度融合。政策支持可能包括对农业科技创新的资金投入、对农业生产者和服务业从业者的税收减免、对农业旅游、农产品电商等新型业态的扶持等。通过政策的引导，政府促使农业与服务业更好地协同发展，形成更加有机的整合关系。市场需求是农业与服务业一体化整合理论形成的重要原因。

随着消费者需求的变化，人们对于农产品的品质和服务的需求不断提升。服务业的发展满足了人们对于多样化、个性化农产品的需求，从而推动了农业与服务业的融合。市场需求的变化促使农业与服务业更加密切地协同，共同满足市场的多元需求。科技创新是农业与服务业一体化整合理论形成的关键推动力。先进的科技手段为农业与服务业的整合提供了强有力的支持。精准农业技术、农业大数据、物联网等新兴技术的应用，使得农业生产更加智能化、高效化，服务业也能更好地结合这些技术为农业提供支持。科技创新推动了农业与服务业的深度协同，为整合理论的形成提供了技术支撑。社会发展的不断进步也是农业与服务业一体化整合理论形成的基础。

随着社会结构的变化、人们观念的更新，人们对于农业和服务业角色的认知发生了变化。社会对于绿色、可持续发展的追求，推动了农业与服务业更加紧密的融合。社会的需求和观念的变革使得农业与服务业之间的关系不再仅仅是供需关系，而更是一种有机的、相互促进的关系。农业与服务业一体化整合理论的形成机制是一个综合作用的结果。政策引导、市场需求、科技创新以及社会发展等多个层面的因素相互作用，推动了两者之间更加紧密的协同。这一整合理论的形成机制不仅是多元因素共同作用的结果，也是社会经济发展和人们认知变迁的必然产物。

（二）农业与服务业一体化整合理论的发展趋势

农业与服务业一体化整合理论的发展趋势在不断演进中，整合理论将更加注重数字化和信息化。

随着科技的不断进步，数字技术在农业与服务业一体化中的应用日益广泛。未来，整合理论将更加强调数字化和信息化手段，通过大数据、人工智能等技术实现产业链各环节的信息共享和智能化决策，提升整个产业链的效率和竞争力。整合理论将更加强调可持续发展。

随着社会对可持续性的关注不断增加，整合理论在农业与服务业一体化中的发展趋势将更加注重环保、资源节约和社会责任。未来的整合理论将更加强调生态环境的保护，推动农业与服务业实现更为可持续的发展。整合理论将更加关注社会化和社区发展。农业与服务业一体化中，社区服务的重要性逐渐凸显。未来的整合理论将更加注重社会化服务的发展，通过整合社区资源、提升社区服务水平，促使农业与服务业更好地服务于当地社区，推动社区的全面发展。整合理论将更加强调跨界合作和创新。未来农业与服务业一体化的发展将涉及更多的产业融合和创新模式的探索。整合理论将更加强调跨界合作，推动不同行业的创新交流，促使农业与服务业在新的领域中找到更多的发展机遇。整合理论将更加注重人才培养和教育。农业与服务业一体化需要具备跨学科知识和综合素养的人才。未来的整合理论将更加注重培养适应新时代需求的人才，推动教育体系与产业发展更好地对接，为农业与服务业一体化提供更加优秀的人才支持。未来农业与服务业一体化整合理论将更加数字化、可持续、社区化、创新化和人才化。这一发展趋势将有助于农业与服务业的全面提升，推动产业链更好地适应时代变革和社会需求。

三、整合理论的应用

（一）产业链整合理论在农业与服务业一体化中的应用

农业与服务业一体化的实现需要深刻理解和应用产业链整合理论，以实现资源协同、提升综合效益的目标。这一理论的应用不仅涉及农业生产过程，还包括服务业的多个环节，是一种多层次、全方位的战略调整。这一理论的核心在于整合整个产业链，使其各环节之间实现无缝衔接，发挥各自优势，形成有机的协同网络。产业链整合理论在农业与服务业的应用中，强调的是生产、加工、物流和市场等多个环节的紧密连接。在这个整合中，农业生产不再仅仅是农产品的种植和采摘，而是将整个生产链条纳入考虑，涉及农业科技、机械化生产、数字化农业等多个方面。这样的整合不仅提高了生产的效率，也为服务业的协同提供了更为广阔的空间。

产业链整合理论的应用体现在数字化技术的广泛运用。通过物联网、大数据分析、人工智能等高新技术的引入，农业与服务业实现了数字化的全面升级。这不仅包括农业生产的数字化管理，也包括服务业的信息化服务。数字化技术的应用使得农业生产更加智能化，服务更具个性化，为整个产业链的高效运作提供了先进的支持。在产业链整合的实践中，协同创新与合作被赋予了重要使命。不同环节之间的紧密协作成为推动整合发展的动力。通过建立产业链上下游的合作伙伴关系，整合各方资源，实现生产、服务和市场的协同创新，整个产业链得以不断优化。这种合作模式不仅促进了农业与服务业之间的深度合作，也为企业之间的协同发展提供了新的模式。产业链整合理论在整合发展中强调个性化服务模式的实践。通过了解和满足消费者的个性需求，提供个性化的农产品和服务，从而增加附加值。这种个性化服务模式使得消费者更加满意，也为农业与服务业的发展创造了更为广阔的市场。物流与供应链的优化是产业链整合理论的又一应用方向。通过优化物流和供应链管理，确保农产品从生产地到消费者手中的高效流通。这样的优化不仅提高了整体效率，也降低了运营成本，使得整个产业链更具竞争力。在产业链整合的实践中，生态可持续发展得到了极大的强调。强调整合发展中的生态环保、资源可持续利用，以实现农业与服务业的可持续发展。这种理念不仅使得农业生产更加绿色环保，也使得服务业更加注重社会责任，共同推动了整个产业链的可持续发展。整合发展在应用过程中面临一系列的挑战，其中文化与管理差异是一个重要的问题。不同领域之间存在文化和管理模式的差异，整合需要解决这些差异带来的协同问题。信息安全与隐私问题是数字化整合中的关键挑战，需要建立起消费者对整合系统的信任。政策和法规不协调也是一个需要克服的困难，需要协调各方的政策和法规，以推动整合的有序发展。尽管面临这些挑战，整合发展在未来具有广阔的前景。通过整合，农业附加值得以提高，创造更多的就业机会和经济效益。整合有望推动乡村振兴战略的实施，促进农村经济的全面发展。整合发展有望提高整个农业与服务业一体化的效益，创造更多的社会价值。

在总体上，产业链整合理论的应用在农业与服务业一体化中发挥着至关重要的作用。通过多方合作、数字化技术的运用、个性化服务的提供以及生态可持续发展的理念，农业与服务业的整合不仅实现了资源的最优配置，也为可持续发展打下了坚实基础。这种整合理论的应用为农业与服务业的未来发展提供了强大的动力，有望在经济社会的新格局中发挥更加重要的作用。

（二）可持续农业与服务业实践中的应用

可持续农业与服务业实践在实际应用中发挥了重要作用，推动了农业生产方式的升级和服务业的深度参与。这一实践中的应用涉及多个方面，包括资源利用、技术创新、市场导向、社会参与等，共同促成了农业与服务业一体化的发展。可持续农业与服务业实践中的应用体现在资源的合理利用。通过科学管理土壤、水资源、植物等农业生产要素，减少农业生产对自然资源的损耗，提高资源的利用效率。服务业通过提供农业技术、市场信息、物流支持等服务，帮助农业更好地利用资源，实现了资源的协同优化利用。技术创新是可持续农业与服务业实践中的重要组成部分。农业通过引入现代化农业技术，如智能农机、精准农业等，提高生产效益，减少对化肥和农药的依赖。服务业在技术领域的创新，如数字化营销、电商平台等，为农产品的市场推广提供了新的手段。技术创新的共同推动使得农业与服务业更好地协同发展，实现了可持续农业的目标。市场导向是可持续农业与服务业实践中的关键要素之一。通过深入了解市场需求，农业调整生产结构，提高农产品的品质和附加值，满足市场的多元化需求。

服务业通过市场导向的合作，推动农产品的品牌建设、宣传推广等，使得农产品更好地适应市场变化，实现了市场与农业的有机结合。社会参与是可持续农业与服务业实践中的重要环节。通过引入社会资源，如NGO组织、志愿者等，促使社会更加关注农业生产的可持续性。服务业通过社会参与的模式，如社区支持农业（CSA）等，加强了农业与社会之间的联系，推动了社会的参与度。这种社会参与的机制使得农业与服务业更加紧密地结合，形成了更加健康的社会生态系统。可持续农业与服务业实践中的应用体现在环境保护方面。农业通过有机农业、生态农业等方式，减少对环境的污染，保护生态系统的平衡。服务业通过推动环保理念，引导农业生产向着更加环保、可持续的方向发展。这种环境保护的机制使得农业与服务业的实践更加符合可持续发展的要求，为未来提供了更为健康的自然环境。可持续农业与服务业实践中的应用还表现在农村振兴方面。通过引入服务业的参与，提升农村经济的多元性，创造更多的就业机会。服务业通过提供农村旅游、文化传承等服务，促进农村产业的多元发展。这种农村振兴的机制使得农业与服务业共同参与农村建设，为农民提供更多的发展机遇。可持续农业与服务业实践中的应用也面临一些挑战。资源分配不均、技术普及不足、市场机制不完善等问题需要共同努力解决。农业与服务业需要在实践中加强协同合作，克服困难，推动可持续农业与服务业的实践取得更为显著的成果。可持续农业与服务业实践中的应用是一个多方面的过程，包括资源利用、技术创新、市场导向、社会参与、环境保护和农村振兴等多个方面。这些方面共同推动了农业与服务业的深度协同发展，使得双方更好地实现了可持续发展的目标。在未来，农业与服务业可以继续深化合作，共同推动可持续农业与服务业的实践，为社会和自然生态系统的繁荣做出更大的贡献。

（三）产业融合的实践模式在农业与服务业一体化中的应用

农业与服务业一体化的实践中，产业融合的实践模式发挥着关键作用。这一模式的核心思想是通过整合不同领域的资源，构建互补性关系，实现全新的增值服务。在农业与服务业的交汇点，产业融合的实践模式呈现出多样性和创新性。产业融合的实践模式首先体现在农业信息化方面。通过将农业与现代信息技术相结合，实现信息的数字化、智能化管理。这种模式下，农业生产过程中的数据、信息得到全面监控，从土壤质量到气象变化，无一不在实时掌握之中。这不仅提高了农业生产的精准度，也为服务业提供了大量的数据支持，帮助农民更好地制定决策。

产业融合的实践模式在农业电商平台的推动下得到了广泛应用。通过整合线上线下资源，建立农产品销售的电商平台，使得农产品能够更加便捷地进入市场。这种模式不仅提高了农产品的销售效率，也为消费者提供了更多的选择。服务业通过电商平台为农产品提供物流、售后服务等支持，形成了全新的商业模式。产业融合的实践模式还在农业旅游与体验服务领域得以展现。通过将农业产业与旅游业有机结合，创造农业观光、采摘体验等活动，吸引了更多的游客。这种模式不仅为农业提供了多元化的收入来源，也为服务业开辟了新的市场。农业与服务业在互动中实现了良性循环，推动了乡村旅游的繁荣。创新商业模式是产业融合实践中的又一亮点。通过将农业与服务业整合，形成共享经济、订阅服务等新型商业模式。通过农产品的共享经济平台，农产品供应商能够将产品直接提供给消费者，减少中间环节，实现互利共赢。这种创新商业模式为传统农业与服务业带来了更多的发展机遇，推动了整个产业的升级。在可持续农业实践中，产业融合模式得到了广泛应用。通过将农业生产、加工与服务相结合，形成可持续农业产业链。这种模式下，农业与服务业共同致力于降低生产对环境的影响，推动绿色生产，实现循环利用。这样的可持续农业实践不仅符合当代社会的环保理念，也为农业与服务业的未来发展奠定了坚实基础。产业融合的实践模式还体现在农业科技园区的建设上。通过将农业生产与高科技产业相结合，形成农业科技园区。这种模式下，农业科技得到了全面应用，不仅提高了农业生产的效益，也推动了科技服务业的发展。科技园区的建设使得农业与服务业在高科技的引领下共同迈入新的发展阶段。产业链整合实践中，农业与服务业共同应对可持续发展的挑战。通过整合资源、优化生产方式，形成可持续农业的实践，减少对自然环境的负面影响。服务业在可持续农业中扮演着关键的角色，通过提供环保的服务方式，推动整个产业链的可持续发展。这种共同努力使得农业与服务业在可持续发展的道路上取得了积极成果。在实际操作中，政府的支持和引导起到了关键作用。

政府通过制定相关政策，提供财政支持，鼓励农业与服务业的产业融合。政府的政策支持为产业融合提供了有力保障，促进了农业与服务业的互动与发展。产业融合的实践模式在农业与服务业一体化中具有多方面的应用。从农业信息化、电商平台、农业旅游、创新商业模式到可持续农业实践，这些实践模式在推动农业与服务业的发展中发挥着不可替代的作用。通过不同模式的实践，农业与服务业之间的融合更加紧密，形成了协同互补的发展格局，为产业的可持续发展提供了新的路径。

第三节 生态系统理论

一、生态系统理论的基本概念与背景

（一）农业与服务业一体化的生态系统理论基本概念

农业与服务业一体化的生态系统理论是一种关注农业与服务业相互关系的理论框架。在这一理论中，农业与服务业不再被看作孤立的个体，而是被视为相互依存、相互促进的组成部分，形成了一个生态系统。生态系统理论强调了两者之间的相互作用，以及它们共同构建的可持续的发展格局。

生态系统理论关注的是农业与服务业的相互依存关系。农业作为生产性的基础，提供了丰富的农产品资源，而服务业则依赖于这些资源进行服务的提供。在这一相互依存中，农产品成为服务业的基础原材料，而服务业的发展则为农业提供了市场和销售渠道。两者之间的依存关系形成了一个相互支持、互利共赢的生态系统。生态系统理论强调了农业与服务业的相互影响。农业的发展不仅影响着农产品的质量和数量，也对服务业的发展产生着深远的影响。农业的技术创新和产业升级直接促进了服务业的升级和提质增效。反过来，服务业的需求也推动了农业生产方式的调整和升级，形成了一个动态的相互影响的生态系统。在生态系统理论中，农业与服务业的共同构建形成了一个复杂的网络。这个网络中，农业生产环节与服务业服务环节相互交织，形成了一个相互连接、互相依存的网络结构。在这个网络中，农业与服务业共同构成了一个生态系统，通过相互的合作与协调，形成了一个生态平衡。生态系统理论还强调了农业与服务业一体化对整个社会经济的可持续发展的贡献。通过农业与服务业的生态系统互动，实现了资源的协同利用和经济的高效运转。这种协同作用不仅推动了农业与服务业的共同发展，也为整个社会经济的可持续性发展提供了有力支持。生态系统理论还关注了农业与服务业在生态环境方面的互动。农业的生产活动对环境有一定的影响，而服务业的发展则需要更多的生态环境保障。通过生态系统的理论框架，可以更好地理解二者在生态环境方面的关系，并提出更为科学的可持续发展策略。在农业与服务业的生态系统中，政府的角色也得到了强调。政府通过制定相关政策和法规，引导和支持农业与服务业的一体化发展。政府的参与不仅在制度层面提供了保障，也在资源配置和产业规划方面发挥了关键作用。政府的引导促进了农业与服务业的有机融合，形成了一个由政府、农业、服务业共同构建的生态系统。

在这一生态系统理论中，市场机制也发挥了重要作用。市场是农业与服务业相互交流的平台，通过市场机制，农产品得以流通，服务得以销售。市场机制的作用使得生态系统中的资源在市场中得到最优的配置，促进了农业与服务业的协同发展。农业与服务业一体化的生态系统理论强调了两者之间的相互依存、相互影响和共同构建。这一理论框架为理解二者之间的关系提供了新的视角，使得农业与服务业的协同发展不再是简单的合作，而是构建了一个复杂而有机的生态系统。通过深入理解和应用生态系统理论，农业与服务业的一体化发展将更好地适应社会经济的发展需要，实现共同繁荣。

（二）农业与服务业一体化的生态系统理论背景

农业与服务业一体化的生态系统理论背景源于对生态平衡和可持续发展的追求。这一理论关注农业和服务业之间相互依存、相互促进的关系，旨在通过合理整合资源、优化生产过程、促进经济繁荣的方式，实现农业与服务业共同发展的生态平衡。生态系统理论强调资源的协同利用。农业与服务业在生态系统中被视为相互依存的要素，二者通过整合资源、共享优势，形成了生态系统中的有机结构。农业提供丰富的农产品资源，服务业通过提供市场信息、物流支持等服务，实现了资源的协同优化利用。这种资源的协同利用体现了生态系统理论中相互依存的关系，促进了农业与服务业的共同繁荣。生态系统理论注重循环利用和能量传递。在农业与服务业一体化的生态系统中，循环利用是关键概念。农业通过有机农业、生态农业等方式，减少对化肥和农药的过度使用，实现了资源的可持续利用。服务业通过数字化、信息化等技术手段，实现了市场信息的循环传递。这种循环利用和能量传递的机制体现了生态系统理论中能源的流动和生态平衡的观念，为农业与服务业的可持续发展提供了理论支持。市场机制也是生态系统理论背景下农业与服务业一体化的重要组成部分。在生态系统中，市场被视为资源的分配和交换机制，促使农业和服务业在市场导向下相互关联。农业通过适应市场需求，提高农产品的品质和附加值，实现了资源的合理配置。服务业通过市场导向的合作，推动农产品的品牌建设、宣传推广等，实现了市场与农业的有机结合。这种市场机制体现了生态系统理论中相互依赖和相互促进的市场交换关系，推动了农业与服务业的协同发展。社会参与是生态系统理论背景下农业与服务业一体化的又一关键因素。

在生态系统中，社会被视为生态系统的一部分，社会参与使得农业与服务业更好地融入社会生态系统。农业通过引入社会资源，如 NGO 组织、志愿者等，促使社会更加关注农业生产的可持续性。服务业通过社会参与的模式，如社区支持农业（CSA）等，加强了农业与社会之间的联系，推动了社会的参与度。这种社会参与的机制使得农业与服务业更加紧密地结合，形成了更加健康的社会生态系统。生态系统理论背景下的农业与服务业一体化还注重文化的融合。文化被视为生态系统的一部分，农业与服务业通过文化的交流与融合，实现了生态系统的文化多样性。农业通过农产品的文化传承，弘扬乡土文化，形成具有地域特色的农产品。服务业通过文化体验、旅游服务等方式，为农产品赋予更多的文化内涵，推动了农业与服务业文化的有机结合。这种文化的融合机制使得农业与服务业更好地适应社会文化变迁，推动了生态系统文化的多样性。生态系统理论背景下的农业与服务业一体化也面临一些挑战。资源分配不均、环境污染、市场机制不完善等问题需要共同努力解决。农业与服务业需要在实践中加强协同合作，克服困难，推动生态系统的平衡发展，实现更高水平的可持续发展。在未来，农业与服务业可以继续深化合作，共同推动生态系统的健康发展，为社会和自然生态系统的繁荣做出更大的贡献。

二、生态系统理论的形成机制和发展趋势

（一）生态系统理论的形成机制

生态系统理论的形成机制涉及多个因素，包括自然科学的发展、系统思维的兴起、跨学科研究的推动等。这一理论形成的机制展现了对生态系统的深刻理解和对自然界与人类社会相互关系的认知。生态系统理论的形成受到自然科学的推动。在19世纪末20世纪初，自然科学经历了显著的发展，生物学、地质学、气象学等学科的进步为生态学的形成奠定了基础。科学家通过对自然界的观察和实验，逐渐认识到生物体与环境之间存在着密切的相互作用。这种对自然科学的深入研究为后来生态系统理论的形成提供了理论基础。

系统思维的兴起推动了生态系统理论的形成。系统思维是一种从整体性、关联性的角度来看待事物的思考方式。20世纪中叶以来，系统论的兴起引领了一种综合性的思考方式，科学家开始关注生态系统内部各部分之间的相互关系，而非孤立地研究各个组成部分。这种系统思维为生态系统理论的形成提供了方法论基础，使人们更加关注生态系统内在的整体性和复杂性。跨学科研究也是生态系统理论形成的重要机制之一。生态系统涉及多个学科领域，包括生物学、地理学、气象学、经济学等。科学家们逐渐认识到，仅仅通过单一学科的研究难以全面理解生态系统的运行机制。因此，跨学科研究逐渐兴起，研究者们开始共同合作，整合各学科的知识，以更全面的视角探讨生

态系统。这种跨学科的研究方式为形成综合性的生态系统理论创造了条件。生态系统理论的形成还受到社会对环境问题关注的推动。

随着工业化和城市化的发展，人类对环境的影响逐渐显现，环境问题成为社会关注的焦点。科学家和社会学者开始研究人类与环境的相互关系，认识到人类社会与自然环境之间存在着复杂的相互作用。社会对环境问题的关注推动了对生态系统的深入研究，形成了生态系统理论。政策和法律的制定也在一定程度上推动了生态系统理论的形成。

随着对环境问题认识的提高，各国纷纷制定了环境保护的政策和法律。这些政策和法律要求人们更加科学地对待生态环境，促使科学家们深入研究生态系统的运行规律，为政策和法律的制定提供科学依据。生态系统理论的形成机制是一个多因素相互作用的过程。自然科学的发展、系统思维的兴起、跨学科研究的推动、社会对环境问题的关注以及政策法律的制定共同促成了这一理论的形成。这种理论为人们更好地理解和管理生态系统提供了理论基础，也为人们认识和应对环境问题提供了科学指导。在未来，生态系统理论将继续发展，更好地为可持续发展和生态环境保护提供理论支持。

（二）生态系统理论的发展趋势

生态系统理论在农业与服务业一体化的背景下，呈现出明显的发展趋势。这些趋势反映了社会经济结构变革、科技创新以及可持续发展理念的演进。了解这些发展趋势对于更好地推动农业与服务业一体化的发展具有重要意义。生态系统理论的发展趋势体现在对复杂性的更深刻理解。在农业与服务业一体化的生态系统中，各个组成部分之间相互联系、相互作用，形成了一个错综复杂的网络。未来的发展趋势将更加关注这种复杂性，并通过系统性的方法研究其内在规律。这种深刻理解有望为更精准、有效地推动农业与服务业一体化提供理论支持。发展趋势表现在生态系统理论与数字化技术的深度融合。

随着信息技术的飞速发展，数字化技术在农业与服务业的生态系统中发挥着越来越重要的作用。未来的趋势将进一步深化数字技术在生态系统理论中的应用，包括物联网、大数据分析、人工智能等。这种融合有望提高生态系统理论的实时性和精准性，为农业与服务业一体化的智能化发展提供支持。发展趋势还表现在对可持续发展的理念更为强调。

随着全球环境问题日益凸显，可持续发展理念成为引领未来发展的核心思想。在农业与服务业一体化的生态系统中，未来趋势将更加注重生态环境的可持续性。这包括对资源的合理利用、对生态平衡的保护，以及对环境友好型技术的广泛应用。这一强调可持续性的趋势将为农业与服务业的协同发展提供更为稳健的基础未来的发展趋势还将强调社会参与与共建。在生态系统理论中，强调社会各界的参与，包括政府、企业、社会组织以及普通公众。这种共建生态系统的理念将更为广泛地应用于农业与服务业一体化的推动中。未来，社会参与的角色将更加突出，形成一种共同推动发展的合作共建模式，为生态系统理论的实际应用提供更多实践经验。

未来的发展趋势还将强化国际合作与共享。生态系统理论适用于全球范围内的生态环境问题，因此未来的发展趋势将更加强调国际合作。农业与服务业一体化的发展需要跨足国界的合作与共享资源，共同应对全球性的挑战。国际合作将有望推动生态系统理论的不断完善与创新，为全球农业与服务业的一体化提供更为全面的解决方案。生态系统理论在农业与服务业一体化中的发展趋势体现为对复杂性的更深刻理解、与数字化技术的深度融合、对可持续发展的理念更为强调、社会参与与共建的强化，以及国际合作与共享的突出。这些趋势将引领农业与服务业一体化的未来发展，促使其更加适应时代潮流、更为智能、可持续、社会参与度高的方向发展。

三、生态系统理论的应用

（一）农业与服务业一体化生态系统理论在农业生产中的应用

农业与服务业一体化生态系统理论在农业生产中的应用是一种综合性的

理论框架，涵盖了农业生产系统中的各个方面。这一理论的应用使农业生产更加智能、高效，并促使农业与服务业的有机融合，推动整个产业向着可持续的方向发展。生态系统理论在农业生产中的应用体现在资源的协同利用。通过深入理解农业与服务业一体化的生态系统，农业生产系统能够更好地协同利用各类资源，包括土地、水资源、能源等。这种协同利用不仅提高了资源利用效率，也减少了浪费，实现了农业生产系统内部的资源循环与共享。生态系统理论的应用使农业生产更加注重循环经济。在生态系统的理论框架下，农业生产系统可以更好地实现资源的循环利用。农业废弃物可以通过生态系统中的服务业环节进行资源再利用，例如生物质能源的开发与利用。这种循环经济的模式不仅提高了资源的再生产能力，也降低了对环境的负面影响，推动了农业生产向着更为可持续的方向发展。

生态系统理论在农业生产中的应用还体现在农业信息化方面。通过理解农业与服务业一体化的生态系统，农业生产系统能够更好地应用信息技术，实现对生产过程的全面监控。这种信息化的应用使农业生产更加智能化，包括对土壤质量、气象变化等多个方面的实时监测，提高了生产决策的精准性和效率。生态系统理论的应用还促使农业生产与服务业更加紧密地结合。通过理解二者之间的相互依存关系，农业生产系统能够更好地整合服务业的支持，包括物流、市场营销、售后服务等。这种紧密结合使得农业生产系统能够更好地适应市场需求，提高了农产品的市场竞争力。生态系统理论的应用还在农业生产的科技创新方面发挥了积极作用。通过深入理解生态系统的相互作用，农业生产系统能够更好地借鉴生态系统的自组织、自调节的特点，推动农业生产方式的创新。这种科技创新不仅包括新的种植技术、养殖技术，还涉及农业与服务业一体化的新型商业模式的探索。在生态系统理论的应用中，政府的角色也不可忽视。政府通过制定相关政策，引导农业与服务业一体化的发展。这种政策引导有望促使农业生产系统更好地应用生态系统理论，实现可持续发展，提高资源利用效率，推动农业与服务业协同发展。农业与服务业一体化生态系统理论在农业生产中的应用使得农业生产更加智能、高效,促使资源的协同利用、循环经济、信息化、科技创新以及政府引导等方面得到全面推动。这种应用不仅推动了农业生产向着可持续的方向发展,也促进了农业与服务业之间的有机融合,构建了一个更为协同、高效的生态系统。

(二)农业与服务业一体化生态系统理论在服务业的应用

农业与服务业一体化的生态系统理论在服务业的应用体现了深刻的相互关系和共生发展的观念。这一应用不仅涵盖了资源利用、市场导向、技术创新等方面,还体现在服务业对农业生态系统的支持与促进上。服务业在农业生态系统中的应用体现在资源的协同利用。服务业通过提供市场信息、物流支持等服务,促使农业更加合理地利用资源,降低生产过程对自然资源的依赖。这种资源的协同利用不仅有助于农业生态系统的健康发展,也提高了服务业对农业的支持效果。服务业的市场机制和专业化能力为农业提供了更多的市场渠道和服务选择,共同推动了农业与服务业的资源共享和协同优化利用。生态系统理论在服务业中的应用表现为市场导向的合作。服务业通过深入了解市场需求,为农业提供更准确的市场信息,推动农业调整生产结构,提高农产品的品质和附加值。服务业通过市场导向的合作,帮助农业实现市场差异化,满足多元化的市场需求。这种市场导向的机制使得农业与服务业之间形成更紧密的关系,促进了市场与农业的有机结合。技术创新是生态系统理论在服务业应用中的又一体现。服务业通过数字化、信息化等技术手段,为农业提供先进的技术支持,推动农业实现更高水平的生产效益。服务业的技术创新不仅提高了农业生产的科技水平,也促使农业更好地适应市场和环境变化。这种技术创新的机制使得农业与服务业在科技领域形成紧密的合作关系,推动了双方共同迈向更为创新的发展。社会参与是生态系统理论在服务业应用中的重要方面。服务业通过社会参与的模式,如社区支持农业(CSA)等,加强了农业与社会之间的联系,推动了社会的参与度。服务业通过引入社会资源，如 NGO 组织、志愿者等，促使社会更加关注农业生产的可持续性。这种社会参与的机制使得农业与服务业更加紧密地结合，形成了更为健康的社会生态系统。环境保护是生态系统理论在服务业应用中的关键要素之一。服务业通过推动环保理念，引导农业生产向着更加环保、可持续的方向发展。服务业的环保支持不仅有助于改善农业生产的环境质量，也为服务业自身树立了良好的社会形象。这种环保的机制使得农业与服务业更好地适应了社会对环保的期望，推动了双方共同迈向更为可持续的发展。服务业在农业生态系统中的应用体现为农村振兴。服务业通过提供多元化的服务，如农村旅游、文化传承等，为农业提供了新的发展机遇，促进了农村经济的多元发展。

　　服务业的参与使得农村社会更加繁荣，推动了农业与服务业共同参与农村振兴的目标。在可持续农业与服务业一体化的生态系统中，服务业扮演着关键的角色。服务业通过资源协同利用、市场导向的合作、技术创新、社会参与、环境保护等方面的应用，支持和促进了农业生态系统的健康发展。这种共生关系体现了生态系统理论在服务业中的实际应用，为农业与服务业的协同发展提供了有力的理论指导。在未来，农业与服务业可以继续深化合作，进一步推动生态系统理论在服务业中的创新应用，实现更为可持续的发展目标。

第四章 农业与服务业一体化发展的必然性分析

第一节 农业与服务业一体化的驱动因素

一、政策驱动

（一）政策支持农业与服务业一体化的背景和动因

政策支持农业与服务业一体化的背景和动因源于多方面的考量，涉及经济结构调整、农村振兴、社会服务需求升级等多个方面。这一政策的制定和推动是为了更好地促进农业与服务业的融合发展，推动农村地区的全面振兴，实现经济社会的可持续发展。经济结构调整是政策支持农业与服务业一体化的背景之一。

随着经济的发展，传统的农业经济结构逐渐显露出一些问题，如产能过剩、效益不高等。政府为了推动经济的升级和优化，将目光投向了农业与服务业的一体化。通过政策的支持，可以促进农业向服务业转型，推动整体经济结构朝着更加多元、高效的方向发展。农村振兴是政策支持农业与服务业一体化的动因之一。传统上，农村地区主要依赖农业经济，但随着城市化进程的推进，农村经济出现了一些困境。政府为了解决农村经济的问题，鼓励农业与服务业一体化的发展。这种一体化可以为农村地区提供新的发展动力，使农民有更多的就业机会，推动农村社会的全面振兴。社会服务需求升级也是政策支持农业与服务业一体化的背景之一。

随着人们生活水平的提高，对于各类服务的需求也在不断增加。政府为了满足人们对更多元化、高质量服务的需求，将服务业的发展与农业融合，提供更多的服务业岗位，满足社会对多样化服务的需求。这也为农业提供了新的发展机遇，推动了农业经济的升级。环境保护是政策支持农业与服务业一体化的动因之一。传统农业生产方式对环境的影响较大，包括土地资源的过度开发、农药化肥的滥用等。政府为了推动农业向更为环保的方向发展，通过支持农业与服务业一体化，可以实现资源更加有效利用，减少对环境的负面影响。这种环保理念的推动也使得政府更加倾向于支持农业与服务业的有机融合。创新驱动是政策支持农业与服务业一体化的背景之一。

随着科技的不断进步，新兴产业层出不穷，服务业也逐渐成为创新的热点。政府为了推动农业与服务业的创新发展，通过政策支持的方式，鼓励二者的融合，推动产业升级。这种创新驱动也为农业与服务业的一体化提供了更为广阔的发展空间。社会变革是政策支持农业与服务业一体化的动因之一。

随着社会结构的变化和人们观念的更新，服务业在社会经济中的地位逐渐上升。政府为了适应这种社会变革，通过支持农业与服务业一体化，可以促使传统农业更好地融入现代社会，满足社会对更丰富服务的需求，推动整个社会的进步与发展。政策支持农业与服务业一体化的背景和动因是多方面因素的综合影响。经济结构调整、农村振兴、服务需求升级、环境保护、创新驱动和社会变革等方面的因素相互交织，推动了政府出台政策支持农业与服务业一体化的举措。这种政策的背后旨在促使农业与服务业更好地融合，实现全面的经济社会发展。

（二）政策导向农业与服务业一体化的关键政策措施

政策导向农业与服务业一体化的关键政策措施是推动双方深度融合、共同发展的关键步骤。这些政策措施旨在构建更加有利于农业与服务业协同发展的政策环境，促使双方资源优势互补、合作共赢。政策导向的一项关键措施是制定支持农业与服务业一体化的财政政策。通过优化税收政策、设立专项资金等方式，政府可以引导服务业向农业领域投入更多资源，支持农业技术创新、产品推广等方面。通过对服务业的税收减免、创业资金扶持等政策，鼓励服务业更多地参与农业产业链，共同推动一体化发展。这种财政政策的制定有助于形成双向支持、资源共享的政策体系，促使农业与服务业更好地实现协同发展。政策导向的关键之一是建立农业与服务业一体化的市场机制。政府可以通过推动农产品产销合作社、建设农产品电商平台等方式，拓展服务业对农业产品的市场渠道。政府还可以制定相关政策，鼓励服务业为农产品提供市场开发、品牌推广等服务，提高农产品附加值。这样的市场机制有助于打破传统农业与服务业的壁垒，促使双方更加紧密地结合，实现市场的互利共赢。政策导向中的重要措施是加强农业与服务业的技术合作与创新。政府可以通过设立研发基金、支持农业科研机构与服务业企业的合作等方式，推动双方在科技领域的深度融合。促进服务业向农业提供先进的数字化、智能化技术支持，提高农业生产的效益。政府还可以推动农业领域的技术成果在服务业中的应用，促进产业链的创新。这种技术合作与创新的机制有助于提升农业与服务业整体的科技水平，推动双方共同进步。政策导向的重要一环是促进农村人才培养与服务业专业化发展的政策。政府可以通过设立农村人才培训计划、推动服务业向农村输送专业人才等方式，加强农业与服务业在人才层面的交流与合作。政府还可以制定相关政策，鼓励服务业提供人才支持，为农村创业提供培训与咨询服务。这种人才培养与专业化发展的政策有助于优化双方的人力资源结构，促进农村产业发展与服务业的深度融合。

政府在政策导向中还应加强农业与服务业的社会参与。通过设立农业与服务业合作的社会组织、推动志愿者服务等方式，政府可以引导社会更加关注农业发展与服务业的参与。政府还可以设立相关奖励机制，鼓励社会机构与服务业合作推动社会参与，形成全社会的协同发展态势。这种社会参与的机制有助于构建更为开放、包容的政策环境，推动农业与服务业共同应对社会挑战。政策导向农业与服务业一体化的关键政策措施是多方位的，包括财政政策、市场机制、技术合作与创新、人才培养与专业化发展、社会参与等多个方面。这些政策措施相互关联、相辅相成，共同构建了一个有利于农业与服务业协同发展的政策体系。在未来，政府可以进一步优化这些政策，促使农业与服务业更好地实现深度融合，推动可持续发展的目标。

（三）政策实施中的挑战与前景展望

政策实施中涉及农业与服务业一体化面临着一系列挑战，同时也展现着广阔的前景。这一复杂的过程中，挑战与前景交织，形成了政策实施的复杂局面。农业与服务业一体化在政策实施中面临的挑战之一是经济结构的深层次问题。传统的农业经济结构较为僵化，转型升级面临一系列难题。政策实施需要面对如何推动经济结构调整，促使农业与服务业更好地融合的挑战。服务业的发展也需要在市场竞争中找到定位，与农业形成有机衔接，这在实践中也面临一定的困难。农业与服务业一体化在政策实施中面临的挑战之二是资源配置的问题。不同地区、不同产业存在着资源分配的不均衡，政策如何合理引导资源向农业与服务业一体化方向倾斜，是一个需要充分考虑的问题。资源配置不足或不合理会制约一体化发展，影响政策的实际效果。环境问题也是农业与服务业一体化面临的挑战之一。

随着农业的发展，环境污染和资源浪费逐渐显现。政策实施需要综合考虑环保因素，确保农业与服务业的一体化不对生态环境造成负面影响。如何在推动一体化发展的同时实现绿色、可持续的发展，是政策实施中需要解决的重要问题。在技术创新方面，农业与服务业一体化的推动也面临一系列的挑战。尽管科技不断进步，但在农业与服务业融合的过程中，技术创新需要更多的投入和实践。政策实施需要关注如何推动技术创新在农业与服务业的全面应用，促使产业更好地适应市场需求。面对这些挑战，农业与服务业一体化政策也展现出了广阔的前景。一体化发展可以实现资源的共享与协同利用，推动农业从传统向现代的转型，形成更为灵活高效的产业链。服务业的发展可以提供就业机会，促进农村地区的经济振兴，实现城乡经济的协同发展。政策实施的成功将带来农业与服务业一体化的繁荣。农业与服务业的有机结合将创造更多的就业机会，提高农民收入水平。农业与服务业一体化的发展有望实现产业的升级，提高整体经济效益。政策实施成功后，农业与服务业的一体化将更好地满足市场需求，推动整个产业向着更为先进、可持续的方向迈进。农业与服务业一体化政策的成功实施还将有助于改善农村地区的基础设施和公共服务水平。服务业的发展将为农村居民提供更多元、高质量的服务，改善生活品质，推动农村社会的进步。农业与服务业一体化在政策实施中面临众多挑战，但也蕴含着广阔的前景。解决挑战需要多方合作，综合施策。在政策的指导下，农业与服务业一体化有望实现更加均衡、可持续的发展，为经济社会的进步注入新的活力。

二、技术驱动

（一）技术驱动农业与服务业一体化的技术基础

技术驱动农业与服务业一体化的技术基础在于科技的快速发展和创新应用。这一过程涉及数字化、智能化、物联网、大数据等多个前沿技术，这些技术相互融合，为农业与服务业的深度融合提供了技术支持。数字化技术是推动农业与服务业一体化的重要技术基础之一。数字化技术通过将传统农业过程数字化，实现了信息的全程记录和实时监测。在农业方面，数字化技术应用于农田管理、生产计划、种植技术等各个环节，为农业生产提供了更为精准的数据支持。服务业通过数字化手段，实现了对农产品的在线销售、市场分析等功能，为农业提供了更加便捷的服务。

数字化技术的广泛应用为农业与服务业提供了数据共享的平台，促进了信息的流通与传递。智能化技术是农业与服务业一体化的关键技术基础之一。智能化技术通过引入人工智能、机器学习等手段，实现了农业生产和服务业运营的智能化。在农业领域，智能化技术应用于智能农机、智能传感器等设备，提高了农业生产的效率和精度。服务业通过智能化手段，如智能物流、智能营销等，优化了服务流程，提升了服务效能。智能化技术的引入为农业与服务业的相互协同提供了更为智能的工具和系统支持。物联网技术也是农业与服务业一体化的重要技术基础。物联网技术通过连接各种传感器、设备和系统，实现了农业与服务业的信息互通。

在农业方面，物联网技术应用于农田监测、设备控制等领域，实现了农业生产全程的智能化管理。服务业通过物联网技术，实现了对农产品供应链的实时监测、溯源追踪等功能，提高了服务的可追溯性和可控性。物联网技术的广泛应用为农业与服务业提供了更为直观、全面的信息共享平台。大数据技术是推动农业与服务业一体化的技术基础之一。大数据技术通过对庞大的数据集进行分析和挖掘，为农业与服务业提供了深入的信息洞察。在农业方面，大数据技术应用于农业生产的数据分析、气象预测、市场需求分析等领域，为农业提供了更为科学的决策依据。服务业通过大数据技术，实现了对市场趋势、消费者行为等数据的分析，为服务提供了更为精准的定位和个性化的服务。大数据技术的应用使得农业与服务业更好地理解市场和生产状况，为双方的深度协同提供了强大的数据支持。区块链技术也是推动农业与服务业一体化的重要技术基础之一。区块链技术通过去中心化、不可篡改的特性，解决了信息传递中的可信度和安全性问题。

在农业方面，区块链技术应用于农产品溯源、供应链管理等领域，提高了农产品的质量可追溯性。服务业通过区块链技术，实现了对农产品交易、合作关系的透明管理，增强了市场的信任度。区块链技术的应用为农业与服务业的信息共享和合作提供了更为安全可靠的基础。技术驱动农业与服务业一体化的技术基础是数字化、智能化、物联网、大数据、区块链等多个前沿技术的综合运用。这些技术相互融合、互为支撑，为农业与服务业的深度融合提供了强有力的技术支持。这一技术基础的发展不仅提升了农业与服务业的生产效率和服务水平，也为双方在可持续发展、智能化管理等方面带来了更多创新机遇。在未来，技术的不断演进将继续推动农业与服务业一体化取得更为显著的成果。

（二）技术驱动在农业与服务业一体化中的应用

技术驱动在农业与服务业一体化中的应用，是当前推动产业发展的主要力量之一。技术的不断创新和应用，为农业和服务业带来了更多的机遇和挑战，推动了两者的深度融合，形成了新的生产、经营和服务模式。在农业方面，技术驱动的应用涵盖了生产、管理、销售等多个环节。先进的种植技术、养殖技术的引入使得农业生产更加精细化、高效化。农业生产中的无人机、智能传感器、自动化设备等技术的应用，提高了生产过程的监测和管理水平。这种技术驱动的生产方式不仅减轻了农民的体力劳动，也提高了农产品的质量和产量。农业与服务业一体化中，技术的应用不仅体现在生产环节，还涉及销售与市场推广。

电子商务平台的兴起，为农产品的销售提供了全新的途径。农产品通过互联网平台，实现了从生产到销售的一体化链条，农民可以更直接地将产品推向市场，服务业也能够更精准地定位目标客户，实现农产品的精准营销。在服务业方面，技术驱动的应用推动了服务模式的创新。基于大数据的服务平台可以更好地了解用户需求，提供个性化、定制化的服务。在农业与服务业一体化的背景下，服务业可以更好地结合农业生产的需求，提供包括物流、市场分析、金融支持等在内的全方位服务。这种技术驱动的服务模式使得服务更贴近农业实际，更好地满足农民和企业的需求。技术驱动在农业与服务业一体化中的应用还体现在可持续发展方面。新型的环保技术、节能技术的引入，使得农业生产更加注重生态环境的保护。服务业也可以通过技术手段实现更绿色、可持续的发展，为整个产业链的可持续性提供支持。在技术驱动下，农业与服务业一体化中还涌现了一系列创新模式。农业生产中的精准农业、智能农业，以及服务业中的新型服务平台、数字化服务模式等。这些创新模式不仅提高了整个产业的效益，也为未来的发展奠定了更为坚实的基础。技术驱动在农业与服务业一体化中的应用也面临一些挑战。技术的普及和应用可能存在一定的地域差异，一些农村地区可能由于信息不对称等问题难以享受到技术带来的便利。技术的不断更新可能导致一些农民和服务业从业者需要不断学习新技能，这对于一部分人可能是一项挑战。技术的高投入和运营成本也可能成为一些中小企业难以承受的负担。技术驱动在农业与服务业一体化中的应用是一把双刃剑，既带来了新的机遇，也带来了新的挑战。在未来的发展中，需要充分发挥技术的推动作用，解决技术应用中存在的问题，以促进农业与服务业更加深度、广泛的一体化发展。

（三）技术实施中的挑战与前景展望

技术实施中的挑战农业与服务业一体化在技术实施过程中面临着一系列挑战，这些挑战涉及技术应用、管理模式、人才培养等多个方面。技术整合难度较大。农业与服务业的一体化需要将多种前沿技术有机融合，包括数字化、智能化、物联网、大数据等。这些技术本身存在标准差异，整合过程中可能面临数据格式不一致、通信协议不同等问题，给技术的有效整合带来了困难。信息安全问题是实施过程中的严峻挑战。农业与服务业一体化过程中产生的大量数据，涉及农业生产、市场交易等多个方面，如果这些信息受到恶意攻击或泄露，将对整个产业链造成严重的损害。因此，保障信息安全成为一个亟待解决的问题。管理模式的调整也是一个值得关注的挑战。传统的农业管理模式和服务业管理模式存在较大差异，农民与服务业从业者的工作方式和习惯也不尽相同。要实现一体化，就需要重新思考和调整管理模式，确保农业与服务业的协同合作更加紧密，形成有效的产业链。

人才短缺也是技术实施中的难题。农业与服务业一体化需要具备跨领域知识的复合型人才，既要懂得农业生产技术，又要熟悉服务业的运营管理。这样的人才相对较为稀缺，如何培养和引进符合需求的人才是一个亟待解决的问题。前景展望尽管农业与服务业一体化在技术实施中面临挑战，但展望未来，仍然有着广阔的前景。技术的不断发展将为农业与服务业一体化提供更多的可能性。

随着人工智能、区块链等技术的逐步成熟，将能够进一步推动农业与服务业的深度融合。利用人工智能优化农业生产过程，通过区块链确保食品安全等，将为农业与服务业带来更多创新。农业与服务业一体化有望打破传统的产业边界，形成全新的商业模式。通过数字化、智能化等技术的应用，农业与服务业可以实现更紧密的协同合作，形成产业链上下游的联动。这将促使企业在价值链中寻找更多的商机，推动整个行业的升级。农业与服务业一体化有望为农民提供更多就业机会，推动农村经济的发展。

随着服务业的介入，农民将有更多机会参与到服务业的运营和管理中，提高了农村人的收入水平。这将进一步推动农村的现代化发展，促进农村与城市的协同发展。尽管农业与服务业一体化在技术实施中存在挑战，但随着技术的不断创新和发展，以及相关政策和管理模式的逐步完善，其未来的前景仍然充满希望。农业与服务业的深度融合将为整个产业链的升级提供更多可能性，推动农业经济的可持续发展。

三、市场驱动

（一）市场需求推动农业与服务业一体化的背景和动因

市场需求推动农业与服务业一体化的背景和动因是当前经济发展中的一种现象。

随着社会的不断进步和居民生活水平的提高，市场需求呈现出多样化、个性化、高品质的趋势。这种市场需求的变化对农业与服务业的发展提出了新的挑战和机遇。背景上看，市场需求的变化源于居民生活方式的转变。

随着城市化的推进，人们的生活方式和消费习惯发生了明显的改变。居民对食品、服务的需求更加注重品质、健康和个性化。这使得传统的农业生产和传统服务业面临着市场的深刻调整，需要更加灵活、多样化的生产和服务模式。科技的快速发展也在市场需求中扮演着重要角色。科技的普及和应用为人们提供了更多便捷、高效的生活方式，也改变了他们对产品和服务的期望。通过手机应用可以随时随地获取信息和服务，这促使传统农业和服务业更好地融入数字化时代，提供更为便捷、智能的产品和服务。市场需求的变化也受到环保和可持续发展理念的影响。人们对环境问题的关注日益增加，对于绿色、可持续的产品和服务的需求逐渐增强。这对农业生产和服务业提出了更高的要求，需要更加注重生产过程的环保、资源的循环利用，以满足市场对可持续发展的追求。城乡一体化发展也推动了市场需求的变化。

随着城市与农村之间联系的加强，市场需求不再局限于城市，也在农村地区形成了更多多样化的需求。农产品和服务的需求逐渐从简单的满足生活基本需求扩展到更多的品质、文化和生活方式方面，这使得农业与服务业之间的联系更加紧密。动因上看，市场需求推动农业与服务业一体化的原因之一是为了满足多元化的需求。市场需求的多元化要求农业和服务业提供更多样、个性化的产品和服务。农产品不再仅仅是单一的食物，更加注重品质、品种的丰富性；服务业也不再满足于传统的基础服务，更加关注个性化、差异化的服务需求。因此，为了适应市场的多元化需求，农业与服务业需要更好地协同合作，形成一体化的产业链。市场需求的提升也推动了农业与服务业的升级。

随着人们对品质生活的追求，对高品质、高附加值产品和服务的需求不断增加。这促使农业生产更加注重产品品质和安全，服务业更注重提供更高水平的服务。市场需求的提升驱动了整个产业链向更高水平发展，推动了农业与服务业的全面提升。市场需求的变化也推动了农业与服务业的融合。传统上，农业和服务业相对独立，但随着市场需求的变化，人们对于产品和服务的要求越来越综合。在农产品销售中，消费者不仅仅关注产品本身的质量，还关注配套的服务如物流、售后等。这促使农业与服务业更加密切地协同，形成一体化的经济结构，满足市场对于全面品质的需求。市场需求推动农业与服务业一体化的背景和动因是多方面因素的综合影响。居民生活方式的变化、科技的快速发展、环保与可持续发展理念的影响、城乡一体化发展以及对多元化需求的追求等因素共同作用，推动了市场需求的多样化和提升，促使农业与服务业更好地融合，实现更全面、高质量的发展。

（二）市场导向农业与服务业一体化的关键发展方向

市场导向农业与服务业一体化的关键发展方向涉及多个方面，包括市场机制建设、创新驱动、品牌营销、农产品差异化、科技支持等。这些方向在推动农业与服务业一体化的过程中发挥着重要的作用，促使双方更好地适应市场需求，实现协同发展。市场机制建设是关键的发展方向之一。市场机制的健全将为农业与服务业提供更多的合作机会和交流空间。在农业方面，建设有利于农产品流通的市场机制，推动农产品供应链的畅通，为农业提供更广阔的市场空间。在服务业方面，构建更为开放的市场机制，鼓励服务业向农业提供多元化的服务，形成多层次、多领域的市场合作。这种市场机制建设有助于促进农业与服务业的协同发展，实现资源优势的互补。创新驱动是市场导向农业与服务业一体化的重要方向。创新不仅包括技术创新，更涉及商业模式、管理模式等方面。在农业方面，创新驱动可以推动农业生产方式的优化升级，提高农产品的品质和附加值。在服务业方面，创新驱动可以推动服务业提供更符合市场需求的服务，满足消费者的个性化需求。创新的引入将促使农业与服务业更加灵活地适应市场的变化，形成更具竞争力的产业链。

品牌营销是市场导向农业与服务业一体化的关键方向之一。建设农产品品牌和服务业品牌将有助于提高产品和服务的市场竞争力。在农业方面，通过品牌建设，农产品将更容易在市场中脱颖而出，形成明确的市场定位。在服务业方面，建设服务品牌将使服务更具吸引力，提高服务的知名度和美誉度。品牌营销的推动将促使农业与服务业在市场中形成更加明确的形象，为双方的协同发展提供更有力的支持。农产品差异化是市场导向农业与服务业一体化的关键发展方向之一。通过差异化的农产品生产和服务提供，可以满足市场多样化的需求。在农业方面，差异化的农产品可以更好地满足不同消费者群体的需求，提高农产品的市场适应性。

在服务业方面，差异化的服务可以更好地满足不同农业企业的需求，促使服务业更加贴近农业生产的实际情况。农产品差异化的推动将使农业与服务业在市场中更为灵活地应对多样化的市场需求，实现互利共赢。科技支持是市场导向农业与服务业一体化的另一关键发展方向。通过科技的引入，可以提高农业生产的效率和质量，同时为服务业提供更先进的技术支持。在农业方面，科技支持可以推动数字化、智能化等技术的应用，提高农业生产的精度和科技含量。

在服务业方面，科技支持可以推动农产品的在线销售、市场分析等功能，提高服务的效能和智能化水平。科技的应用将使农业与服务业更加紧密地结合，形成更为现代化和科技化的产业链。市场导向农业与服务业一体化的关键发展方向涉及市场机制建设、创新驱动、品牌营销、农产品差异化、科技支持等多个方面。这些方向相互交织，共同构建了一个有利于农业与服务业协同发展的市场环境。在未来，双方可以继续深化合作，不断优化市场导向策略，实现更为全面和深入的一体化发展。

（三）市场实践中的机遇与挑战

市场实践中的机遇与挑战是农业与服务业一体化发展过程中不可忽视的重要因素。这一融合的趋势既为产业发展带来了新的机遇，也面临着一系列挑战。市场实践中的机遇体现在市场规模的扩大。

随着社会经济的不断发展，居民的需求也在不断升级，市场规模逐渐扩大。这为农业与服务业提供了更广阔的发展空间，使得各类产品和服务有更大的市场容纳量。通过深度融合，农业与服务业可以更好地满足市场需求，实现互利共赢。市场实践中的机遇表现在消费者对品质和个性化的需求提高。

随着生活水平的提升，消费者对产品和服务的质量、安全性和个性化的要求越来越高。这为农业与服务业提供了创新的机会，通过提供高品质的农产品和个性化的服务，可以更好地满足消费者的需求，赢得市场竞争力。市场实践中的机遇还表现在科技创新的推动。

随着科技的不断进步，新兴技术的应用为农业与服务业的一体化提供了更多的可能性。物联网、大数据、人工智能等技术的应用可以优化农业生产流程、提升服务效率，使得农业与服务业更具竞争力。市场对于科技创新的需求促使农业与服务业在市场实践中迎来了更多发展机遇。在市场实践中，农业与服务业一体化也面临着一系列挑战。市场实践中的挑战体现在市场竞争的激烈性。

随着一体化发展的趋势，市场上同类产品和服务的竞争日益激烈，各个企业需要在市场实践中不断提升自身的竞争力。这对于中小企业而言可能更具挑战性，需要更好地适应市场变化，提高产品和服务的品质。市场实践中的挑战还表现在市场需求的不确定性。

随着社会经济环境的变化，市场需求也可能发生不断变化，对农业与服务业提出了更高的灵活性和适应性要求。在市场实践中，农业与服务业需要及时调整产业结构、升级产品和服务，以满足不断变化的市场需求，这对于产业的管理和运营提出了新的挑战。市场实践中的挑战还包括环境问题。农业与服务业的一体化发展可能涉及资源的大量利用、环境的变化等问题。在市场实践中，产业需要更好地平衡经济效益与环境可持续性之间的关系，避免对环境造成负面影响。这对于企业的社会责任和可持续发展能力提出了更高的要求。市场实践中的挑战还包括政策环境的不确定性。政策的变化可能对农业与服务业的一体化发展产生深远的影响。在市场实践中，产业需要更加关注政策的动态变化，调整产业战略，以适应新的政策环境。政策的不确定性可能带来市场风险，对企业的经营决策提出更高的要求。市场实践中的机遇与挑战共同塑造了农业与服务业一体化的发展格局。充分把握市场机遇，提升产业核心竞争力，是农业与服务业在市场实践中取得成功的关键。也需要更加警觉于市场挑战，通过不断创新、提升管理水平，以更加稳健的姿态迎接市场的各种考验。

四、社会驱动

（一）社会价值推动农业与服务业一体化的背景和动因

农业与服务业一体化的背景和动因受到社会价值的推动，这体现在社会变迁、可持续发展、消费升级等多个层面。社会价值的不断变化和提升成为农业与服务业一体化的推动力，为双方提供了更广阔的发展空间。

随着社会变迁，农业与服务业一体化成为适应新时代要求的必然选择。随着城市化进程的加速和农村人口流动的增加，传统的农业经济面临着调整和升级的压力。城市居民对健康、优质农产品的需求也在不断增加。农业与服务业一体化正是在这一背景下应运而生，通过整合农业和服务业资源，满足城市居民对农产品的需求，实现产业链的升级和优化。可持续发展理念的普及推动农业与服务业一体化的发展。社会对于可持续发展的关注逐渐增加，人们对环保、生态、健康等方面的要求日益提高。农业与服务业一体化的发展可以促使农业生产更加环保、高效，减少资源浪费，同时服务业的介入也能提供更加绿色、可持续的服务。这种一体化模式既能满足市场需求，又有利于推动农业与服务业向着更可持续的方向发展。社会对于消费升级的需求也是农业与服务业一体化的动因之一。

随着生活水平提高，消费者对产品和服务的要求更加多元化、个性化。农业与服务业一体化通过差异化生产和个性化服务的方式，更好地迎合了这一趋势。消费者对于食品的品质、安全、溯源等方面的要求促使农业与服务业更加紧密地合作，实现农产品的优质供应和定制化服务。社会对于乡村振兴的需求成为农业与服务业一体化的背景。为促进农村经济的发展，加强农业与服务业的协同是一种有效的途径。社会对于乡村振兴的重视使得政策、投资等方面的支持逐渐增加，农业与服务业一体化成为实现乡村振兴战略的有效途径，通过提供服务和产业支持，带动农村的经济发展。社会对于健康和生活方式的关注也推动了农业与服务业一体化的发展。人们对于健康饮食和生活方式的认识日益提高，对于有机、无公害农产品的需求逐渐增加。农业与服务业一体化可以通过提供更健康、更个性化的产品和服务，满足社会对于健康和生活质量的追求。农业与服务业一体化的背景和动因受到社会价值观的推动，包括社会变迁、可持续发展、消费升级、乡村振兴和健康生活方式等多个层面。这些因素相互交织，共同推动了农业与服务业一体化的发展，为实现可持续、健康、智能化的农业与服务业提供了广阔的前景。

（二）社会导向农业与服务业一体化的关键方向

社会导向农业与服务业一体化的关键方向涉及多个层面，是社会发展趋势和人们期望的反映。这种导向在推动农业与服务业的深度融合、实现共同繁荣的过程中具有重要作用。关键方向主要体现在以下几个方面。社会导向农业与服务业一体化的关键方向在于提升农业生产的可持续性。社会对环保和可持续发展的关注日益增强，这要求农业生产更加注重生态环境的保护，减少对土地、水资源的过度开发。通过推动农业与服务业的一体化，可以实现资源的更加合理利用，减少农业生产对环境的负面影响，实现农业的可持续发展。社会导向农业与服务业一体化的关键方向在于提高农产品的品质和安全。

随着居民生活水平的提高，人们对食品的质量和安全性要求越来越高。通过整合服务业，可以实现农产品的更加精准、高效的生产与销售，确保产品的质量和安全。社会导向着追求更加健康、绿色的生活方式，农业与服务业一体化应当朝着满足这一方向发展。社会导向农业与服务业一体化的关键方向还包括提升服务水平和服务体验。服务业作为农产品的补充，需要更好地满足消费者对于个性化、定制化服务的需求。社会导向着个性化、差异化的消费趋势，农业与服务业一体化应当更加注重提升服务的水平，通过科技手段提供更加智能、便捷的服务，提升整个产业链的服务体验。社会导向农业与服务业一体化的关键方向还涉及促进农村经济发展和改善农民生活水平。通过整合服务业，可以拓展农村就业机会，提高农村劳动力的就业质量。提供更丰富的服务，使得农民在农业与服务业一体化的发展中能够分享更多的经济红利，改善生活水平。社会导向更加注重城乡发展平衡的目标，农业与服务业一体化成为实现这一目标的有效途径。社会导向农业与服务业一体化的关键方向还包括推动数字化和智能化发展。社会在追求科技创新和数字经济发展的农业与服务业一体化应当积极应对，借助物联网、大数据、人工智能等技术手段提高农业生产和服务业的管理水平。社会导向着数字化科技的发展，农业与服务业一体化需顺应趋势，实现数字经济与实体经济的深度融合。社会导向农业与服务业一体化的关键方向涉及可持续发展、品质与安全、服务水平提升、农村经济改善以及数字化智能化发展等多个方面。通过在这些关键方向上的努力，农业与服务业的一体化可以更好地适应社会的需求，实现共同繁荣。社会的期望和导向为农业与服务业提供了前进的方向，同时也需要产业各方共同努力，实现社会导向的目标。

（三）社会实践中的机遇与挑战

社会实践中，农业与服务业一体化面临着机遇和挑战的双重考验。这一过程既受到社会需求、科技进步的推动，也面临市场竞争、资源约束等多重因素的制约。在实践中，各方需要综合考虑，灵活应对，以实现双方的互利共赢。机遇社会对于健康和绿色生活的需求成为农业与服务业一体化的机遇。

随着人们生活水平的提高，对于食品的品质、安全性的要求也不断升级。农业与服务业一体化通过提供有机、无公害的农产品和绿色、可持续的服务，迎合了社会对健康和绿色生活的追求，创造了更广泛的市场机会。数字化和智能化技术的发展为农业与服务业一体化提供了巨大的机遇。通过物联网、大数据、人工智能等技术的应用，农业生产和服务过程变得更加智能高效。数字化技术提高了农业信息化水平，服务业通过在线平台提供更为便捷的服务。这一数字化时代的来临使得农业与服务业更好地适应市场需求，提高生产和服务效率。乡村振兴战略的实施为农业与服务业一体化提供了机遇。政府对于乡村振兴的支持使得农业与服务业在农村地区获得更多的政策和资金支持。农业与服务业一体化成为推动农村产业结构调整和经济发展的有效途径，同时也为农民提供了更多就业机会，促进了乡村经济的繁荣。消费升级对于农业与服务业一体化形成了有利的市场背景。

随着生活水平的提高，消费者对于产品和服务的个性化、多元化需求逐渐增加。农业与服务业一体化通过提供差异化的产品和个性化的服务，更好地满足了消费者的需求，创造了更为广泛的市场份额。挑战市场竞争激烈是农业与服务业一体化面临的挑战之一。

随着一体化的发展，市场上同类业务竞争愈发激烈，企业需要在产品品质、服务水平、价格等方面不断提升，以赢得消费者的青睐。这对于农业和服务业企业提出了更高的要求，需要在不断竞争中寻找创新点和差异化。资源约束是农业与服务业一体化面临的实际挑战。包括土地、水资源、人才等各方面的资源都可能受到限制，尤其是在乡村地区。如何合理配置和利用这些资源，是农业与服务业一体化在实践中需要认真面对和解决的问题，需要进行更有效的资源整合和管理。社会对于环保、可持续发展的要求对农业与服务业一体化提出了更高的标准。产业的发展需要更加关注环境友好和资源的可持续利用，这对于传统农业和服务业的模式提出了新的挑战。一体化的推进需要在实践中更好地平衡经济效益与环境保护之间的关系，确保产业的可持续发展。社会对于服务质量和产品安全性的关注也使得农业与服务业一体化面临着更高的质量标准。服务业的参与需要更专业化的管理和服务团队，而农业生产也需要更科学、严谨的管理体系。这对农业和服务业的从业人员提出了更高的要求，需要不断提升专业水平和服务质量。在社会实践中，农业与服务业一体化需要综合考虑机遇和挑战，善于抓住机遇、应对挑战，通过不断的调整和创新，实现可持续、健康、智能的发展。

第二节 农业与服务业一体化的影响

一、农业与服务业一体化对农业生产的影响

（一）农业与服务业一体化对农业生产模式的重构

农业与服务业一体化是当代社会发展的重要趋势之一，它深刻地影响着农业生产模式的重构。传统农业生产模式在农业与服务业一体化的背景下面临巨大的变革，这种变革既是挑战，更是机遇。农业与服务业一体化使农业生产模式向智能化迈进。

现代技术的广泛应用将智能化技术融入农业生产的各个环节，实现了生产过程的数字化、自动化管理。农业生产模式不再依赖传统的人工劳动，而是更加依赖先进的科技手段，这为提高农业生产效益提供了有力支持。农业与服务业一体化催生了全球化的农业生产模式。服务业的介入使得农产品更容易融入全球市场，形成跨国贸易链。不仅如此，服务业为农业提供了跨国合作的机会，促使农业生产模式更加开放，适应了全球化发展的需求。农业与服务业一体化还推动了农业生产模式向可持续性方向发展。服务业的参与促进了绿色农业的兴起，推动农业生产更加注重环保、可持续的原则。生产者更加关注资源的合理利用，采用更加环保的农业技术，为农业生产模式的可持续发展提供了有力的动力。农业与服务业一体化为小农户提供了更多发展机会。服务业的引入为小农户提供了各种支持，包括市场信息、技术培训、销售渠道等方面的支持。这为小农户摆脱传统的农业经营模式，拓宽了发展路径，提高了他们的经济收入。农业与服务业一体化对农业生产模式的重构是一场深刻的变革，不仅提高了生产效益，更使农业更加环保、全球化、可持续。这种一体化的趋势将在未来持续发展，推动农业生产模式更加适应时

代的要求。

（二）增值服务对农产品附加值的提升

增值服务对农产品附加值的提升在农业与服务业一体化过程中扮演着关键的角色。这种一体化不仅仅是对农产品生产的简单延伸，更是通过提供多样化的服务，使得农产品的附加值得以提升。增值服务通过农产品的深加工和精细化包装，为农产品赋予更高的附加值。通过加工原材料，农产品可以转化成更加便捷、易于储存和使用的产品。这种深加工不仅提高了农产品的使用价值，也增加了产品的市场竞争力。精细化包装可以提高产品的观赏性和品质感，吸引消费者更多地关注产品的品牌和外观，为农产品注入更多的附加值。增值服务在农产品销售环节通过提供定制化、个性化服务，满足消费者多元化的需求，进一步提升了农产品的附加值。针对不同消费者群体，提供个性化的服务，使得农产品更好地适应市场需求。

在线销售平台可以根据用户的购物记录和偏好，推荐相应的产品，提高购物体验，从而提高产品的附加值。增值服务通过建立农产品溯源体系，提升了产品的可追溯性，增强了产品的信任度和品牌溢价。通过区分农产品的来源、生产环境、生产工艺等方面的特点，消费者可以更加信任产品的品质和安全性。这种可追溯性不仅有助于建立品牌形象，还可以通过溯源信息为产品赋予更高的附加值，提高产品的市场认可度。增值服务还包括为农产品提供定期维护、售后服务等方面。农产品销售商可以为消费者提供产品使用和维护的培训，解答用户在使用过程中遇到的问题。这种售后服务不仅增加了产品的附加值，也提高了产品的用户黏性，促使用户更加愿意购买和推荐产品。增值服务通过数字化和智能化手段的应用，进一步提升了农产品的附加值。农业科技的应用可以提高生产效率，减少资源浪费，提高产品质量。智能农业设备和传感器的应用可以实现对农产品生产环节的精准监控和管理，提高产品的生产可控性。这些数字化和智能化的服务不仅提升了农产品的附加值，还推动了农业与服务业的深度融合。增值服务对农产品附加值的提升在农业与服务业一体化中具有重要意义。通过深加工、定制化销售、溯源体系建立、售后服务以及数字化智能化手段的应用，农产品得以从传统的原始农产品升级为更具附加值的产品。这种一体化的发展模式既推动了农业产业的升级，也满足了消费者对于多样化、个性化产品的需求，实现了农业与服务业的双赢。

（三）新型农业服务对农业生产效率的改善

新型农业服务的引入对农业生产效率的改善起到了积极的作用，通过技术创新、信息化管理等手段，提高了农业的生产效益，推动了农业与服务业一体化的深入发展。新型农业服务通过技术创新提升了农业生产效率。

随着信息技术的不断进步，农业服务得以数字化、智能化的发展。农业无人机、传感器技术等的应用，使得农民可以更全面、及时地监测农田状况，进行智能化的农业管理。这种技术创新带来了更高的农业生产效率，使农民能够更科学地决策、更高效地进行生产。新型农业服务通过信息化管理提高了农业生产的精准度。通过建立农业信息管理系统，农业生产的各个环节都能够得到有效监控和管理。农民可以获取到市场信息、气象信息等多方面的数据，从而更好地制定生产计划和销售策略。这种信息化管理使得农业生产更加精准，避免了资源浪费，提高了生产效益。新型农业服务通过提供专业化的农业知识和技术支持，提高了农业从业人员的技能水平，进而改善了生产效率。农业服务业可以为农民提供专业的培训、技术咨询等服务，使得农民更加熟练地掌握现代农业技术。这种专业支持有助于提高农业从业人员对于新技术、新方法的接受程度，使农业生产更为高效。新型农业服务通过整合农业生产要素，实现了资源的优化配置，提高了生产效率。传统农业中，生产要素往往分散、难以协同工作。而新型农业服务通过整合土地、水资源、劳动力等生产要素，实现了农业生产的优化配置。这种整合有助于提高生产要素的利用效率，使得农业生产更具成本效益。新型农业服务通过提供定制化服务，满足了农民个性化需求，从而提高了生产效率。不同地区、不同类型的农业生产存在差异，传统的通用性服务难以满足各类农民的需求。新型农业服务通过定制化服务，根据具体的生产环境和需求，提供更为个性化的支持。这种服务模式更符合农业生产的实际情况，提高了农民的生产积极性和效率。新型农业服务的引入对农业生产效率的改善起到了积极的作用。通过技术创新、信息化管理、专业支持、资源整合、定制化服务等手段，新型农业服务推动了农业生产向更高效、更科学的方向发展。这不仅促进了农业与服务业的一体化，也为农业经济的可持续发展提供了有力支持。

二、农业与服务业一体化对服务业发展的影响

（一）农业与服务业一体化推动服务业创新商业模式

农业与服务业一体化的推动下，服务业创新商业模式迎来了新的机遇和挑战。这种一体化不仅是对传统农业和服务业的结合，更是在全球化和数字化的浪潮中，引发了服务业创新商业模式的全新演变。农业与服务业一体化打破了传统服务业的界限，推动了服务业创新商业模式的拓展。在农业与服务业的融合中，服务业的范围不再局限于传统的餐饮、娱乐等领域，而是涵盖了农业生产、供应链管理、数据分析等更为广泛的领域。这种全方位的融合为服务业提供了更多的发展空间，催生了更为创新的商业模式。农业与服务业一体化加速了服务业数字化转型，推动了创新商业模式的数字化发展。

随着先进技术在农业中的广泛应用，数字化成为服务业创新商业模式的关键因素。通过大数据分析、物联网技术、人工智能等数字化手段，服务业能够更好地满足农业生产、供应链管理等方面的需求，实现更高效、智能化的运营。农业与服务业一体化还促使了服务业在创新商业模式中更加注重可持续性。在过去，服务业往往与短期交易和消费密切相关，而农业与服务业一体化强调了生态、环保和可持续发展。服务业创新商业模式逐渐倾向于注重社会责任、资源可持续利用等方面，形成更加可持续的商业模式。农业与服务业一体化加强了服务业在市场中的定位和差异化竞争。通过与农业的深

度合作，服务业能够提供更有针对性的解决方案，满足农业生产和经营的独特需求。这使得服务业在市场中形成独特的竞争优势，推动了创新商业模式的进一步巩固。农业与服务业一体化为服务业创新商业模式提供了广阔的空间。这种一体化不仅丰富了服务业的发展领域，更推动了服务业在数字化、可持续性、差异化等方面的创新。在不断变化的经济环境中，农业与服务业的深度融合将继续引领服务业创新商业模式的发展潮流。

（二）增值服务提升服务业的市场竞争力

增值服务对服务业的市场竞争力提升具有显著的影响。在农业与服务业一体化的背景下，服务业通过提供具有附加值的服务，不仅能够满足消费者多元化的需求，同时还能够在市场竞争中取得更为显著的地位。通过提供个性化、差异化的服务，服务业得以在市场中树立独特的竞争优势。针对不同消费者的需求，服务业可以定制服务方案，满足个性化需求。这种个性化服务不仅能够提高消费者对服务的认可度，更能够使服务业在市场上建立差异化的品牌形象，从而提升市场竞争力。增值服务通过引入科技创新，提高了服务的智能化和数字化水平。在数字时代，服务业可以通过整合先进技术，如大数据、人工智能等，提供更智能、高效的服务。在农业领域，服务业可以通过数据分析预测农产品需求，优化供应链，提高生产效益。这种数字化智能化的服务不仅提升了服务业的市场竞争力，也使得服务更具创新性和前瞻性。服务业通过建立良好的客户关系和售后服务体系，增加了客户的忠诚度。通过为客户提供全方位的售前咨询、购物体验和售后服务，服务业能够建立与客户的紧密联系。客户在享受到高质量服务的更容易形成对服务品牌的忠诚度。这种忠诚度使得服务业能够在激烈的市场竞争中更好地保持市场份额，提升长期竞争力。增值服务还通过提高服务的品质和品牌溢价，加强了服务业的市场地位。服务业在提供服务的过程中，通过不断提升服务质量，确保服务的可靠性和专业性。通过品牌建设和营销策略，服务业能够在市场上树立品牌形象，形成品牌溢价效应。这使得服务业不仅在市场中获得更多的认可，也能够更好地抵御价格竞争的压力，提升整体市场竞争力。服务业通过提供附加值服务，使得服务本身变得更为综合、全面。在农业领域，服务业可以不仅仅提供农产品的销售，还可以提供相关的农业咨询、技术培训、物流服务等一揽子服务。这种综合性的服务不仅满足了客户多样化的需求，也提高了服务业在整个产业链中的地位，形成服务与农业的深度融合。增值服务在农业与服务业一体化的过程中对服务业市场竞争力的提升起到了至关重要的作用。通过个性化服务、科技创新、良好的客户关系、品质提升以及全面的综合服务，服务业得以更好地满足市场需求，建立差异化优势，提高客户忠诚度，形成品牌溢价，从而在激烈的市场竞争中占据有利地位。增值服务的引入不仅提升了服务业自身的竞争力，也促使农业与服务业更好地实现共同繁荣。

（三）农业生态旅游带动服务业多元化发展

农业生态旅游的兴起为服务业的多元化发展提供了新的机遇，实现了农业与服务业的更深层次融合。农业生态旅游不仅为农村地区带来了经济效益，同时也为服务业注入了活力，推动了农业与服务业一体化的协同发展。农业生态旅游为服务业创造了新的商机。

随着人们生活水平的提高，对于休闲度假、生态环境的需求逐渐增加。农业生态旅游通过将美丽的乡村景色、农田风光与旅游活动结合，吸引了大量游客。服务业通过提供住宿、餐饮、娱乐等多元化服务，满足了游客多样化的需求，为农村地区带来了新的商机。农业生态旅游推动了本地特色产品的销售，促进了农产品加工与服务的深度融合。农村地区的特色农产品通过农业生态旅游的平台得到更多的曝光，游客通过旅游活动更容易接触到本地的农产品。服务业可以通过提供农产品的加工、展示等服务，推动本地特色产品的销售，形成农业与服务业的有机结合。农业生态旅游为服务业提供了文化体验的平台，丰富了服务业的业态。农村地区往往具有深厚的历史文化和民俗风情，通过农业生态旅游，服务业可以提供更为丰富的文化体验服务。

如文化演艺、手工艺制作等活动，既满足了游客对于文化体验的需求，也为服务业带来了更多的发展机会。农业生态旅游推动了农业与服务业的协同发展，形成了农业综合体。通过整合农业、旅游、服务等资源，形成综合体系，农业生态旅游不仅促进了产业链的延伸，也为服务业提供了更为广阔的发展空间。服务业可以通过与农业合作，提供更多元的服务，形成协同效应，推动产业链的进一步优化。农业生态旅游提升了农村地区的整体形象，有助于吸引更多的游客和投资。服务业在农业生态旅游的发展中发挥了积极作用，通过提供高品质的服务，为农村地区树立了良好的形象，吸引了更多游客的关注。

服务业的发展也吸引了更多的投资，促进了农村地区经济的全面发展。农业生态旅游的兴起为服务业的多元化发展提供了新的契机。通过吸引游客、推动本地产品销售、提供文化体验服务、形成农业综合体等方式，农业与服务业实现了更紧密的一体化。这种融合不仅推动了农村地区的经济发展，也为服务业注入了新的活力，为实现农业与服务业的可持续发展奠定了基础。

三、农业与服务业一体化对农村社区的影响

（一）农业与服务业一体化对农村社区经济的促进

农业与服务业一体化对农村社区经济的促进具有深远的影响，为农村社区带来了全新的发展机遇和挑战。这一融合不仅在经济层面推动了农村社区的繁荣，同时也为社区居民提供了更为多元化的生活方式。农业与服务业一体化打破了传统农村经济的局限，拓展了农村社区的经济发展路径。传统上，农村社区主要依赖农业生产，经济单一而脆弱。

随着服务业的介入，农村社区不再仅仅依赖于农产品的生产和销售，而是通过服务业的发展形成了多元化的产业结构，提升了整体经济的韧性和可持续性。农业与服务业一体化为农村社区创造了更多的就业机会。服务业的引入不仅促进了农业生产的现代化，也创造了更多的服务业岗位，包括物流、

信息技术、文化创意等领域。这种多元化的就业结构使得农村社区居民能够选择更符合个人兴趣和技能的职业，提高了居民的生活质量。农业与服务业一体化还为农村社区带来了更为丰富的生活体验。服务业的发展使得农村社区不仅仅是农业生产的场所，更成了拥有各类文化、娱乐、健康等服务的综合体。居民可以在社区内享受到更多便利的服务，提高了生活水平，同时也吸引了更多城市居民到农村社区体验不同的生活方式。农业与服务业一体化促进了农村社区的数字化转型。

随着信息技术的不断发展，农业生产和服务业的数字化应用得以加强。这不仅提高了农业生产效益，也使得服务业更具智能化，为农村社区带来了更为高效和便捷的运营方式。农业与服务业一体化的促进作用不仅体现在经济层面，更为重要的是提升了农村社区的整体发展水平。这种融合不仅是产业结构的变革，更是对农村社区的全面发展提出了新的要求。在不断变化的经济环境中，农业与服务业一体化将继续引领农村社区经济的创新和发展。

（二）社会服务的提升与农村居民生活品质的改善

社会服务的提升与农村居民生活品质的改善密切相关，在农业与服务业一体化的过程中，社会服务的不断提升为农村居民创造了更加丰富和便捷的生活体验。社会服务的提升通过改善医疗卫生服务，提高了农村居民的身体健康水平。

随着医疗技术的不断进步和服务的升级，农村居民能够享受到更为先进的医疗服务。远程医疗、移动医疗站点等方式的引入，大大提高了农村居民看病的便捷性。医疗卫生服务的提升使得农村居民更容易获得及时有效的医疗帮助，提高了他们的生活品质。社会服务的提升通过改善教育服务，提高了农村居民的文化素养和知识水平。优质的教育资源的引入，包括师资培训、教学设施升级等，使得农村居民能够接收到更好的教育。这不仅提高了农村居民的综合素质，也为他们提供了更多的发展机会。农村居民通过优质的教育服务，能够更好地适应社会变革，提高自身的社会竞争力。社会服务的提升通过改善基础设施建设，提高了农村居民的生活便利度。道路、电力、水利等基础设施的完善，使得农村居民的出行更为便捷，生活更加便利。这为农村居民提供了更多的社会参与机会，也拉近了城乡居民的生活差距。基础设施建设的提升使得农村居民能够更好地享受现代生活的便利，生活品质得到了显著改善。社会服务的提升通过引入文化娱乐服务，丰富了农村居民的精神生活。文艺演出、体育赛事、图书馆等文化娱乐设施的建设，为农村居民提供了更多的休闲娱乐选择。这不仅有助于缓解农村居民的生活压力，也丰富了他们的文化生活。

通过提供更多的文化娱乐服务，农村居民能够更好地融入社会大家庭，感受到社会的温暖和活力。社会服务的提升与农村居民生活品质的改善之间存在着密切的关系。医疗卫生服务、教育服务、基础设施建设以及文化娱乐服务的提升，共同构建了一个更为完善的社会服务体系。这不仅为农村居民提供了更多的获得感和幸福感，也促进了城乡居民的一体化发展。社会服务的提升不仅仅是为农村居民提供了更多的服务选择，更是在推动农业与服务业深度融合的过程中，促使整个社会的共同繁荣。

（三）文化与社区融合的推动与农村社区凝聚力的增强

文化与社区的融合对农村社区凝聚力的增强产生了积极的推动作用。这种融合不仅丰富了农村社区的文化内涵，也为农业与服务业的一体化提供了有力支持，进一步提高了农村社区的凝聚力。文化与社区融合丰富了农村社区的文化底蕴。每个农村社区都有其独特的历史、传统和文化特色，通过挖掘和传承这些文化元素，社区的文化内涵得以丰富。这不仅使农村社区具有独特的魅力，也为居民提供了更为丰富的精神食粮，增强了社区的认同感和凝聚力。文化与社区的融合为农村社区提供了发展多元化服务业的机会。通过挖掘本地的文化资源，社区可以开展各类文化活动、旅游服务等，吸引外部游客，从而带动服务业的发展。举办传统文化节庆、开展民俗旅游等活动，不仅能够推动服务业的多元化发展，也为居民提供了更多的就业和创业机会。

文化与社区的融合促进了农业与服务业的深度融合。文化活动和服务业可以相互促进，服务业可以通过提供文化体验服务，如文艺演出、手工艺制作等，吸引更多的居民和游客参与。反过来，服务业的发展也为农村社区提供了更丰富的文化服务，构建了农业与服务业的有机结合。文化与社区的融合培养了社区居民的共同认同感和责任感。通过共同参与文化活动、社区建设等，居民在实践中产生了更强烈的归属感和责任感。这种共同体验和参与不仅增进了社区居民之间的情感联系，也为社区的发展提供了更为坚实的基础。社区居民在共同的文化传承和建设过程中形成了更紧密的社会网络，提升了社区的凝聚力。

文化与社区融合推动了农村社区的创新与发展。通过将本地文化融入社区建设、农业生产和服务业发展中，社区不断创新出适应时代潮流的模式。这种创新精神不仅使农村社区更有活力，也为农业与服务业的可持续发展提供了更多可能性。文化与社区的融合对农村社区凝聚力的增强产生了深远影响。通过丰富社区文化、促进多元化服务业发展、推动农业与服务业深度融合，文化与社区的融合使得农村社区在现代社会中更具有吸引力和竞争力。这种融合不仅让农村社区的文化得到传承，也为社区的全面发展提供了新的路径。

四、农业与服务业一体化对区域经济的影响

（一）农业与服务业一体化对区域经济结构的重构

农业与服务业一体化在区域经济结构中扮演了关键角色，引发了区域经济结构的深刻变革。这一融合不仅推动了传统农业社会向现代化社会的转变，同时也在区域经济中塑造了更为多元、高效的产业格局。农业与服务业一体化打破了传统的农业主导型区域经济结构，实现了产业结构的多元化。传统上，农业是某些地区经济的主要支柱，而服务业在经济结构中的份额较小。通过将服务业与农业有机融合，区域经济不再过度依赖单一产业，而是形成了更为多元化的产业格局，提高了经济结构的抗风险能力。农业与服务业一

体化推动了区域经济向智能化方向的发展。

随着现代科技的广泛应用，农业生产和服务业日益数字化、智能化。这不仅提高了生产效率，也使得区域经济更具科技创新能力。智能技术在农业和服务业中的运用，促使区域经济结构更加现代、高效。农业与服务业一体化还为区域经济带来了更为强大的创新动力。服务业的引入使得区域经济更加注重技术创新、管理创新和商业模式创新。农业与服务业的深度融合，不仅促使传统农业向现代农业的转变，也催生了一系列新型服务业创新，推动了区域经济结构朝着更具创新性的方向发展。农业与服务业一体化加速了区域经济的全球化进程。服务业的国际化特征使得区域经济与国际市场更为紧密相连。这种全球化的融合使得区域经济在全球产业链中发挥更为重要的作用，提高了区域的竞争力。农业与服务业一体化也推动了区域经济朝着可持续性方向的发展。服务业的介入使得区域经济更关注可持续发展，包括环境保护、资源利用效率等方面。这种可持续性发展不仅使得区域经济更为健康，也符合当代社会对经济可持续性的追求。农业与服务业一体化深刻地重构了区域经济结构。这种一体化不仅使得经济结构更为多元、智能化，也推动了区域经济向着更加创新、全球化和可持续的方向迈进。在未来的发展中，农业与服务业的深度融合将持续引领区域经济结构的创新与发展。

（二）就业机会的增加与区域居民收入水平的提升

就业机会的增加与区域居民收入水平的提升在农业与服务业一体化的背景下展现出紧密的联系。这一融合过程不仅带来了更多的就业机会，也为区域居民提供了更广泛的经济收入来源，推动了整个社会的经济发展。农业与服务业一体化的推进为就业市场带来了新的机会。

随着服务业在农业中的不断渗透，涌现出了一系列新的职业和岗位，例如农业科技服务、农产品销售与推广、农村电商等。这使得农村居民有更多的就业选择，不仅促进了农业从业人员的多样化发展，也提高了整个区域的就业率。服务业的发展为农村提供了更广泛的经济收入来源。服务业的增长不仅仅是农业的补充，更是为农民提供了多元化的经济支持。农产品销售、农业科技服务、乡村旅游等服务业的兴起，为农村居民创造了更多的收入渠道。这种多元化的经济模式使得农村居民不再仅仅依赖传统的农业收入，而是能够通过提供各类服务获得更丰富的经济回报。服务业的扩大也催生了一系列相关产业，进一步拓展了就业机会。农产品的加工、物流、信息技术等相关领域的发展，不仅提供了更多的就业机会，同时也带动了农村居民的收入水平的提升。服务业的蓬勃发展拉动了整个产业链的增长，为区域居民提供了更丰富的就业选择和发展空间。农业与服务业的一体化也助力农民转变为服务提供者，提高了农民的社会地位和收入水平。通过农业与服务业的深度融合，农民不再仅仅是农业生产的从业者，更成为服务提供者。农村居民可以通过提供各类服务，如乡村旅游、特色农产品推广等，实现自身价值，取得更为稳定的收入。农业与服务业一体化为就业机会的增加和区域居民收入水平的提升创造了有利的条件。服务业的兴起不仅为农民提供了更广泛的就业选择，也为他们创造了多元化的经济来源。农村居民通过参与服务业，不仅实现了自身经济状况的改善，也促进了整个农村社区的发展。服务业与农业的有机结合不仅带动了区域就业市场的繁荣，也在一定程度上推动了农村居民的生活水平的提升。

（三）创新与竞争力的提升与区域经济的可持续发展

创新与竞争力的提升是农业与服务业一体化的重要推动力，对于区域经济的可持续发展具有重要意义。创新引领着农业与服务业的进步，提升了产业竞争力，同时也为区域经济带来了更为广泛的发展机遇。创新推动了农业与服务业的深度融合。通过技术创新、管理创新等手段，农业与服务业得以更好地结合。农业生产中的数字化、智能化技术的引入，使得农业生产更加科学高效。服务业通过提供智能化的农业咨询、信息服务等，为农民提供更为全面的支持。这种深度融合不仅提高了农业生产效率，也拓展了服务业的发展领域，形成了产业的良性互动。创新提升了农业与服务业的市场竞争力。

通过产品、服务、管理等方面的创新，企业在市场上能够提供更具竞争力的产品和服务。这不仅能够满足消费者对品质和体验的要求，也使得企业在激烈的市场竞争中占据有利位置。创新带动了企业的不断发展壮大，推动了整个产业链的优化和提升。创新推动了区域经济的结构调整。农业与服务业一体化中的创新不仅涉及单一产业，还包括整个产业体系的创新。通过引入新的生产方式、新的商业模式，区域经济得以实现产业结构的优化和升级。这种结构调整不仅带动了农业和服务业的发展，也对整个区域经济形成了积极的影响。创新提高了农业与服务业的科技含量，推动了区域经济的技术水平升级。农业生产中的科技创新，如农业机械的智能化、农业数据的应用等，使得农业更为现代化。服务业通过引入先进的管理系统、信息技术等，提高了服务水平。这种科技含量的提升不仅改善了生产效率，也为区域经济的创新发展提供了强有力的支持。创新为区域经济的可持续发展创造了更多的机遇。农业与服务业一体化中的创新不仅仅是技术创新，还包括商业模式的创新、管理模式的创新等多个方面。这些创新形成了区域经济发展的新动能，为各类企业提供了更多的发展路径，为农村地区提供了更多的就业机会，推动了区域经济的可持续增长。创新与竞争力的提升是农业与服务业一体化发展的动力源泉，也是区域经济可持续发展的基石。通过深度融合、市场竞争力的提升、结构调整、科技水平的升级以及创新机遇的创造，农业与服务业一体化不仅推动了自身的发展，也为整个区域经济带来了更为可观的经济效益和社会效益。

第五章　农业与服务业一体化发展的模式与实践

第一节　农业与服务业一体化发展的模式

一、农业与旅游的模式

（一）农业与旅游融合模式的优势与特点

农业与旅游融合模式的优势与特点源自两者的巧妙结合，形成了一种全新的经济发展模式，为农村地区和旅游业带来了独特的机遇。农业与旅游融合模式具有地域特色。通过将农业和旅游业有机结合，形成具有地方特色的农旅产品，可以突显当地独特的文化、自然景观和农业资源。这种独特性不仅能够吸引游客，还能够提高产品附加值，推动当地农业经济的多元化发展。农业与旅游融合模式注重体验和互动。相较于传统的农业生产和传统旅游业，这种融合模式更注重消费者的参与感和互动性。游客不仅能够欣赏美丽的自然风景，还能够参与农业生产的过程，体验农耕文化和田园生活，增强游客的体验感和情感连接。农业与旅游融合模式的另一特点是可持续发展。这种模式不仅能够带动农业产业的发展，同时也注重对环境和生态的保护。

农业与旅游的有机结合能够促使农业生产更加环保、可持续，保护自然生态环境，使得农村地区既能够获得经济效益，又能够实现可持续发展。农业与旅游融合模式的优势还在于促进农村地区的就业和收入增长。通过发展农旅产业，农村地区创造了更多的就业机会，不仅可以吸引本地居民参与农旅业的发展，还能够吸引外部人才，促进农村地区的人口流动。这不仅提高了农民的收入水平，还改善了农村社区的经济结构。农业与旅游融合模式强调品牌建设。通过打造独特的农旅品牌，使得农业产品和旅游服务形成独特的市场地位。这有助于吸引更多游客，提高知名度，形成品牌效应，促使农业与旅游的深度融合更为成功。

农业与旅游融合模式在促进农村文化传承方面有独特优势。通过展示当地的传统文化、乡土风情，使游客更深入地了解当地的历史和文化，有助于传承和弘扬农村文化遗产。农业与旅游融合模式的优势体现在地域特色、体验互动、可持续发展、就业和收入增长、品牌建设以及文化传承等多个方面。这种模式在不断创新中推动了农村地区和旅游业的发展，为经济结构转型和乡村振兴提供了可行的路径。

（二）农业与旅游融合模式的挑战与缺点

农业与旅游融合模式在推动农业与服务业一体化的也面临着一系列挑战和存在一些缺点，这些问题可能在实践中限制了该模式的全面发展。农业与旅游融合面临着资源开发与保护的平衡难题。旅游活动对自然环境和农业资源的需求可能导致过度开发，使得一些农业资源受到损害，甚至引发生态平衡失衡的问题。过分的旅游开发可能会对当地的农业生产造成不利影响，挤占了原本应该用于农业发展的土地和资源。

农业与旅游融合模式可能导致农产品生产过程过于商业化，从而影响了传统农业文化的传承。为了满足旅游需求，农业生产可能会趋向于追求商业利益，而忽视了农业的文化、历史价值。这种商业化可能导致一些传统的农业文化元素丧失，降低了当地农业的独特性。农业与旅游融合模式可能面临着区域资源分配不均衡的问题。一些热门的旅游景点可能会吸引更多的游客，导致这些地区的农业资源得到过度开发，而其他地区可能因为吸引力不足而缺乏农业与旅游融合的机会。这可能导致区域间的发展不平衡，一些地区可能因为旅游业的兴盛而获益，而其他地区可能受到冷落。农业与旅游融合模式可能存在着市场波动的风险。旅游业受到季节、天气等因素的影响，因此农业与旅游的结合可能使得农业生产过于依赖旅游市场的波动。如果旅游业出现波动，农业生产也可能受到波及，导致农民的收入不稳定，增加了经济风险。农业与旅游融合模式可能导致土地利用冲突。在一些地区，土地资源本就有限，旅游业的兴起可能导致土地用途发生变化，农业用地被转化为旅游用地，这可能引发农地资源的争夺和土地利用的冲突。农业与旅游融合模式在推动农业与服务业一体化的过程中面临一系列挑战和缺点。需要综合考虑资源开发与保护的平衡、商业化对传统农业文化的影响、区域资源分配不均衡、市场波动风险以及土地利用冲突等问题，以更好地引导农业与旅游的融合发展，实现双方的可持续发展。

（三）农业与旅游融合模式的适用范围和发展前景

农业与旅游融合模式作为一种新型的发展方式，适用范围广泛，同时具有较为广阔的发展前景。这种融合模式不仅在农业生产中注入了新的活力，也为服务业提供了更多的发展机会，推动了农业与服务业一体化的深入发展。农业与旅游融合模式适用于拥有丰富农村文化和自然资源的地区。那些具有独特的农业传统、美丽的自然风光、丰富的农产品等资源的地方，可以通过农业与旅游的融合，吸引更多游客。这种模式可以将农村文化和自然景观转化为旅游资源，为游客提供丰富的体验。农业与旅游融合模式适用于追求健康、休闲、体验式旅游的现代消费者。

随着生活水平的提高，人们对于旅游的需求逐渐由传统的观光游转向更加注重体验和健康的旅游方式。农业与旅游融合模式通过提供农场体验、生态农庄、田园度假等形式，迎合了现代人对于健康、休闲的追求。农业与旅游融合模式适用于推动乡村振兴战略的实施。许多地方正致力于乡村振兴，通过发展农业与旅游融合模式，可以有效地激发农村经济活力，提高农民收入。这不仅有助于改善农村居民的生活水平，还可以促进乡村经济结构的升级和转型。农业与旅游融合模式适用于提升乡村形象，吸引更多的投资和人才。通过开发农村旅游项目，打造美丽宜居的乡村环境，可以吸引更多的游客、投资者和居民。这有助于形成良好的乡村形象，推动乡村的可持续发展，同时也为服务业提供了更多的商机。农业与旅游融合模式在发展前景上具有广泛的潜力。

随着人们生活方式的变化和对于绿色、生态、文化的需求不断增加，农业与旅游融合模式将在未来继续受到欢迎。这种模式不仅能够满足人们对于休闲、体验的需求，也能够促进农业与服务业的共同发展，为乡村振兴和区域经济注入新的活力。农业与旅游融合模式是一种具有广泛适用性和较为广阔发展前景的发展方式。通过充分利用农村丰富的资源，满足现代人对于健康、休闲、体验的需求，这种模式不仅有助于实现农业与服务业的有机融合，也为乡村振兴和区域经济的可持续发展提供了新的路径。

二、农业与电商的模式

（一）农业与电商的优势与特点

农业与电商的结合呈现出独特的优势与特点，这种融合不仅提升了农产品的销售方式，也推动了农业生产和经营的现代化发展。农业与电商的融合模式打破了传统农产品销售的时间和空间限制。通过电商平台，农产品可以随时随地进行销售，无须受到传统市场的季节性和地域性限制。这种灵活性为农民提供了更广阔的市场，也使得消费者能够更加便捷地获取所需的农产品。农业与电商的结合推动了农产品供应链的优化。电商平台提供了高效的信息传递和管理工具，使得农产品的生产、流通和销售环节更为紧密衔接。通过大数据分析和智能物流系统，农产品能够更准确地满足市场需求，降低了库存和损耗，提高了供应链的效益。农业与电商的融合模式注重了产品的品质和品牌建设。电商平台为农产品提供了更多的展示和宣传空间，农民能够通过平台展示自家产品的独特之处。这有助于形成农产品的品牌效应，提高产品的附加值，吸引更多消费者的关注和购买。农业与电商的结合推动了农业生产的信息化和智能化。通过电商平台，农民可以获取市场行情、消费者需求等信息，有针对性地调整生产计划。一些先进的农业技术和设备也通过电商平台传播，促进了农业生产的现代化和科技化。农业与电商的融合模式在农村经济中产生了新的经济增长点。电商平台的发展吸引了更多年轻人参与农业生产和销售，推动了农村的经济活力。这也有助于解决农村劳动力空缺和老龄化的问题，促进了农村经济的多元化和可持续发展。农业与电商的结合有助于实现农产品的精准营销。通过电商平台的大数据分析，可以更精准地定位目标消费群体，进行有针对性的宣传和促销。这不仅提高了农产品的市场竞争力，也提升了农民的经济效益。农业与电商的结合呈现出一系列独特的优势与特点，推动了农业的现代化和市场化发展。这种融合模式不仅为农民提供了更广阔的市场，也为消费者提供了更便捷、多样化的农产品选择。在电商快速发展的背景下，农业与电商的融合模式将继续发挥重要作用，推动农业经济的进一步升级。

（二）农业与电商的挑战与缺点

农业与电商的结合在推动农业与服务业一体化的也面临着一系列挑战和存在一些缺点，这些问题可能在实践中限制了该模式的全面发展。农业与电商结合面临着数字鸿沟的挑战。虽然电商平台在城市地区得到广泛应用，但在一些偏远的农村地区，由于网络覆盖不足和数字素养水平相对较低，农民可能难以充分利用电商平台。这造成了城乡数字差异，使得部分农民无法享受到电商带来的便捷和效益。电商平台可能带来农产品价格波动的问题。

在电商平台上，农产品的价格可能受到市场供需关系和竞争因素的影响，出现波动。这使得农民的收入更加不稳定，增加了经济风险。电商平台的佣金和费用也可能对农产品的价格形成一定的挤压，降低了农民的盈利空间。农业与电商结合也可能导致农产品质量与安全问题。在电商平台上，农产品的质量和安全监管相对较为困难，存在一定的监管漏洞。这可能导致一些不法商家销售质量不合格、不安全的农产品，损害消费者权益，同时也影响了整个农产品市场的信誉。农业与电商结合还可能引发一些农业产业链的问题。在电商模式下，一些中小农业生产者可能因为与大型电商平台的交易模式不匹配而面临困境。电商平台为了提高效益，可能更倾向于与规模更大、产能更强的农业企业合作，导致一些小农户在市场竞争中较难立足，加剧了产业链中的不平等。电商模式可能加剧了一些农产品的包装与物流问题。为了适应电商平台的销售需求，一些农产品可能过度包装，增加了环境负担。物流过程中的运输和保鲜也可能面临一定的困难，导致一些农产品在运输过程中质量下降。

农业与电商的结合在推动农业与服务业一体化的过程中面临一系列挑战和缺点。需要综合考虑数字鸿沟、价格波动、质量与安全监管、产业链问题以及包装与物流等问题，以更好地引导农业与电商的融合发展，实现双方的可持续发展。

（三）农业与电商的适用范围和发展前景

农业与电商的融合是一种创新的发展模式，适用范围广泛，同时具有较为广泛的发展前景。这种融合不仅能够促进农产品的销售，也为服务业提供了更多的发展机遇，推动了农业与服务业一体化的深入发展。农业与电商的融合适用于农产品销售不便的偏远地区。传统的农产品销售受到地理位置的限制，而电商平台的普及使得农产品可以通过网络覆盖更广泛的区域。这种模式使得农产品不再受制于地理位置，为偏远地区的农民提供了更多的销售渠道，扩大了农业的市场范围。农业与电商的融合适用于提升农产品的品牌价值。通过电商平台，农产品可以进行品牌推广，展示产品的生产过程、质量标准等信息。这种透明度提升了消费者对于产品的信任度，使得农产品更容易树立品牌形象，提高了产品的附加值。农业与电商的融合适用于满足消费者对于绿色、有机农产品的需求。电商平台提供了一个方便的购物渠道，使得消费者更容易购买到自己需要的农产品。农业与电商的融合可以通过推广有机农业、绿色生产方式，满足现代消费者对于健康、环保的追求。农业与电商的融合适用于提高农产品的供应链效率。通过电商平台，农产品的生产者可以直接与消费者建立联系，省去了中间环节。这样不仅能够提高供应链的效率，减少产品的滞销风险，也使得农产品更快速地响应市场需求。农业与电商的融合在发展前景上具有广泛的潜力。

随着互联网的普及和电商平台的不断升级，农业与电商的合作将更为深入。这种模式不仅有助于农产品的销售，还为农民提供了更多的创业机会。电商平台也可以通过与服务业的合作，为消费者提供更全面的农产品购物体验。农业与电商的融合是一种适用范围广泛、前景广阔的发展模式。通过充分利用电商平台的优势，扩大农产品的市场影响力，提升产品的品牌价值，满足现代消费者的需求，提高供应链效率，这种融合不仅有助于农业与服务业的协同发展，也为农村地区的经济提供了新的增长点。

三、农业与文化创意的模式

（一）农业与文化创意的优势与特点

农业与文化创意的结合形成了独特的优势与特点，这种融合不仅为农业注入了新的发展动力，也推动了文化创意产业的繁荣。农业与文化创意的融合赋予了农产品更多的文化内涵。通过将文化元素融入农产品的生产、包装和推广过程中，农产品不再仅仅是一种简单的商品，更是一种具有独特文化价值的产品。这种文化赋予不仅提高了农产品的附加值，也为消费者提供了更为丰富的消费体验。农业与文化创意的结合推动了农村地区的文化传承和创新。通过挖掘本地的历史、传统、民俗等文化资源，农产品能够更好地融入当地文化特色，形成独特的文化品牌。这种注重文化传承的农业发展模式有助于保护和弘扬农村的传统文化，使文化资源成为农业发展的重要支撑。农业与文化创意的融合模式注重产品的设计和包装。通过设计独特的农产品包装，将文化元素巧妙融入其中，农产品不仅在视觉上更为吸引人，也在文化上与消费者建立更为深刻的情感连接。这种注重包装和设计的方式提高了农产品的市场吸引力，使得产品在竞争激烈的市场中更具竞争力。农业与文化创意的结合形成了丰富多彩的文化农业活动。通过举办文化节、农艺展示、传统手工艺品制作等活动，将农业和文化相结合，吸引了更多的游客和参与者。这不仅为农产品提供了更多的销售渠道，也为当地农村经济注入了新的活力。农业与文化创意的融合模式有助于提升农民的文化素养。通过参与文化创意农业项目，农民能够更深入地了解和体验当地的文化，提高自身的文化修养。这有助于培养农民的创新意识和文化创意能力，推动农业经济向着更为智慧和文化的方向发展。农业与文化创意的融合模式促进了乡村旅游业的繁荣。

通过打造富有文化特色的农业景区，吸引了更多游客前来参观和体验，推动了乡村旅游业的发展。这种融合模式使得农业不仅仅是生产和经济的手段，更成了吸引游客、传递文化的载体。农业与文化创意的结合形成了独特的优势与特点，为农业和文化创意产业的发展提供了新的契机。这种融合模式不仅推动了农产品的升级和市场化，也丰富了农村地区的文化内涵，为乡村振兴和文化传承注入了新的动力。在不断发展的过程中，农业与文化创意的融合将继续发挥积极作用，为农村经济和文化的繁荣创造更多可能。

（二）农业与文化创意的挑战与缺点

农业与文化创意的融合模式在推动农业与服务业一体化的也面临一系列挑战和存在一些缺点，这些问题可能在实践中限制了该模式的全面发展。农业与文化创意的结合面临着文化价值与商业价值的平衡难题。文化创意需要保持对农业传统文化的尊重和传承，但商业考量可能导致对农业文化的过度商业化。一些农产品可能被赋予过多的文化符号，使得其商业属性超过了文化传承的本质，降低了文化的真实性和深度。农业与文化创意的结合可能导致一些农产品价值的被夸大。为了满足文化创意市场的需求，一些农产品可能通过文化包装来吸引消费者，但这并不一定反映真实的农产品价值。这种夸大的文化包装可能导致消费者在购买时产生误导，降低了农产品的真实市场价值。农业与文化创意的结合可能面临文化传承的问题。一些文化创意产品可能在形式上引入了一些农业元素，但真正的文化传承却未能得到有效的保护和传承。这可能导致一些农业文化元素被过于表面化，失去了其深厚的历史和文化内涵。农业与文化创意的结合还可能引发一些地域文化的误导。在一些文化创意产品中，农业被赋予了一些特定地域的文化符号，但这并不一定与当地真实的农业文化相符。这可能导致文化误导，使得农产品的地域文化传承变得不真实，失去了真实的文化内涵。农业与文化创意的结合可能面临市场风险。文化创意市场较为敏感，受到消费趋势和文化潮流的影响较大。如果农业与文化创意的结合仅仅是跟风而动，而非真正地融入文化传承，就可能在市场变化中失去竞争力。农业与文化创意的结合在推动农业与服务业一体化的过程中面临一系列挑战和缺点。需要在保持文化传承的真实性和深度的平衡商业价值和文化价值的关系。农业与文化创意的结合应该追求真实的文化传承，而非过度商业化，以更好地促进农业与文化创意的融合发展，实现双方的可持续发展。

（三）农业与文化创意的适用范围和发展前景

农业与文化创意的融合是一种独特而富有前景的发展模式，适用范围广泛。这种融合不仅赋予农产品以文化内涵，也为服务业提供了更多的发展机遇，推动了农业与服务业一体化的深入发展。农业与文化创意的融合适用于拥有悠久历史和独特文化的地区。这些地区可以通过挖掘本地的历史、传统文化，赋予农产品更深层次的文化内涵。以当地传统手工艺、民俗文化为基础，通过农产品包装、营销等环节，使农产品融入地方文化，形成具有独特文化标识的产品。农业与文化创意的融合适用于推动乡村旅游和文化体验。通过在农村地区建设农庄、农家乐等文化创意场所，结合当地的自然景观和人文景观，吸引游客进行文化体验。这不仅能够促进农产品的销售，也为服务业提供了更多的发展机会，推动了农业与服务业的双向融合。农业与文化创意的融合适用于提升农产品的附加值。通过文化创意的设计、包装，农产品不仅仅是简单的食品，更是具有独特文化内涵的艺术品。这种提升附加值的方式不仅增加了产品的吸引力，也为农民创造了更多的收益。农业与文化创意的融合适用于满足现代消费者对绿色、有机、有文化底蕴产品的需求。现代消费者对于产品的追求不仅仅局限于食品的口感，更关注产品背后的文化内涵和生产方式。通过农业与文化创意的融合，农产品得以满足消费者对于身心健康和文化品位的追求。农业与文化创意的融合在发展前景上具有广泛潜力。

随着人们对于文化品位和个性化需求的提高，农产品与文化创意的结合将成为一种独具特色的市场趋势。这种模式不仅能够激发农产品的创新发展，也为农民提供了更多的创业机会，同时为服务业注入更多的文化元素。农业与文化创意的融合是一种适用范围广泛、具有前景广阔的发展模式。通过将农产品与地方文化融为一体，提升产品的文化价值，不仅有助于农业与服务业的协同发展，也为农村地区的文化振兴提供了新的动力。这种融合模式为农产品赋予了更多的内涵，为现代社会的文化需求和农业产业的可持续发展搭建了桥梁。

第二节　农业与服务业一体化发展的实践案例

一、德州地理与气候特点

德州市位于中国山东省中部，地理位置十分重要。该市地势较为平坦，地形总体呈现出开阔的特点。境内河流众多，主要有黄河、邵河、济南河等，水系发达，为当地农业和生活用水提供了便利条件。气候方面，德州市属于暖温带季风气候，四季分明。夏季炎热而湿润，冬季寒冷而干燥。由于地处内陆，受到大陆性气候的影响，温差较大。春季风和秋季风的交替影响了该市的降水分布，使得降水较为集中在夏季，冬季较为干燥。德州市土壤肥沃，适宜农业发展。黄河流域的黄壤和黑土分布广泛，对于小麦、玉米等农作物的生长具有良好的支持作用。农业是该市的支柱产业之一，以小麦、玉米、棉花等主要农产品为主。该市的地理条件也适宜水果、蔬菜等特色农产品的生产。德州市的地理位置使其成为交通枢纽。黄河穿境而过，为水路交通提供了便利，而临近济南、郑州等大城市，交通网络十分发达。公路、铁路等交通工具的便捷联通，有助于该市的商品流通和经济发展。除了农业，德州市也有丰富的矿产资源。境内煤炭、铁矿等矿藏丰富，这为当地的工业和能源供给提供了有力支持。这也使得德州市在工业化进程中具备了一定的基础，德州市地理特点显著，地势平坦、气候适宜，为农业、工业等多个领域的发展提供了有力的条件。境内丰富的自然资源，使其在经济和社会发展中具备了独特的优势。

二、德州农业产业概览

德州市农业产业的概览反映了该地区的农业发展现状和特点。德州市地处中国山东省中西部，其农业产业在地理、气候等多方面条件的影响下呈现出独特的面貌。从农业种植方面来看，德州市拥有丰富的农田资源，主要种植粮食作物、油料作物、蔬菜等。在粮食方面，小麦、玉米、大豆等是主要的种植品种，为满足当地居民的主食需求提供了坚实的基础。德州市还注重油料作物的种植，包括花生、油菜籽等，为油脂生产提供了丰富的原料。在果蔬种植方面，德州市的气候条件适宜水果蔬菜的生长，使得这一产业得以蓬勃发展。苹果、梨、葡萄等水果在该地区得到广泛种植，提供了多样化的水果产品。蔬菜方面，番茄、黄瓜、白菜等常见的蔬菜品种也在德州市占有一席之地，满足了居民对于膳食的需求。畜牧业方面，德州市以牛羊养殖为主，同时兼顾家禽养殖。畜牧业在提供肉类、奶制品等方面发挥了重要作用。优良的草原资源为牲畜提供了充足的食物，有利于养殖业的健康发展。德州市还注重家禽养殖，包括鸡、鸭等，为农产品多元化提供了支持。农业服务业在德州市也得到了逐渐发展。农业机械化的推进使得农业生产更加高效，农民逐渐采用先进的农业技术和机械设备。农业科技的推广为农民提供了更多的农业信息和技术支持，有助于提高农业生产水平。农业产业链的不断优化，包括农产品加工、物流等环节的发展，使得农业服务业的提升成为可能。德州市农业产业在充分利用当地资源的基础上，通过合理的种植结构、畜牧业发展和农业服务业的提升，构建了一个相对完整的农业产业体系。这一产业体系不仅为当地居民提供了丰富的食物，还为农民提供了增收的途径，促进了农村经济的繁荣。在未来，随着科技的不断发展和市场需求的变化，德州市农业产业将继续迎来新的发展机遇。

三、德州服务业发展现状

德州市服务业发展现状在近年来呈现出明显的积极趋势。服务业作为国民经济的重要组成部分，在德州市占据着日益重要的地位，为当地经济的快速增长提供了坚实支撑。德州市的金融服务业得到了显著发展。多家银行和金融机构在该市设有分支机构，金融服务网络逐渐完善。金融服务不仅满足了居民的日常需求，也为当地企业的融资提供了便利条件。金融服务的提升不仅促进了本地企业的发展，也吸引了更多的外来投资。德州市的商贸零售业也蓬勃发展。各类商场、超市、便利店等零售企业纷纷进驻，提供了多样化的商品和便捷的购物环境。

电子商务的崛起更是为德州市的商贸业注入了新的活力，推动了线上线下的融合发展。教育服务业在德州市同样取得了显著的进展。市内高等教育机构逐渐增多，吸引了大量学生和学者。培训机构、学前教育等多元化的教育服务也得到了广泛提升。教育服务的提升不仅提高了居民的文化素养，也为人才培养和科技创新提供了坚实基础。医疗卫生服务是服务业中的重要组成部分，而德州市在这方面也有了显著的改善。医疗机构的建设和医疗设备的更新升级，提高了医疗服务水平。社区卫生服务体系的建设，使得基层居民更加便捷地享受到医疗保健服务。餐饮旅游服务业是德州市另一亮点。

随着旅游业的兴盛，酒店、餐馆等服务设施得到了提升。德州市的地理特点和丰富的历史文化底蕴吸引了大量游客，推动了餐饮旅游服务业的繁荣。社区服务和居民生活服务也在不断丰富。社区活动、健身娱乐、家政服务等都成为服务业的重要组成部分，提升了居民的生活品质。德州市服务业的发展现状表现出多元、多层次的特点。金融、商贸、教育、医疗、餐饮旅游等领域都取得了显著进展，为当地居民提供了更加便捷、多元化的服务选择。服务业的繁荣不仅促进了经济的快速增长，也提升了城市的综合竞争力。

四、德州农业与服务业的关联性

德州农业与服务业之间存在着密切的关联性，这种关联性不仅在经济层面体现，还在社会和生态方面产生影响。农业与服务业的相互关系既体现在农业产业链的延伸和服务业的支持，也表现在生态平衡和社会和谐的推动。农业与服务业在产业链中形成了相互依存的关系。农业生产出的农产品需要通过服务业的加工、销售等环节进行流通，而服务业也需要依赖农业提供的原材料，形成了一个相互支持的产业链。

农产品的运输、加工、销售等环节都需要服务业的支持，而服务业的发展也依赖于农业提供的各类原材料。农业与服务业的深度融合推动了农业产业的升级。服务业的发展促进了农产品的品牌化和附加值的提高。通过建设农业科技示范基地、推广现代农业技术，服务业为农民提供了更多的技术支持和培训机会，提高了农业生产水平。农业与旅游、教育等服务业的结合也为农业产业链的优化提供了新的机遇，促进了农业的可持续发展。农业与服务业的关联性体现在农民收入和社会经济发展的互动。农业的繁荣带动了农村居民的收入增长，而服务业的发展则提供了更多的就业机会和创业机会。服务业的兴盛吸引了一部分农民转向非农业领域就业，增加了农民的收入来源，推动了农村社会经济的全面发展。农业与服务业的关联性还在于生态平衡和可持续发展。服务业的发展不仅提供了更多的农业科技支持，促进了农业的生态友好型发展，同时通过推动农业旅游、农产品的电商等方式，降低了农产品的运输成本，减少了能源消耗，有助于实现生态平衡。德州农业与服务业之间的关联性体现在经济、社会、生态等多个方面。两者相互促进、相互支持，形成了一个相对完整的发展体系。这种关联性不仅推动了农业产业的升级，也为农村社区提供了更多的发展机会，进一步实现了农业与服务业的有机融合。

五、德州农业与服务业的可持续发展

据了解，作为开展农业社会化服务的重要载体，为农服务中心建设分别列入近年德州市委一号文件和市政府工作要点，市、县财政每年列专项扶持资金 1000 余万元支持供销合作社建设农业社会化服务体系。

2021 年，德州市委组织部、市农业农村局、市供销合作社联合出台《关于深化土地托管服务促进村党组织领办合作社高质量发展的实施意见》。

2022 年 8 月，德州市委、市政府出台文件，将"农用地规模化经营"工作交由市农业农村局和市供销合作社负责。宁津县政府将打造好的 2 万亩"吨半粮"核心区交由供销合作社农服公司全托管服务。在党委、政府的支持下，截至目前，德州市社系统建设为农服务中心 70 处，仓储面积 26.7 万平方米，拥有大型农机设备 738 台套，植保无人机 195 架、日飞防能力 20 万余亩，粮食烘干机 89 台套、日烘干能力 1 万余吨，这些服务中心可满足农户各种托管需求。比如，齐河县胡官供销为农服务中心今年通过承担政府购买服务的方式，为 6 万亩小麦提供"一喷三防"服务；位于齐河县现代农业产业园综合服务中心的供销合作社农资仓库，面向 30 万亩粮食绿色高质高效创建核心区提供农资供应服务；齐河县潘店为农服务中心与潘店镇 7 个自然村签订协议，开展土地全托管服务……2022 年，德州市社系统"保姆式"全托管和"菜单式"半托管服务面积达826万亩次。经过长期探索，德州市社不断完善农业社会化服务体系，为小农户的农业生产提供了丰富选择。健全农民种粮收益保障机制农民是粮食生产的主体。保障国家粮食安全，必须千方百计保护好农民的种粮积极性，让他们种粮不吃亏、有钱挣、有奔头。如何实现农民增收和粮食丰收同步，是当前粮食生产面临的一个重要课题。调研团成员对此进行了深入探讨，大家一致认为，解好这道必答题，要着力健全农民种粮收益保障机制。从经营方式上，要聚焦关键薄弱环节，大力发展农业社会化服务，带动小农户提高种粮综合效益，为粮食生产提供坚实的组织保障。山东省供销合作社二级巡视员、总经济师姜晋光介绍："近年来，山东省供销合作社依托社属企业山东供销现代农业发展集团有限公司和山东供销农业服务集团股份有限公司，由省、市、县三级社参股成立县域农业社会化服务龙头企业，以村党支部领办农民合作社为基础，在全省范围内推广'土地股份合作＋全程托管服务'模式，探索'供销合作社＋村集体＋农户'的利益联结机制，共享种粮规模效应。"以德州为例，由村党支部牵头，引导农民自愿以土地经营权入股，村集体以农田水利设施、机动地、溢出土地等入股，组建土地股份合作社，打破地界，整合土地成方连片。省、市、县三级供销合作社组建的农服公司，与土地股份合作社签订协议，建立"保底收益＋盈余分红"的分配机制，扣除全部种植成本后，盈余部分按供销合作社农服公司、农民、村集体约定比例分红。

2022年，德州市社系统为190余个村服务全托管土地10.38万亩，年助力村集体增收1600余万元。山东省供销合作社系统在摸索中干、在实干中想，各地以不同形式将这种模式落地落实在德州平原县前曹为农服务中心，调研团成员被"职业农民合伙人"模式深深吸引。"职业农民负责所托管土地的全程服务及投资生产资料，农服公司负责统一提供农资供应、技术指导等系列服务，扣除所有生产成本后，最终收益由职业农民、土地合作社、中心分公司、服务中心按5：3：1：1分成。"负责人赵中锋讲述如何把调动农民种粮积极性和种粮收益结合起来。发展农田管理员是另一种种粮保障机制。在宁津县，供销合作社聘用当地种田能手、村干部等为田间管理员（每人负责 300 亩至 500 亩土地），划片负责田间管理等工作，并按"底薪＋产量"提成取酬，形成了农民、村集体和供销合作社三方稳定的利益联结机制，保障农民和村集体持续获益。"在农民自愿的前提下，逐步解决土地细碎化问题，必须以党建为引领，村集体是关键抓手。"乔方红认为，村集体熟悉农民情况，可以很好地将农民组织起来，把土地集中起来，再交给供销合作社这样专业的社会化服务组织，开展土地适度规模经营。"土地股份合作＋全程托管服务"模式在山东取得了经济效益与社会效益"双丰收"。在德州夏津，省市县三级供销合作社成立山东夏瑞农服公司，为新盛店等 3 个乡镇 17 个村 9700 亩土地提供全托管服务。

2022 年，新盛店镇宋里长屯村农民亩均收入 1110 元，村集体年增收 62.93 万元。这种模式一方面有效整合了区域间农业社会化服务资源，形成区域优势互补，并借助全省农业社会化服务体系建设，培养起一支懂技术、善经营的新型专业服务队伍，从资金、保险和销售三个环节打通了全产业链，带动农业实现高质量发展；通过发挥村党支部的组织优势，将"小田并大田"，为土地适度规模经营提供了基础，还增加了村集体收入，提升了村党支部的凝聚力、战斗力和服务力，巩固了党在农村的执政基础。探索可持续的农业社会化服务路径在德州，调研团成员看到，供销合作社以解决制约农业发展"种植投入成本高和劳动力成本高"的"两高"问题为切入点，以党建为引领，紧抓村集体这个关键环节，开展农业全产业链服务，积极融入"吨半粮"高标准农田建设，推动了小农户与现代农业发展有机衔接，切实将党中央的要求落到实处。

随着农业生产成本不断攀升，如何实现农业社会化服务的可持续性成为调研团成员探讨的热点话题。"小农户与现代农业有效衔接还存在一定距离，农业社会化服务要走集约化道路，供销合作社必须构建起省、市、县、基层四级联合发展的社会化服务体系。"山西省供销合作社农资处二级调研员赵志强表示。江西南昌市供销有限公司党支部副书记、总经理钱成亮也持有同样观点："创新农业社会化服务的组织体系和服务机制，要从顶层设计、省市县（区）三级联动、建立抵御风险的保障机制三方面推进。"德州市在农业与服务业一体化方面积累了一系列成功经验和一些不足之处。其成功之处主要表现在农业生产的科技创新、产业链的升级以及农民收入的提高。在科技创新方面，德州市通过引入精准农业技术和数字化转型手段，实现了农业生产的智能化和高效化。这不仅提升了农业生产效率，还减少了资源浪费，实现了可持续农业生产。科技的不断应用为农业提供了新的增长点，推动了农业产业的发展。在产业链升级方面，德州市通过加强农产品的加工与销售环节，建立电商平台，拓展农产品的市场渠道。这种深度融合的方式使得农产品价值链得以延伸，提高了农产品的附加值。农业与旅游、教育等服务业的结合也促进了产业链的升级，为可持续发展提供了动力。通过发展农业旅游、教育培训等服务业，成功地实现了农业与服务业的有机结合，为农民提供了多元化的收入来源。这种模式不仅丰富了农村居民的生活，还提高了农民的经济水平，有助于构建一个更为和谐的农业社区。也存在一些不足之处。农业与服务业一体化中，仍然面临着资源利用不够合理的问题。在一些地区，农田的过度利用、水资源的浪费等问题尚未得到有效解决，需要更加关注资源的可持续利用。农业产业链中的某些环节仍然存在薄弱环节，影响了全产业链的稳定发展。农产品的加工环节仍需要进一步加强，提高产品附加值。农产品的物流配送体系也需要进一步完善，以确保农产品的快速、高效运输。服务业与农业一体化发展中，部分地区面临着服务业水平相对滞后的问题。

在旅游、教育等服务领域，一些农村地区的基础设施、服务水平有待提高，影响了服务的质量和可持续性。德州市农业与服务业一体化的成功经验在于科技创新、产业链的升级和服务业的发展。仍然需要关注资源合理利用、产业链各环节的完善以及服务业水平的提升等方面，以更好地实现农业与服务业的可持续发展。

第三节　农业与服务业一体化发展的趋势

一、当前农业与服务业一体化的发展趋势

（一）数字化科技引领农业与服务业一体化的新时代

数字化科技的迅猛发展为农业与服务业一体化开启了新时代，这一趋势不仅改变了农业与服务业的经营模式，也为提高效益、促进可持续发展提供了新的机遇。数字化科技的应用使农业生产更加精准高效。通过无人机、遥感技术等，农业生产者可以更精准地监测农田状况，实现精准施肥、精准灌溉，提高农业生产的效益。智能化的农业机械设备也大大提升了生产效率，减轻了农民的劳动负担，推动了农业现代化进程。数字化科技为农产品销售提供了更多的渠道和方式。

电商平台、农产品溯源系统等数字化工具使得农产品的销售更加便捷，可以通过线上平台直接与消费者进行对接。这一模式打破了传统的销售中间环节，提高了农产品的销售效率，同时也为农民提供了更广泛的市场机会。数字化科技的发展促使农业与服务业的深度融合。通过人工智能、大数据分析等技术，服务业可以更好地了解农业需求，为农业生产提供定制化服务。农业科技咨询、农业保险、农业金融等服务也通过数字化手段得以更好地整合，形成了更为完善的服务体系，促进了农业与服务业的有机结合。数字化科技的引领还带动了农村地区的数字化发展。通过推动数字化农村建设，提升了农村基础设施水平，促使农民更好地融入数字时代。数字化技术的应用也为农村居民提供了更多的社会服务，如远程医疗、在线教育等，提高了农村居民的生活品质。数字化科技的推动使得农业与服务业在可持续发展方面

取得更大进展。通过数字技术的应用，农业生产者能够更好地管理资源，减少浪费，推动绿色生产。服务业的数字化也促进了更加环保和可持续的服务模式，如电子化文件管理、线上会议等，减少了对环境的影响。数字化科技引领着农业与服务业一体化的新时代。数字化技术的广泛应用提升了农业生产效益，拓展了农产品销售渠道，促使农业与服务业更好地融合。数字化发展也助力农村地区的现代化建设，推动了农业与服务业在可持续发展方面的进步。

随着数字化科技的不断创新，农业与服务业一体化将在新时代迎来更多的机遇和挑战。

（二）绿色可持续发展成为农业与服务业一体化的主流方向

绿色可持续发展已经成为农业与服务业一体化的主流方向，这一趋势在全球范围内得到了广泛关注和推崇。农业与服务业的一体化通过推动绿色可持续发展，不仅促进了农业产业的升级和服务业的发展，还为整个社会提供了更加健康、环保和可持续的发展路径。绿色可持续发展在农业中的体现主要表现在绿色生产方式的推广和应用。通过引入有机农业、无农药、无化肥等绿色生产理念，农业生产逐渐摆脱了传统的高耗能、高排放模式，实现了资源利用的最优化。这种方式不仅保护了环境，减少了农业对自然资源的依赖，还提高了产品的品质，满足了现代消费者对于绿色、有机农产品的需求。农业与服务业的一体化推动了绿色农业科技的发展。通过引入现代信息技术、大数据分析等手段，农业生产变得更加科学、精准。智能农机的应用、农业物联网的建设，不仅提高了生产效率，也减少了资源浪费。这种技术驱动的绿色发展方式，不仅促进了农业与服务业的深度融合，也为整个农业生态系统的升级提供了支持。农业与服务业一体化强调了农产品的可追溯性和品质管理。通过建立全程追溯系统、实施标准化生产管理，确保农产品的质量和安全，提高了产品的附加值。这种质量管理的绿色发展方式，不仅有助于农产品的市场竞争力，也提高了消费者对于农产品的信任度，促进了服务业的健康发展。农业与服务业一体化通过农村旅游、乡村体验等形式，推动了农业的多元化发展。通过文化创意、体验式农业等方式，吸引游客参与农村活动，提高了农业的综合效益。这种以绿色可持续发展为导向的农业与服务业一体化模式，不仅为农民创造了更多的收益，也促进了农业与服务业的良性互动。农业与服务业的一体化强调了社会责任与可持续性的共同追求。

企业通过参与社会公益、环保活动，推动社会责任的履行。服务业通过提供绿色服务、支持农业可持续发展，实现了经济效益与社会责任的有机结合。这种以绿色可持续发展为主导的农业与服务业一体化，构建了可持续社会发展的基础。绿色可持续发展已经成为农业与服务业一体化的主流方向。通过绿色生产方式的推广、农业科技的发展、质量管理的提升、多元化发展的推动以及社会责任的履行，农业与服务业实现了良性循环，为整个社会创造了更加健康、环保、可持续的发展格局。这种一体化模式不仅有利于产业的升级，也为经济社会的可持续发展提供了有力的支持。

（三）农业与服务业深度融合促进乡村振兴战略的实施

农业与服务业的深度融合是促进乡村振兴战略实施的关键一环。这种融合不仅丰富了乡村经济发展的路径，也为农村社区提供了更多的发展机遇，推动了乡村振兴战略向更加全面、多元的方向迈进。农业与服务业深度融合拓展了乡村经济的产业结构。传统上，农业是乡村的主要产业，但由于单一的经济模式，乡村经济面临着发展瓶颈。通过与服务业深度融合，乡村经济得以引入更多的服务业元素，形成多元化的产业结构。服务业的引入不仅提升了乡村产业的附加值，也为农民提供了更多的就业机会，促进了乡村经济的全面发展。农业与服务业深度融合拓展了农产品的销售渠道。服务业的介入使得农产品可以更便捷地进入市场，不再受限于传统的销售渠道。通过建设农产品电商平台，农民可以直接将产品销售给城市居民，实现了从生产到消费的一体化。这种融合拓展了农产品的销售渠道，提高了农产品的市场竞争力，也促进了乡村经济的繁荣。农业与服务业深度融合还注重了乡村旅游业的发展。通过挖掘农村自然风光、传统文化等资源，与服务业相结合，打造富有特色的乡村旅游景区。这种融合方式吸引了更多游客，为农村提供了旅游收入，也推动了当地手工艺品、美食等农产品的销售。乡村旅游成为乡村振兴的亮点，为乡村经济的多元发展注入了新的活力。农业与服务业深度融合注重了农民的培训和技能提升。服务业的引入往往需要农民具备更多的专业知识和技能。因此，通过开展培训课程，提升农民的综合素质，使其更好地适应服务业的发展需求。这有助于提高农民的收入水平，也增加了农民在乡村振兴中的参与感。农业与服务业深度融合推动了农村社区的基础设施建设。为了适应服务业的发展，乡村需要更完善的基础设施，如网络、交通、通信等。这种融合助力了乡村基础设施的改善，提高了乡村的发展潜力和吸引力，为乡村振兴提供了更为有力的支持。农业与服务业深度融合是乡村振兴战略实施的重要路径。这种融合不仅拓展了乡村经济的产业结构，也推动了农产品的多元化销售和乡村旅游业的繁荣。通过注重农民培训和基础设施建设，农业与服务业深度融合为乡村经济的可持续发展奠定了坚实基础。在未来的发展中，这种深度融合将继续为乡村振兴战略的成功实施提供有力支撑。

（四）全球化合作加速推动农业与服务业一体化的国际化发展

全球化合作对农业与服务业一体化的国际化发展起到了积极的推动作用。通过国际合作，农业与服务业能够更好地融入全球产业链，实现资源优化配置，促进互利共赢。这一趋势不仅推动了农业与服务业的国际化发展，也为全球经济的可持续增长提供了新的动力。全球化合作促使农产品的国际贸易更加便捷。通过建立国际贸易合作框架，农产品可以更顺畅地进入国际市场，满足不同国家和地区的需求。农业产品的跨境销售得到了便利，提高了农业生产者的市场准入门槛，也扩大了农产品的国际知名度。全球化合作推动了农业科技与服务的跨国交流与合作。不同国家和地区的科研机构、企业能够通过合作共享科技创新成果，推动农业科技的全球化发展。国际间的服务业也得以更好地整合，为农业提供全球性的专业服务，促进了农业与服务业的深度融合。全球化合作加速了农业价值链的国际化。农业生产过程中的各个环节，如种植、加工、销售等，能够通过全球化合作更好地协同发展。这使得农产品能够更好地融入全球价值链，提高了附加值，促进了农业的可持续发展。全球化合作也为服务业的国际化提供了机会。

随着国际贸易的不断增加，服务业在国际市场上的需求也在不断增长。通过国际合作，服务业可以更好地拓展海外市场，提供更多样化的服务。农业科技咨询、农产品物流、农业金融等服务通过国际化合作得以更好地拓展，满足了全球范围内的农业需求。全球化合作促进了农业与服务业的国际产业链的形成。不同国家和地区的优势资源能够通过合作共享，形成互补关系。这不仅提高了农业与服务业在全球产业链中的地位，也为各方带来了更多的发展机遇。全球化合作为农业与服务业一体化的国际化发展提供了有力支持。通过国际贸易、科技合作、服务业的国际化，农业与服务业得以更好地融入全球经济体系，实现共同繁荣。全球化合作为农业与服务业的国际化提供了更广阔的空间，也为解决全球性的农业和服务业问题提供了更为有效的途径。

二、未来农业与服务业一体化发展的方向和重点

（一）智能化农业的崛起与农业生产方式的转变

智能化农业的崛起标志着农业生产方式的深刻转变。

随着科技的不断进步，智能技术在农业领域得到广泛应用，推动了农业与服务业的更紧密融合。这一趋势不仅提高了农业生产效率，还为服务业创造了新的商机，推动了农业与服务业一体化的发展。智能化农业的崛起引领了农业生产方式的升级。传统的农业生产方式通常依赖于人力劳动，效率低下且受制于天气等自然因素。而智能技术的应用，如智能农机、无人机、传感器等，使得农业生产更为智能化、自动化。这种转变不仅提高了生产效率，也减轻了农民的劳动负担，推动了农业生产方式的现代化。智能化农业的崛

起推动了农业科技的发展。通过智能化技术的应用，农业领域得以实现数据的精准采集、分析和应用。大数据、人工智能等技术为农业提供了更多的决策支持，帮助农民更好地管理土地、作物和动物。这种科技的崛起不仅提高了农业生产效益，也为服务业提供了更多的发展机遇。智能化农业的崛起带动了农业生态系统的升级。通过智能技术的引入，农业生产可以更好地实现资源的合理利用和环境的保护。精准施肥、智能灌溉等技术的应用，降低了化肥和水资源的浪费，减少了对环境的负面影响。这种生态友好型的生产方式不仅提高了农产品的质量，也符合了现代社会对于绿色可持续发展的要求。智能化农业的崛起促进了农业与服务业的深度融合。智能技术的应用使得农产品更容易与市场、消费者产生联系。通过智能化的营销渠道、电商平台等，农产品的销售得以拓展，为服务业提供了更多的发展机遇。这种融合不仅促进了农业产业链的延伸，也提高了服务业的附加值。智能化农业的崛起改变了农民的生活方式。通过智能技术的运用，农民可以更好地管理农业生产，提高生产效益。智能技术的普及也使得农村地区的信息化水平提高，改善了农民的生活条件。这种生活方式的转变不仅提高了农民的生活水平，也为服务业提供了更广阔的市场。智能化农业的崛起推动了农业与服务业的深度融合，标志着农业生产方式的现代化转变。通过智能技术的应用，农业不仅提高了生产效率、科技含量，还为服务业创造了新的商机。这一趋势将不断推动农业与服务业的一体化发展，为农村地区的经济振兴和可持续发展提供了新的动力。

（二）可持续农业与服务的融合发展

可持续农业与服务的融合发展是当前农业经济和社会服务的一种创新模式，旨在实现农业的长期可持续发展并提供更全面的服务。这种融合将农业与服务业有机结合，以促进农业生产的环保、经济和社会效益，同时为农民和社会提供更多的服务。可持续农业与服务的融合推动了农业生产的绿色转型。通过引入先进的农业技术和管理方法，减少化肥农药的使用，提倡有机农业和生态农业，降低农业对环境的负面影响。这种绿色转型有助于保护生态系统，减缓土地退化和减少水资源污染，为农业的可持续发展奠定了基础。可持续农业与服务的融合模式强调农产品的品质和食品安全。通过建立农产品溯源系统，提高产品的质量和安全标准，增强消费者对农产品的信任感。这不仅有利于提升农产品的市场竞争力，也为消费者提供更安全、健康的食品选择。这种融合还推动了农业社区的社会服务。通过建立农业社区服务中心，为农民提供医疗、教育、文化娱乐等多方面的服务。这有助于改善农村社区的基础设施，提高居民的生活水平，促进农村社区的全面发展。可持续农业与服务的融合模式注重农民的技能培训和知识传递。通过向农民提供先进的农业技术培训，提高其生产和管理水平。

通过建立农业科技推广体系，将先进的科技知识传递到农民中间，促使农业生产更加智能化、高效化。可持续农业与服务的融合推动了农产品的全产业链发展。通过建立农业产业园区，整合生产、加工、销售等环节，形成完整的产业链。这有助于提高产业附加值，推动农产品由传统农业向产业化、品牌化发展。可持续农业与服务的融合还注重农民参与决策的机会。通过建立农业合作社和农民合作组织，使农民更多地参与到农业生产和管理的决策中，增强了农民的归属感和责任心可持续农业与服务的融合模式注重农业的国际合作。通过国际合作项目，引入国外先进的农业技术和管理经验，促进农业与服务的全球化发展。这有助于提升农业的国际竞争力，推动农产品的出口和国际合作。可持续农业与服务的融合发展是一种全面的农业创新模式，它涵盖了环境保护、社会服务、农业产业链发展、国际合作等多个方面。这种融合模式不仅为农业提供了可持续发展的路径，也为社会提供了更全面的服务。在未来的发展中，可持续农业与服务的深度融合将继续发挥其积极作用，推动农业经济和社会服务的共同进步。

（三）农业与服务业深度融合下的乡村振兴战略

农业与服务业的深度融合是乡村振兴战略的关键要素之一。这一融合将农业和服务业相互交融，推动了乡村经济的全面发展，实现了农村的繁荣与振兴。深度融合促进了农业生产的现代化。通过服务业的引入，农业得以借助现代科技手段提升生产效率。智能化农业机械设备、数据分析等技术为农业生产提供了更为精准和高效的工具。服务业的科技支持使农业生产步入现代化轨道，提高了产出效益，推动了农业经济的健康发展。农业与服务业深度融合拓展了农产品的销售渠道。服务业的物流、电商平台等途径使得农产品更便捷地进入市场。乡村产品通过服务业的支持能够更灵活地满足市场需求，提高了农产品的市场竞争力。这为农村地区创造了更多的就业机会，促进了乡村经济的多元发展。农业与服务业的深度融合加强了农村社区建设。服务业的发展使得农村地区拥有更丰富的社会服务资源，包括教育、医疗、文化娱乐等。农民能够更方便地享受到服务业提供的各种社会服务，提升了农村居民的生活水平，也促进了农村社区的稳定发展。

深度融合还带动了农村旅游业的繁荣。通过服务业的支持，农村地区能够更好地展示本土文化、自然风光，吸引游客前来体验。农业与服务业的有机结合为农村地区创造了旅游产业的机会，为乡村振兴提供了新的经济增长点。农业与服务业的深度融合使得农民更加有机会参与产业链。服务业的发展为农民提供了更多的就业机会，例如农业科技咨询、物流运输等。农民通过参与服务业，不仅能够提升自身收入水平，还能够更好地融入现代化社会，推动农村地区的全面发展。农业与服务业深度融合是乡村振兴战略的核心。这一融合使农业生产更加现代化，拓宽了农产品的销售渠道，促进了农村社区建设，推动了农村旅游业的繁荣，为农民提供更多的就业机会，全面推动了乡村经济的振兴。深度融合不仅实现了农业与服务业的有机结合，也为乡村振兴注入了新的活力，推动了乡村经济的可持续发展。

（四）全球合作与国际化服务的拓展

全球合作与国际化服务的拓展是农业与服务业一体化的重要方向。

随着全球化的深入发展，各国之间的合作与交流日益密切，这为农业与服务业提供了更广阔的发展空间。国际化服务的拓展不仅促进了农产品的出口，也为服务业的发展提供了新的机遇。全球合作为农业提供了更多的市场机会。通过国际合作，农产品得以进入更多国家的市场，拓宽了销售渠道。国际市场的开拓不仅提高了农产品的竞争力，也为农业提供了更大的发展空间。国际市场的需求多样化，促使农产品进行差异化生产，提高了产品附加值。国际化服务的拓展推动了服务业的全球化发展。

随着信息技术的飞速发展，服务业得以在全球范围内提供更多的服务。农业咨询、技术培训、物流等服务可以通过互联网跨国提供，为全球农业提供更多的支持。这种国际化服务的拓展不仅促进了服务业的升级，也为农业提供了更专业、高效的支持。全球合作推动了农业科技的国际交流与创新。各国在农业科技领域的合作使得科研成果能够得到更广泛的应用，推动了农业科技的快速发展。各国在种植技术、畜牧业等方面的合作，为全球农业提供了更多的创新方案。这种国际科技创新的合作不仅促进了农业的可持续发展，也推动了服务业的技术进步。国际化服务的拓展加强了农业与服务业之间的协同发展。通过国际化服务的提供，服务业可以更好地满足农业的需求，提供更全面的支持。国际物流、市场营销、农业培训等服务为农业提供了更多的选择，提高了农业生产效益。这种协同发展不仅促进了农业与服务业的一体化，也提高了整个产业链的效益。全球合作与国际化服务的拓展促进了农业可持续发展。国际间的合作使得各国可以分享可持续发展的经验和技术，共同应对全球性的环境、气候变化等问题。农业可持续发展的合作不仅有助于提高农产品的品质和安全，也为服务业提供了更加可持续的发展路径。全球合作与国际化服务的拓展是农业与服务业一体化的重要推动力。通过国际市场的拓展、服务业的全球化发展、科技创新的国际合作、协同发展与可持续发展等方面的合作，农业与服务业实现了更紧密的结合，为全球农业的发展提供了新的动力。这种国际化服务的拓展不仅促进了各国之间的经济合作，也为农业与服务业的发展注入了更多的活力。

第六章　农业与服务业一体化发展的政策建议

第一节　完善政策法规体系

一、当前政策法规体系的不足

（一）政策缺失与不协调

政策缺失与不协调是当前农业与服务业一体化面临的一大问题。这种现象表现在政府制定、实施农业和服务业相关政策时出现的不足和不协调，阻碍了一体化发展的顺利进行。政策缺失表现在对农业和服务业一体化的关键领域缺乏明确和有效的政策支持。政府在农业和服务业的政策制定中往往偏向某一方面而对于二者的有机结合和协同发展缺乏全面的政策规划。这导致农业与服务业在一体化发展过程中面临诸多问题，如产业链的不畅、服务品质的不稳定等。政策不协调表现在农业和服务业领域的政策体系之间存在矛盾和冲突。农业和服务业受益于不同的政策体系，但这些体系之间却缺乏有效的协调机制。农业发展政策注重产量和质量，而服务业发展政策注重服务水平和市场竞争力，导致了两者在实际操作中的不协调和冲突。政策缺失和不协调还表现在对农业与服务业一体化中新兴业态的支持力度不足。

随着时代的发展，涌现出了一些新型的农业与服务业融合模式，如农业电商、乡村旅游等，但相关政策对于这些新兴业态的支持力度相对较弱。这限制了这些新兴业态的发展，阻碍了农业与服务业的创新和进步。政策缺失和不协调还表现在对农民和从业人员的培训和支持不足。农业与服务业一体化需要农民和从业人员具备更多的综合素质和技能，但政府对于相关培训和支持的力度相对较小。这导致了一些农民在新型业态中难以适应，也影响了一体化发展的速度和质量。政策缺失和不协调还表现在监管机制的不完善。农业与服务业一体化需要更加细致和灵活的监管机制，但目前的监管体系仍然较为僵化和片面。这导致一些新兴业态难以在合规的前提下发展，同时也容易出现一些违规行为，影响了整体发展的健康和有序。政策缺失和不协调是当前农业与服务业一体化发展面临的重要问题。为了推动一体化发展的顺利进行，政府需要加强对于农业与服务业的整体规划和政策制定，建立协调机制，注重新兴业态的支持，加强培训和监管机制的完善，以促进农业与服务业的有机结合和共同繁荣。

（二）法规体系滞后与科技发展不匹配

法规体系滞后与科技发展不匹配，是农业与服务业一体化中面临的一个严峻问题。法规的滞后和科技的快速发展之间的不匹配，给农业与服务业的融合带来了一系列的挑战，阻碍了这两个领域的协同发展。法规滞后使得农业与服务业在科技应用中面临障碍。由于法规的滞后，许多新兴的农业科技无法迅速在实践中得到应用。法规对于农业科技的监管不明确，缺乏相应的规范，这使得农业生产者在采用新技术时缺乏足够的法律依据和保障。这不仅限制了科技的创新发展，也阻碍了农业与服务业的深度融合。法规滞后影响了服务业在农村地区的拓展。由于法规的滞后，服务业在农村地区的投资和发展受到限制。缺乏明确的法规支持，服务业的企业难以在农村地区建立起稳定的业务体系。这使得农村地区的服务水平相对滞后，阻碍了农业与服务业的全面融合。法规滞后与科技发展不匹配可能导致农产品质量安全问题。

随着科技的发展，农业生产中使用的一些新技术和新材料可能涉及质量安全方面的问题。由于法规滞后，相关的监管体系无法及时跟上科技的发展

173

步伐，导致一些新兴技术在实践中可能带来潜在的安全隐患。这影响了农产品的质量与安全，也制约了农业与服务业的有机融合。法规滞后也可能导致农业与服务业一体化发展中的产权问题。新兴的农业科技和服务业模式可能涉及知识产权、数据产权等方面的问题，而法规体系未能及时规范和保护相关产权。这可能使得创新者在农业与服务业的发展中面临产权不清晰、保护不足的困境，阻碍了创新的动力。法规体系滞后与科技发展不匹配是农业与服务业一体化中的一个突出问题。解决这一问题需要加强法规的及时制定和修订，建立适应科技发展的监管体系，提高服务业在农村地区的投资吸引力，以促进农业与服务业的深度融合。只有通过法规体系的改革和科技发展的协同，农业与服务业才能更好地实现一体化发展，推动农村经济的全面振兴。

（三）地方性政策差异与不确定性

地方性政策差异与不确定性是农业与服务业一体化中需要面对的现实挑战。不同地区的政策差异和不确定性因素，直接影响了农业与服务业的发展模式、产业链整合以及市场竞争环境。在这种复杂的背景下，农业与服务业一体化需要更加灵活的战略应对，以适应地方性政策的多样性和不确定性的风险。地方性政策差异是农业与服务业一体化中的一大挑战。不同地区的政策法规存在较大差异，涉及农业生产、资源利用、环境保护等多个方面。这种差异可能导致企业在不同地区面临不同的政策限制和要求，增加了经营的复杂性。一些地区可能对于农业生产提供更多的扶持政策，而另一些地区可能更注重环境保护，对农业生产提出更高的标准。地方性政策的不确定性给农业与服务业带来了经营风险。政策的不确定性可能导致企业难以准确预测未来的发展方向，增加了经营的不确定性。政策的频繁调整、变化可能使得企业难以适应，增加了企业的运营成本。不确定的政策环境也可能使得投资者对于农业与服务业的投资产生顾虑，影响了行业的稳定发展。地方性政策的差异可能导致农业与服务业的发展不均衡。一些地区可能因为政策的支持力度大、优惠政策多而吸引更多的企业投资，形成发展的热点区域。而另一些地区可能因为政策限制、不够支持而发展缓慢，形成发展的滞后区域。这种不均衡发展可能导致资源的浪费和区域之间的差距扩大。地方性政策的不确定性也影响了企业的战略决策。企业在制定发展战略时需要考虑不同地区的政策环境，以及政策可能的变化。这种政策不确定性使得企业难以制定长期稳定的战略，更多地需要根据政策的变化进行灵活调整。这对于企业的规划和投资决策提出了更高的要求。地方性政策差异与不确定性需要政府、企业和社会各方共同努力应对。政府可以通过加强政策的协同性和一致性，减少地方性政策的差异。政府还可以提前沟通、透明化政策制定过程，减少政策的不确定性。企业可以通过加强政策研究和预测，制定更为灵活的战略，提高应对政策变化的能力。社会各方可以通过加强信息的共享和合作，形成更好的政策执行环境，推动农业与服务业一体化的可持续发展。地方性政策差异与不确定性是农业与服务业一体化面临的重要挑战。在这样的环境下，需要各方共同努力，通过政策的协同、企业的灵活战略、社会各方的合作，共同推动农业与服务业的健康发展。这种合作共赢的态势将有助于农业与服务业在不同地区实现更加平衡、可持续的发展。

（四）监管体系不完善与风险防范不足

监管体系不完善与风险防范不足是当前农业与服务业一体化发展中面临的重要问题。这种现象表现在监管机制存在漏洞、制度不完备，以及风险防范机制不够健全，给农业与服务业的健康发展带来了一系列挑战。监管体系不完善表现在监管职责不明确、执法力度不足。农业与服务业一体化涉及多个领域，包括农业生产、食品安全、服务品质等方面，但现有监管体系的划分不够清晰，导致监管职责交叉和责任不明。监管执法力度相对薄弱，一些不法行为难以及时发现和制止，给市场带来了不确定性和不稳定性。监管体系不完善表现在监管手段滞后、技术支持不足。

随着农业与服务业的不断发展，新兴业态和模式层出不穷，但监管手段相对滞后，无法及时适应新形势下的监管需求。对于农业电商、乡村旅游等新兴业务的监管手段和技术手段相对滞后，导致监管效果不佳，风险防范不足。监管体系不完善还表现在法规制度滞后、法律责任不清。一些农业与服务业一体化的新兴业态在法规制度方面存在空白，相关法律法规不够完备，导致一些问题无法明确法律责任，给市场主体带来了法律风险。缺乏明确的法律责任体系，也让一些不法分子有机可乘，危害了农业与服务业的健康发展。风险防范不足表现在对于风险的认知不够、防控手段不全。在农业与服务业一体化的发展中，存在着各种风险，如自然灾害、市场波动、疫情等。由于对于风险的认知不够深入，导致防范手段不够全面，风险事件的爆发给农业与服务业带来了巨大的冲击。风险防范不足表现在信息不对称、市场秩序混乱。一些农产品和服务信息不透明，消费者难以获取准确的信息，容易陷入信息不对称的困境。一些商家可能通过虚假宣传、欺诈手段获取利益，导致市场秩序混乱，损害了消费者的权益，也使得整个行业的信誉受损。风险防范不足还表现在危机应对不力、应急机制不完善。在面对突发事件或危机时，相关部门的危机应对机制相对滞后，缺乏有效的协调和应急措施。这使得一些风险事件扩大化，对农业与服务业造成了更大的损失。监管体系不完善与风险防范不足是当前农业与服务业一体化发展中亟待解决的问题。政府需要通过完善监管机制、提高监管效能，强化对新兴业态的监管，加强法规制度的建设，提高风险防范的能力，以确保农业与服务业一体化的健康有序发展，为行业的可持续发展创造良好的环境。

二、完善政策法规体系

（一）整合与协调相关政策

农业与服务业一体化的推进需要整合与协调相关政策，以形成有利于两者融合发展的政策体系。整合政策的目标是实现资源优化配置、促进生产要素的流动，协调政策则着眼于解决农业与服务业在发展中可能出现的矛盾和冲突，共同推动农业与服务业的有机结合。整合政策需要在农业与服务业一体化的战略层面进行规划。政府可以通过制定相关政策，明确支持农业与服务业的融合发展，强调两者在国家经济发展中的重要性。政策还应考虑到农村地区的特殊性，提供有针对性的支持，以促进农业与服务业的协同发展。需要整合农业和服务业的生产要素政策。这包括土地政策、财政政策、税收政策等。通过整合这些政策，可以更好地解决农业与服务业在生产要素上的匮乏和不平衡问题，促使两者的资源更加合理地配置，推动生产力的提升。在财政政策方面，可以采取激励措施，支持农业与服务业企业的发展。这包括税收减免、财政补贴等措施，以降低企业经营成本，增强其市场竞争力。通过资金的有序流动，也可以实现农业与服务业产业链的有效衔接。土地政策方面，可以推动土地资源的灵活利用，鼓励农业与服务业的合作。通过土地流转、农业园区建设等方式，实现农地的多元化利用，促进农业与服务业的有机衔接。这有助于提高土地资源的利用效率，推动农业与服务业的双赢发展。整合与协调政策还需要关注农业与服务业在市场准入和竞争环境中的公平性。通过制定公平竞争的相关政策，保障农业与服务业在市场上的公正竞争，避免因市场环境不公导致的资源分配不均衡问题。政府可以加强监管，打击不正当竞争行为，维护市场秩序，保护农业与服务业从业者的权益。协调政策方面，要注意解决农业与服务业在发展中可能产生的矛盾。在资源利用上可能存在的冲突，政府可以通过科学规划和引导，协调两者之间的资源分配，实现资源的互补共享。在市场需求上可能出现的不匹配，可以通过市场调查和政策引导，协调两者的产品与服务，更好地满足市场需求。整合与协调相关政策是农业与服务业一体化发展的基础。通过政策的整合，可以形成有力的支持体系，推动农业与服务业的深度融合，实现两者互为支撑、共同发展的目标。政府在制定这些政策时，应综合考虑农业与服务业的特点，有针对性地提供支持和引导，为农业与服务业一体化的顺利发展提供有力保障。

（二）政策及时修订与科技发展同步

政策的及时修订与科技发展的同步是推动农业与服务业一体化的关键因素。

随着社会经济的快速发展和科技的不断进步，农业与服务业面临着新的机遇和挑战。及时修订政策能够更好地适应新的发展需求，而科技的同步发展则为农业与服务业提供了更多的发展可能性。政策的及时修订有助于解决行业发展中的问题。

随着时代的变迁，农业与服务业面临的问题和需求也在不断变化。及时修订政策可以更好地反映实际情况，解决当前存在的问题。在农业生产中可能出现的新的环境保护要求、市场准入标准等问题，需要政策及时作出相应的调整，以促进行业的健康发展。政策的及时修订能够提高政策的前瞻性和灵活性。

随着科技的发展和社会的变革，政策需要具备较强的前瞻性，能够预测未来可能发生的变化，并提前进行相应的调整。政策的灵活性也很重要，能够在需要时迅速作出相应的调整。这样的政策特点有助于更好地适应农业与服务业的快速发展和变化。政策的及时修订为农业与服务业提供了更多的发展机遇。通过及时调整政策，政府可以为农业与服务业提供更加宽松的政策环境，鼓励企业进行创新和投资。鼓励农业科技的研发、推动服务业的数字化转型等政策，能够为行业创造更多的发展机遇，提高整体产业水平。科技的同步发展对农业与服务业的一体化提供了强有力的支持。

随着科技的不断进步，农业生产和服务业的模式得以升级。智能农机的应用、数字化的服务模式等，都为农业与服务业的融合提供了更多的可能性。政府可以通过鼓励科技创新、提供技术支持等方式，促使科技与行业的发展同步进行。政策的及时修订与科技的同步发展有助于构建良好的产业生态系统。政策的完善能够为产业提供有力的制度支持，而科技的发展则为产业提供更高效、更智能的生产方式和服务模式。这种产业生态系统的构建有助于促进农业与服务业之间的深度融合，形成良性的循环发展。政策的及时修订与科技发展的同步是推动农业与服务业一体化发展的关键因素。政策的灵活性和前瞻性能够更好地适应行业的变化和需求，为产业提供更多的发展机遇。科技的同步发展则为产业提供了更多的技术支持和创新动力。政策与科技的协同发展将有助于农业与服务业实现更加健康、可持续的发展。

（三）推动地方政策协同与稳定

推动地方政策协同与稳定农业与服务业一体化是当前发展的重要任务。在这一过程中，地方政府扮演着关键的角色，需要加强政策协同、保持政策的稳定性，以促进农业与服务业的有机融合和共同发展。地方政府需要加强不同政策领域之间的协同。农业与服务业一体化涉及多个领域，包括农业、服务、产业等多个层面，需要各个相关政策之间的协同配合。地方政府应通过建立政策协同机制，加强各部门之间的信息共享和沟通，形成协同作战的局面，以确保政策的一致性和协同性。地方政府需要保持政策的稳定性。农业与服务业一体化需要长期的政策支持和稳定的发展环境。地方政府应避免频繁调整相关政策，减少不确定性，给企业和从业者提供稳定的政策预期。这有助于提高市场主体的信心，促进投资和创新，推动一体化发展取得更好的效果。在政策协同和稳定性的基础上，地方政府还需强化对于新兴业态和创新模式的支持。

随着时代的发展，涌现出了一些新兴的农业与服务业融合模式，如农业电商、乡村旅游等。地方政府应积极出台支持政策，为这些新兴业态提供更加优惠的发展条件，推动创新和产业的蓬勃发展。地方政府还需促进农业与服务业之间的深度合作。通过建立农业产业园区、服务业扶持基金等机制，鼓励农业与服务业在产业链上更加深度融合，形成互补互利的发展格局。这有助于提高农业产业附加值，推动产业的升级和转型。地方政府还需强化对农业与服务业一体化中新型业态的培育和孵化。通过创业创新基地、科技园区等平台，为农业与服务业创新创业提供更多的支持。这有助于培养一批具有竞争力的新兴企业，推动农业与服务业的可持续发展。地方政府应积极响应市场需求，不断优化服务环境。通过简化审批手续、优化税收政策、提供更加便捷的服务，为农业与服务业的发展创造更加良好的营商环境。这有助于吸引更多的投资和人才，推动一体化发展取得更好的经济和社会效益。地方政府在推动农业与服务业一体化发展中扮演着至关重要的角色。通过加强政策协同、保持政策的稳定性，支持新兴业态的发展，促进农业与服务业的深度合作和创新创业，地方政府可以为农业与服务业的一体化发展提供有力的支持，推动经济的协同发展。

（四）强化监管体系与风险防范机制

强化监管体系与风险防范机制对于农业与服务业一体化的顺利发展至关重要。监管体系的强化有助于规范两者的合作与交流，确保在一体化过程中不出现违规行为。风险防范机制的建立能够有效应对可能出现的各类风险，保障农业与服务业的可持续发展。在监管体系方面，政府应建立健全的法律法规体系，明确农业与服务业一体化的发展方向和原则。相关监管机构要加强对农业与服务业的监管力度，确保市场秩序的正常运行。通过建立科学、透明、高效的监管机制，防范可能出现的不合规行为，提升整个农业与服务业一体化的可行性。在土地利用方面，要建立健全土地监管体系，加强对土地流转的监督和管理。确保土地资源的合理利用，防范非法占用和乱占乱用现象。监管机构要加强对农业园区的规划和建设管理，保障农业与服务业在土地利用上的合法性和合理性。监管体系还需要强调对农产品质量和安全的监管。建立完善的农产品质量检测体系，确保农产品的质量安全符合国家标准。对于农产品生产和流通环节中的问题，监管机构要进行及时调查和处理，维护农产品市场的公平竞争环境。在服务业方面，政府应强化对服务业的监管，确保服务业在农村地区的发展不受到违规经营和不正当竞争的干扰。建立服务业从业者的资格准入机制，加强对服务业从业人员的培训和管理，提升服务业的专业水平。监管机构要及时处理服务业中可能出现的不规范行为，保护农民和服务业从业者的合法权益。在风险防范方面，政府需要建立健全的风险评估体系。对农业与服务业一体化过程中可能出现的各类风险进行科学评估，提前预警，并制定相应的风险防范措施。这包括市场风险、技术风险、自然灾害风险等各方面的综合考虑，以确保农业与服务业的可持续发展。建立风险防范机制还需要注重信息共享与沟通。各级政府、监管机构、企业和农民之间要建立起畅通的信息渠道，及时交流有关风险信息。这有助于形成共同应对风险的合力，保障农业与服务业在发展过程中不受重大风险的侵害。强化监管体系与风险防范机制是农业与服务业一体化发展的重要保障。通过建立健全的法规体系、强化监管力度、进行风险评估和防范，可以有效提升农业与服务业一体化的可行性和稳定性。政府、监管机构和企业应密切合作，共同推动监管体系与风险防范机制的不断完善，为农业与服务业一体化的健康发展提供坚实的保障。

第二节　加强基础设施建设

一、加强农村基础设施建设

（一）交通基础设施

加强农村基础设施建设与交通基础设施的提升是推动农业与服务业一体化发展的关键举措。农村基础设施建设的完善和交通基础设施的加强相辅相成，共同为农业与服务业提供了更好的发展条件，推动了城乡一体化发展。农村基础设施建设的加强为农业提供了更好的生产环境。农村基础设施包括农田水利、农村电力、通信网络等，这些基础设施的完善能够提高农业生产的效益。农田水利工程的建设有助于解决农田灌溉问题，提高农田的耕地利用率；农村电力的普及能够推动农业机械化，提高生产效率。这些基础设施的加强为农业提供了更加稳定、高效的生产条件。交通基础设施的提升促进了农产品的流通和市场拓展。良好的交通基础设施能够缩短城乡之间的距离，加快农产品从农村到城市的运输速度。交通便利的公路和铁路网络使得农产品能够更迅速地进入城市市场，提高了农产品的销售效率。这种交通基础设施的提升为农业提供了更广阔的市场空间，促进了农业的发展。农村基础设施建设和交通基础设施的加强为农业与服务业的融合提供了有力支持。在农村基础设施的完善下，服务业可以更好地为农业提供支持，例如农业技术咨询、农业培训等服务。而交通基础设施的提升则使得服务业能够更便捷地进入农村地区，推动了服务业向农村的拓展。这种融合促进了农业与服务业的深度合作，形成了良好的产业链。农村基础设施建设和交通基础设施的加强也为农村就业创业提供了更多机会。良好的基础设施环境有助于吸引更多的企业进驻农村，创造更多的就业机会。

在交通便利的条件下，农村可以发展农业旅游、乡村民宿等服务业，提高农民的收入水平。这种基础设施的加强促使农村实现了产业结构的升级，推动了农业与服务业的有机融合。农业与服务业一体化的推动需要农村基础设施建设和交通基础设施的双重支持。农村基础设施的完善提高了农业的生产效益，促进了农产品的供给；而交通基础设施的提升则加速了农产品的流通，推动了农产品的市场拓展。农业与服务业在这样的基础设施支持下，能够更好地实现一体化发展，推动了农村经济的全面提升。

（二）水利基础设施

水利基础设施在农村基础设施建设中具有重要的作用，对农业与服务业一体化的顺利发展起到关键性支撑作用。强化水利基础设施建设不仅能够提高农业生产的效益，还为服务业的发展创造了良好的基础条件。水利基础设施的强化有助于提高农业生产的稳定性。良好的水利条件是农业发展的基础，能够有效缓解农业生产中的水资源短缺问题。通过建设灌溉系统、水库、水井等水利设施，提高土地的灌溉率，使得农田能够及时得到足够的水分供应。

这有助于减轻农业因水源不足而导致的生产波动，提高农业产出的稳定性，为服务业提供了可靠的农产品供应基础。水利基础设施的加强能够改善农村生活环境，促进服务业的发展。良好的水利条件为农村提供了清洁、充足的饮用水，提高了农民的生活水平。这为服务业的发展提供了广阔的市场需求。水利基础设施的改善可以促进农村旅游业的发展，吸引更多的游客前来体验农村生活。提供优质的水源也为服务业提供了更好的发展条件，如农村餐饮、休闲娱乐等服务业的兴起。

水利基础设施的加强对农业生产方式的改进具有积极作用。通过建设现代化的水利工程，农业生产可以更加科学合理地进行。精准灌溉系统可以根据作物需水量进行精确供水，提高水资源的利用效率。这有助于农业生产的规模化、智能化发展，为服务业提供更多的就业机会和发展空间。水利基础设施的完善还能够提高农产品的品质和产量。充足的灌溉水源和灵活的水资源调配可以使农田得到更好的水分供应，促进农作物的生长。这对于提高农产品的产量和品质至关重要。良好的水利条件也能够有效预防干旱等自然灾害对农业产出的不利影响，增加农产品的稳定供应。水利基础设施在农业与服务业一体化中具有重要的战略地位。通过加强水利基础设施建设，不仅能够提高农业生产的效益和可持续性，还为服务业的发展创造了有利条件。政府和社会应共同努力，投入更多的资源和精力，推动水利基础设施的加强，实现农村基础设施的全面提升，为农业与服务业的一体化发展奠定坚实基础。

二、提高农村信息水平

（一）推广信息技术

信息技术的推广对于提高农村信息水平以及促进农业与服务业的一体化发展具有重要意义。信息技术的应用可以加速信息传播，提升农村居民对于农业与服务业的了解和参与度，进而推动两者的深度融合。信息技术的推广能够拓宽农村居民获取信息的途径。通过智能手机、互联网等信息技术工具的推广应用，农村居民可以更便捷地获取有关农业和服务业的信息。这不仅包括农业生产的相关知识，还包括服务业的发展动态、市场需求等信息。信息的畅通更加有助于农村居民更全面地了解农业与服务业的现状，为其提供更多参与的机会。信息技术的普及提升了农业生产的科技水平。农业生产中的信息技术应用包括农业物联网、智能化设备等，可以提高农业生产的效率和产量。农业无人机可以用于农田巡查和作物监测，精准农业技术可以根据作物需求进行精准施肥和灌溉。这些信息技术的应用不仅提高了农业生产的科技水平，也为服务业提供了更多的发展机会，如农业科技服务、数据分析服务等。信息技术的推广推动了农产品的电子商务发展。通过电子商务平台，农村居民可以直接参与到农产品的销售中。这不仅促进了农产品的流通，也为服务业提供了新的拓展渠道。

农产品的电子商务销售可以促使服务业提供更多的增值服务，如农产品物流、市场营销服务等，推动农业与服务业的深度融合。信息技术的推广还促进了农村金融服务的创新。通过智能手机等终端设备，农村居民可以更方便地使用金融服务，如农业保险、小额信贷等。这为农业生产和服务业提供了更灵活、更便捷的金融支持，推动了两者的协同发展。信息技术的推广为农村居民提供了学习和培训的机会。通过在线课程、远程培训等形式，农村居民可以获取到农业和服务业相关的知识，提高自身素质和技能。这为农业和服务业的发展提供了更多的人才支持，促进了两者的良性循环。信息技术的推广对于农村信息水平的提高和农业与服务业的一体化发展有着积极的促进作用。通过拓宽信息获取途径、提升农业科技水平、推动电子商务和金融服务的发展，信息技术为农村居民提供了更多参与农业与服务业发展的机会，促进了两者的深度融合。政府和社会应共同致力于信息技术的普及与推广，为农村的可持续发展和农业与服务业的一体化提供更有力的支持。

（二）农业信息服务

农业信息服务的提高对于农村信息水平的提升起到了至关重要的作用。

农业与服务业一体化的推动需要充分利用信息技术，通过农业信息服务，可以有效地促进农村的信息水平提高，推动农业与服务业更深层次的融合。农业信息服务为农民提供了及时、精准的农业信息。通过信息技术手段，可以将最新的农业科技、市场行情等信息传达给农民，使其能够更好地了解农业生产的新技术、新政策以及市场需求。这有助于农民科学决策、提高农业生产效益，同时也促使农民更好地参与市场经济。农业信息服务拓展了农村居民的信息获取渠道。通过互联网、移动通信等渠道，农村居民能够方便快捷地获取各类信息，包括农业知识、服务业信息等。这种信息的拓展不仅提高了农民的信息水平，也为服务业向农村拓展提供了更广阔的市场。农业信息服务为农村的农业生产提供了更好的技术支持。农业科技信息的传递使得农村居民能够了解到最新的农业科研成果和技术推广情况。这有助于引导农民采用更先进的农业生产技术，提高农产品的品质和产量。

服务业通过信息服务也能够更好地了解农村需求，为农民提供更为贴近实际的服务。农业信息服务为农村居民提供了创业创新的机会。通过了解市场信息、创新服务业模式等方面的信息，农村居民可以更好地把握商机，发掘和创造更多的创业机会。这对于促进农村的经济多元化发展，推动服务业向农村的延伸具有积极的作用。农业信息服务的提高促进了农村社区的互动与交流。农民通过信息服务更容易参与到农村社区的活动中，共享信息资源、交流经验。这种互动有助于形成更加紧密的农村社区网络，推动农业与服务业更好地融合，形成更有活力的农村社区。农业信息服务的提高对于农村信息水平的提升有着深远的影响。通过及时传递农业科技信息、丰富农村居民的信息获取渠道、提供技术支持、创业创新机会以及促进农村社区互动等方面，农业信息服务推动了农村居民的信息水平提高，为农业与服务业的一体化提供了有力支持。这样的发展势头将有助于农村经济的全面提升，促进农业与服务业更加紧密地融合发展。

（三）农村电商发展

农村电商的发展对提高农村信息水平和促进农业与服务业一体化具有重要意义。通过电商平台，农村居民可以更便捷地获取信息，同时也为农业产品的销售和服务的提供提供了更广阔的发展空间。农村电商的兴起拓宽了农民获取信息的途径。过去，由于交通不便、信息闭塞等原因，农村地区的居民难以获取及时准确的信息。而随着农村电商的发展，农产品的信息、市场行情等可以通过电商平台实现在线化，农民不再受制于地理位置和信息不对称，能够更方便地了解市场需求和价格动态，提高了农民的信息水平。农村电商的兴起为农产品的销售提供了更为便捷和广泛的渠道。通过电商平台，农民可以直接将产品推向市场，不再受制于传统的销售渠道和中间环节，提高了农产品的销售效率。

电商平台也为农产品提供了更广泛的市场覆盖，使得农民的产品能够更容易地走向全国甚至国际市场，为农业的发展提供了更多的机遇。农村电商的发展也为农业与服务业的一体化提供了新的契机。通过电商平台，农民不仅能够销售农产品，还可以提供农业观光、农家乐、农产品加工等服务，拓宽了服务业的领域。电商平台也为服务业提供了更广泛的宣传和推广平台，使得农村的服务业能够更好地融入农业产业链，形成良性循环。农村电商的发展还促进了农业生产方式的升级。通过电商平台，农民可以更灵活地根据市场需求调整农业生产的结构和规模，实现精准农业。农村电商也为农产品的品牌建设提供了更多的机会，通过线上销售和宣传，提高了农产品的知名度和美誉度。农村电商的兴起也为农村地区带来了更多的就业机会。农产品的电商平台需要一系列的从业人员，包括产品拍摄、宣传推广、订单处理等多个环节，为当地提供了更多的就业机会，推动了农村就业的发展，实现了农业与服务业的深度融合。农村电商的发展在提高农村信息水平、促进农业与服务业一体化方面发挥了积极作用。通过电商平台，农民能够更便捷地获取信息，实现农产品的线上销售，为服务业的发展提供了新的机遇。农村电商不仅为农业带来了新的发展机遇，也为农村居民提供了更多的就业和创业机会，为农村的全面发展创造了良好的条件。

三、农村基础设施和信息水平的协同发展

（一）整体规划

农村基础设施和信息水平的协同发展是实现农业与服务业一体化的关键。通过整体规划，能够在基础设施和信息水平上实现有机结合，促进农村的可持续发展，推动农业与服务业的深度融合。基础设施建设要与信息水平提升相互配套。在农村基础设施规划中，需要充分考虑信息技术的应用。在农田灌溉系统的设计中可以结合智能化技术，实现远程监控和自动化操作。村庄道路的建设也可以考虑引入数字化导航系统，提高交通效率。通过基础设施和信息技术的协同发展，不仅能够提高农业生产的效率，还为服务业提供了更好的发展环境。整体规划应注重基础设施和信息水平的平衡发展。在基础设施建设中，要考虑到不同区域的特殊性和需求，确保基础设施的均衡发展。

信息水平的提升也需要关注农村居民的实际情况，提供适用的培训和支持。通过平衡发展，可以实现农村不同地区和层次之间的互补，推动整个农业与服务业的协同发展。整体规划需要重视农业生产和服务业发展的互动性。基础设施的建设要以服务农业和服务业的需求为导向，满足其生产和发展的实际需要。发展农业生产需要稳定的供水和灌溉设施，而服务业发展可能需要更加便捷的交通和通信设施。通过明确需求，能够更有针对性地规划基础设施，促进农业与服务业的互动融合。整体规划还需要注重信息水平提升对于农业和服务业的支撑作用。在信息水平提升中，要加强对农村居民的培训，提高其信息获取和利用的能力。培养农民对于农业新技术和市场信息的敏感度，有助于他们更好地参与农业与服务业的一体化发展。要推动服务业的数字化转型，提供更多的在线服务，以满足农村居民的多样化需求。整体规划

要考虑到农村文化和社会环境的特点。在基础设施建设和信息水平提升中，要尊重农村的传统文化和社区生活方式，避免对农村社会结构和生态环境的不良影响。通过充分考虑文化差异，能够更好地融入基础设施和信息水平提升的规划中，实现农村的可持续发展。整体规划农村基础设施和信息水平的协同发展是实现农业与服务业一体化的必要手段。通过合理规划基础设施，提升信息水平，平衡发展不同区域和层次，促进农业和服务业的互动融合，可以为农村的全面发展奠定坚实基础，推动农业与服务业的一体化发展取得更为显著的成果。

（二）农村公共服务

农村公共服务、基础设施和信息水平的协同发展是推动农业与服务业一体化不可或缺的重要因素。这种协同发展旨在通过公共服务的提升、基础设施的完善和信息水平的提高，促进农村的全面发展，推动农业与服务业更加深度地融合。农村公共服务的提升为农业与服务业的一体化提供了更为全面的支持。公共服务包括教育、医疗、文化等多个领域，这些服务的提升有助于改善农民的素质和生活水平。提供更好的医疗服务能够保障农民的身体健康，提升了劳动力素质；优质的教育服务有助于培养更多的农村人才，提高了整体的人才水平。这种公共服务的提升为农业与服务业提供了更多的人才支持，推动了两者更加紧密地融合发展。农村基础设施的完善为农业与服务业提供了更好的生产和发展条件。基础设施包括道路、水利、电力、通信等方面，这些设施的完善有助于提高农业生产的效率和质量。畅通的交通网络能够加速农产品的流通，提高了市场的参与度；稳定的电力供应为农业生产提供了坚实的基础，推动了农产品的加工和农村工业的发展。这些基础设施的提升也为服务业的进一步发展创造了更好的条件，促使服务业更好地渗透到农村地区。信息水平的提高使农民更好地了解外界的信息，推动了农业与服务业的互动与合作。通过信息化手段，农民能够更加便捷地获取农业科技、市场信息等，提高了农业生产的科技水平和市场适应性。信息水平的提高也使得服务业更好地为农民提供精准的服务，例如农业技术咨询、电子商务等。这种信息的互通有助于促进农业与服务业更加深度的合作，形成了更为紧密的产业链。公共服务、基础设施和信息水平的协同发展有助于解决农村人口流失问题。通过提供更好的公共服务和基础设施，改善农村的生活条件，提升信息水平，可以吸引更多的农民留在农村，发展农村经济。这对于农业与服务业的一体化发展非常重要，因为有了足够的人口基础，才能够形成更为完善的产业链。农村公共服务、基础设施和信息水平的协同发展有助于推动农业与服务业向现代化发展。

公共服务的提升提高了农民的文化水平和社会素质，基础设施的完善提供了现代生产的基础条件，信息水平的提高使农村更好地融入现代社会。这种现代化的发展有助于农业与服务业更好地适应市场经济的要求，推动了两者更为深度的一体化发展。农村公共服务、基础设施和信息水平的协同发展是农业与服务业一体化发展的重要保障。这种协同发展促使农业和服务业更好地融合，为农村经济的全面提升提供了有力支持。这样的发展势头将有助于农业与服务业更为紧密地合作，形成良性循环，推动农村地区实现更好的经济发展。

（三）合作发展

农村基础设施和信息水平的协同发展是实现农业与服务业一体化的关键。这种合作发展能够在提高农村生产力的同时促进服务业的繁荣，为农民提供更好的生产和生活条件。基础设施的升级可以提高农村信息水平。农村基础设施包括交通、水利、能源等多个方面，而这些方面的升级对信息通信技术的发展至关重要。新一代的基础设施建设将为农村提供更加便捷和快速的网络连接，推动信息的流通和传播。这有助于农民更广泛地获取市场信息、天气预报、科技知识等，提高农村居民的信息水平。信息技术的发展也能够促进基础设施的智能化升级。通过信息技术的应用，可以实现对基础设施的实时监测、远程控制，提高了基础设施的运行效率和安全性。智能灌溉系统可以实现对农田灌溉的精确控制，减少浪费，提高水资源的利用率。这种基础设施与信息技术的协同发展不仅提高了农业生产的效益，也为服务业提供了更多的智能化解决方案，促进了一体化发展。合作发展农村基础设施和信息水平还能够提高农村服务业的质量和效率。

随着信息技术的发展，各类服务可以通过互联网平台进行提供，如在线教育、医疗服务、电子商务等。而这些服务的提供需要基础设施的支持，例如高速网络、电力供应等。基础设施和信息水平的协同发展将为农村服务业的发展创造更好的环境，提升服务水平，满足农村居民多样化的需求。基础设施和信息水平的协同发展还有助于推动农村产业升级。通过基础设施的提升，农村地区的交通、物流得以改善，有利于农产品的运输和销售。而信息技术的应用则可以推动农业生产方式的升级，提高产品的附加值。这种协同发展为农村的产业结构调整提供了动力，促使农村由传统农业向现代农业和服务业并重的方向发展。基础设施和信息水平的协同发展还能够推动农村居民的创业创新。

随着信息技术的进步，农民可以通过互联网平台直接参与电商、农产品加工等产业，实现自主创业。良好的基础设施也为农村创业提供了便利，如快速交通、可靠电力等。这种协同发展为农村居民提供了更多的就业机会，推动了农村创业创新的蓬勃发展。农村基础设施和信息水平的协同发展是农业与服务业一体化的关键路径。这种合作发展不仅提高了农民的信息水平，也为农业、服务业的发展提供了更广阔的空间。通过推动基础设施和信息技术的升级，可以实现农业与服务业的有机融合，促进农村地区的全面发展。

第三节　培育新型经营主体

一、培育新型农业经营主体

（一）新型农业经营主体的涌现与特点

新型农业经营主体的涌现是农业与服务业一体化的重要表现，其特点在于注重市场化运作、技术创新、产业融合等方面，为农村经济的发展和农业与服务业的深度融合提供了新的动力。新型农业经营主体注重市场化运作。传统农业以家庭农场和农户为主体，而新型农业经营主体更加注重市场需求，以市场为导向进行农业生产。他们更倾向于运用市场机制进行农产品的销售和价格形成，通过开发多元化的农产品经营模式，满足不同层次、不同领域的市场需求。这种市场化运作的特点有助于提高农产品的竞争力，推动服务业在农村的发展。新型农业经营主体注重技术创新。

随着科技的发展，新型农业经营主体更加关注先进的农业生产技术和管理方法。他们借助现代信息技术，采用智能化设备、无人机、大数据等技术手段，提高农业生产的效率和质量。通过技术创新，不仅提升了农产品的附加值，也为服务业的发展提供了技术支撑，促进了农业与服务业的深度融合。新型农业经营主体具有明显的产业融合特点。他们倾向于将农业与相关产业进行有机结合，形成产业链，实现农产品的多元化加工和增值。通过与服务业的产业融合，如农产品加工、农业旅游等，实现资源的共享和优势互补，促进了农业和服务业的协同发展。这种产业融合的特点为提高农产品的附加值和推动服务业的多元发展提供了有力支持。新型农业经营主体注重品牌塑造和营销。通过建设农业品牌，他们能够更好地吸引消费者，提高农产品的市场竞争力。通过互联网等现代营销手段，他们能够更广泛地传播品牌形象，

191

实现农产品的线上线下销售。这种注重品牌建设和营销的特点为农业与服务业的深度融合创造了更多的商机。新型农业经营主体的涌现具有市场化运作、技术创新、产业融合和品牌营销等特点。他们的出现为农业与服务业的一体化提供了新的动力和可能性。通过市场化运作，农业经营主体能够更好地适应市场需求；通过技术创新，提高农业生产效益；通过产业融合，实现资源共享和协同发展；通过品牌营销，推动农产品的市场竞争力。这些特点共同推动了农业与服务业的深度融合，为农村经济的发展注入了新的活力。

（二）政策扶持与新型农业经营主体的培育

政策扶持和新型农业经营主体的培育是促进农业与服务业一体化发展的重要动力。政策的支持为新型农业经营主体提供了良好的发展环境，推动了农业现代化和服务业的深度融合。政策扶持为新型农业经营主体提供了发展的政策保障。政府通过颁布农业扶持政策，包括财政资金支持、税收减免、信贷支持等多方面的政策来支持新型农业经营主体的发展。这些政策的出台为新型农业经营主体提供了经济上的支持，降低了其发展的成本，刺激了其积极性，推动了农业与服务业更深层次的融合。

政策扶持促进了农业结构的调整和优化。政府通过政策引导，鼓励农业向现代化、多元化的方向发展，推动了新型农业经营主体的涌现。这种农业结构的调整使得农业更加适应市场需求，与服务业更好地融合。政策扶持农业产业链的延伸，推动了农产品的深加工，为服务业提供了更多发展的机会。政策扶持有助于培育新型农业经营主体，提高其专业水平和管理水平。政府通过培训计划、科技支持等多种形式，为新型农业经营主体提供了培训和技术支持。这有助于提高农民的专业素养，使其更好地掌握现代农业技术，推动农业与服务业更为深度的合作。政策扶持还促使新型农业经营主体加强管理，提高经营效率，推动了农业与服务业的双向互动。政策扶持鼓励新型农业经营主体创新经营模式，拓宽农业产业链。政府通过激励创新的政策，引导新型农业经营主体开展农业与服务业的创新合作。政府鼓励农业与服务业融合发展的示范项目，为新型农业经营主体提供了试验的平台，促使其发展出更具市场竞争力的产品和服务。政策扶持推动了农村经济的全面提升。通过支持新型农业经营主体的发展，政府促使了农业现代化和服务业的共同发展。这种协同发展带动了农业产业的升级，拓宽了服务业的市场范围，为农村经济的多元化提供了有力支持。新型农业经营主体的培育使农业与服务业相互渗透，形成了更加紧密的产业链。政策扶持和新型农业经营主体的培育是农业与服务业一体化发展的关键推动力。政府的政策支持为新型农业经营主体提供了发展的政策保障，促使了农业结构的调整和优化，提高了新型农业经营主体的专业水平和管理水平，鼓励其创新经营模式，推动了农村经济的全面提升。这样的发展势头将有助于农业与服务业更加紧密地融合，为农村经济的可持续发展提供更为坚实的基础。

（三）技术创新与新型农业经营主体的成长

技术创新与新型农业经营主体的成长是农业与服务业一体化的重要推动力。通过引入新技术，培育新型农业经营主体，实现了农业的升级和服务业的拓展，为农村地区带来了全新的发展机遇。技术创新推动了农业生产方式的转型。新一代的农业技术，如智能农机、遥感技术、无人机等，改变了传统的人力密集型、低效率的农业生产方式。这些技术的应用提高了农业生产的精准性和效益，为农产品的生产提供了更高的品质和更可持续的发展模式。农业经营主体通过采用这些技术，提升了农业产值，推动了农业经济的增长。技术创新促进了农产品的加工和价值链的提升。新技术的应用使得农产品加工更加智能化和精细化，提高了农产品的附加值。

新型农业经营主体通过引进先进的加工技术，推动了农产品从原始生产到深加工的全产业链发展。这不仅增加了农产品的市场竞争力，也为服务业的发展提供了更多的空间，如农产品线上销售、农业观光等。技术创新还为新型农业经营主体提供了更多的经营模式选择。农业互联网的兴起使得农产品直接与消费者对接成为可能，新型农业经营主体可以通过在线平台建立直销渠道，消除中间环节，提高了农产品的销售效率。新技术的应用还为农业旅游、农产品体验等服务业模式的创新提供了基础，促使新型农业经营主体在服务业领域取得更多的突破。技术创新也助推了农业与服务业的深度融合。通过引入先进的信息技术，新型农业经营主体将农业生产与服务业相结合，如农业科普、农产品品牌推广等。技术创新使得服务业能够更好地服务于农业生产，提高了服务业的专业化水平，同时也为农业提供了更多的增值服务。技术创新对新型农业经营主体的培养和成长起到了积极的推动作用。通过培训和引导，新型农业经营主体能够更好地适应新技术的应用，提高农业经营的管理水平。技术创新的推动使得农业从业者更具创新意识，激发了其创业创新的潜力，推动了新型农业经营主体的成熟和壮大。技术创新与新型农业经营主体的成长相互促进，共同推动了农业与服务业的一体化发展。通过引入新技术，改变农业生产方式，提高农产品附加值，创新服务业模式，实现了农业与服务业的有机融合，为农村地区带来了更为广阔的发展前景。

二、促进农民专业合作社发展

（一）农民专业合作社的现状与潜力

农民专业合作社作为农业与服务业一体化的重要组成部分，其现状和潜力的探讨对于深入了解农村经济的发展和农业与服务业的融合具有重要意义。农民专业合作社的现状呈现出多元化的特点。

随着农业现代化的推进，农民专业合作社逐渐从传统的生产型合作社发展为涵盖生产、加工、销售等多个环节的综合性合作社。不同地区的合作社在产业布局和经营模式上存在差异，有的侧重粮食生产，有的专注于农产品加工，有的致力于农业旅游等服务业。这种多元化的现状为农村经济的发展提供了更多的选择和发展机会。农民专业合作社在技术创新上取得了显著进展。通过引入先进的生产技术和管理经验，合作社提升了农产品的品质和产量。智能化设备、远程监控系统等现代农业技术的应用，使得合作社的生产更加科学、高效。技术创新的推动不仅提高了农产品的附加值，也为服务业的发展提供了技术支持，促进了农业与服务业的深度融合。农民专业合作社在市场开拓和品牌建设方面取得了显著成果。通过整合农产品资源，合作社能够形成规模效应，提高产品的市场竞争力。通过品牌建设，一些合作社已经在市场上树立了良好的品牌形象，形成了一定的市场份额。这使得农产品能够更好地进入城市市场，为服务业提供了更广阔的发展空间。农民专业合作社在服务业方面也有着广泛的拓展。一些合作社通过发展农业旅游、农产品加工等服务业项目，实现了产业链的延伸。通过提供旅游服务、农产品深加工等服务，合作社为农村居民提供了更多的就业机会，促进了农村服务业的繁荣。农民专业合作社仍面临一些挑战，如规模不大、信息不对称、市场风险等问题。但这也是其潜力所在。通过加强合作社之间的协同合作、引入先进的管理和信息技术、加强市场开拓，农民专业合作社能够进一步释放其潜力，为农业与服务业的深度融合提供更为坚实的基础。农民专业合作社作为农业与服务业一体化的关键力量，其现状呈现多元化、技术创新和市场开拓的特点。在克服一些困难的农民专业合作社还有巨大的潜力可以挖掘，通过加强合作、技术创新和市场拓展，农民专业合作社有望在推动农业与服务业深度融合的过程中发挥更为重要的作用。

（二）政策支持与农民专业合作社的培育

政策支持与农民专业合作社的培育是推动农业与服务业一体化发展的重要驱动力。政策的支持为农民专业合作社提供了良好的发展环境，促进了农业现代化和服务业的深度融合。政策支持首先体现在财政资金的投入。政府通过资金扶持政策，为农民专业合作社提供了启动资金和运营资金。这有助于降低农民合作社的创业成本，激发农民的创业热情，推动了农业与服务业更深层次的合作。政策支持促进了农民专业合作社的法律地位和权益保障。政府通过颁布法规和政策，明确了农民专业合作社的法律地位，保障了其合法权益。这为农民专业合作社提供了更加稳固的法律基础，使其更加有信心投身到农业与服务业的深度合作中。政策支持还在税收方面给予了优惠政策。

对于农民专业合作社，政府通过减免税收、提供税收优惠等政策手段，降低了其负担，鼓励了农业与服务业的深度融合。这种税收优惠有助于提高农民专业合作社的盈利能力，促使其更加积极地参与服务业的发展。政策支持也体现在对农业与服务业深度融合创新项目的扶持。政府通过推动农业与服务业融合发展的创新项目，为农民专业合作社提供了示范和引导。政府支持农业产业链的延伸，推动农产品的深加工，为服务业提供更多发展的机会。这种项目扶持有助于农业与服务业更好地融合，创造出更多的合作机会。政策支持鼓励农民专业合作社采用先进的农业技术和管理模式。政府通过开展培训计划、科技支持等形式，提升农民专业合作社成员的专业素养，使其更好地掌握现代农业技术，推动了农业与服务业更为深度的合作。

政府的技术支持也有助于提高农业生产的效益，促进了服务业与农业更为紧密的协同发展。政策支持在市场开拓方面发挥了积极作用。政府通过扶持农民专业合作社拓展市场，提高其产品和服务的市场竞争力。政府支持农业与服务业融合的品牌建设，使农产品更好地融入市场，为服务业提供更多发展的空间。政策支持与农民专业合作社的培育是农业与服务业一体化发展的关键推动力。政府的政策支持为农民专业合作社提供了发展的政策保障，促进了农业与服务业的深度融合。这样的发展势头将有助于农业与服务业更加紧密地合作，形成良性循环，推动农村地区实现更好的经济发展。

（三）合作模式创新与农民专业合作社的可持续发展

合作模式创新是农业与服务业一体化中的重要推动力，尤其对农民专业合作社的可持续发展产生积极影响。通过不断创新合作模式，农民专业合作社在提高农业生产效益的也为服务业的发展创造了更为丰富的可能性，实现了一体化发展的良性循环。合作模式创新有助于提高农业生产效益。传统的农业生产模式往往面临着资源分散、信息不对称等问题，而通过合作模式的创新，农民专业合作社能够实现资源整合、信息共享。农业合作社可以通过共同采购农资、共享生产设施等方式，降低了生产成本，提高了生产效益。

这种合作模式创新有助于农业生产的规模化和专业化，为提高农业产值创造了条件。合作模式创新促进了服务业与农业的深度融合。农民专业合作社通过合作模式创新，不仅在农业生产方面进行合作，还可以拓展服务业的范围。合作社可以引入农业科技服务、农产品加工、农业旅游等服务业元素，为合作社成员提供更为全面的支持。这种深度融合使得农民专业合作社不仅仅是农业生产的组织形式，更成了服务业与农业协同发展的平台。合作模式创新还推动了农民专业合作社的多元化经营。通过引入多元化的服务业业务，合作社能够降低对农业产值的依赖，提高整体经济效益。农民专业合作社可以发展农产品的深加工业务，推动农产品从原材料到成品的全产业链发展。这种多元化经营使得合作社在农业与服务业之间形成了良性的互动，更好地适应市场的变化。

合作模式创新还有助于推动农民专业合作社向现代企业的转型。通过新合作模式，合作社能够更好地吸引和整合社会资本，提高融资能力。这使得合作社在技术、管理等方面能够更好地引进现代企业的先进经验，推动合作社的现代化发展。这种转型不仅提升了合作社的竞争力，也为农业与服务业的一体化发展注入了新的活力。合作模式创新是农业与服务业一体化的关键环节，对农民专业合作社的可持续发展有着积极的作用。通过创新合作方式，提高农业生产效益，促进服务业的深度融合，推动多元化经营，实现现代化转型，农民专业合作社得以更好地适应市场需求，为农村地区带来了更为可持续的发展前景。

三、新型农业经营主体和农民专业合作社协调发展

（一）新型农业经营主体与农民专业合作社的协同机制

新型农业经营主体和农民专业合作社作为农业与服务业一体化的重要组成部分，其协同机制是促使两者深度融合的关键。协同机制不仅体现在生产过程中，还包括市场开发、技术创新、服务业发展等多个层面。协同机制在

生产过程中发挥着关键作用。新型农业经营主体和农民专业合作社可以通过共同开展生产活动，实现农产品的多元化生产和供新型农业经营主体提供先进的生产技术和管理经验，农民专业合作社提供丰富的生产要素和劳动力。通过协同作业，双方能够有效地降低生产成本、提高生产效益，实现农业生产的优势互补。协同机制在市场开发方面发挥重要作用。新型农业经营主体和农民专业合作社通过建立合作关系，能够更好地进行农产品的市场推广和销售。新型农业经营主体通过引入市场理念和品牌建设，提升产品的市场竞争力，而农民专业合作社则通过整合资源、规模效应，扩大市场份额。双方在市场开发中相互支持，实现了农业产品的市场价值最大化。协同机制对于技术创新的推动具有积极意义。新型农业经营主体通常具备较强的技术创新能力，而农民专业合作社则可以提供实际的生产场地和操作基础。通过建立技术研发和推广的协同机制，双方能够共同推动农业生产的现代化。

新型农业经营主体引入先进技术，而农民专业合作社提供实地测试和应用，实现了技术的有效传播和推广。协同机制在服务业发展方面也发挥着关键作用。农民专业合作社通过与新型农业经营主体合作，可以发展农业旅游、农产品加工等服务业项目。新型农业经营主体在服务业方面提供经验和专业知识，帮助农民专业合作社更好地发展服务业。通过协同机制，农业与服务业得以有机结合，促使农业产业链的延伸，为农村经济的多元发展提供了新的空间。新型农业经营主体与农民专业合作社之间的协同机制在生产、市场开发、技术创新和服务业发展等多个方面都起到了重要作用。通过互利合作，双方能够发挥各自的优势，实现资源共享，促进农业与服务业的深度融合。这种协同机制为农村经济的可持续发展和农业与服务业的一体化提供了良好的基础。

（二）政策引导下的协同发展

在当前社会背景下，政策引导成为推动农业与服务业一体化协同发展的关键因素之一。政府通过一系列的政策措施，致力于促进农业与服务业的紧密结合，实现资源优化配置、提升产业附加值的目标。这种协同发展的模式不仅有助于农业现代化进程，也为服务业的进步提供了新的动力。政府在资源配置上通过制定差异化的税收政策，对农业和服务业提供差异化的税收政策支持，旨在引导资源向这两个领域倾斜，促使其更好地协同发展。在这一政策框架下，农业和服务业的合作将更具竞争力，实现资源的有效整合。政府还通过财政资金支持、科研项目资助等方式，为农业与服务业的合作提供了经济支持，推动两者之间形成紧密的协同关系。政府在产业规划上制定了一系列的产业政策，鼓励农业向服务业延伸。通过设立专门的产业发展区域，引导农业企业与服务业企业实现紧密融合。政府加大对农业与服务业产业链上下游的协调力度，形成更为完善的产业生态系统，实现农业与服务业的深度一体化。政府加强了对科技创新的引导，鼓励农业领域与服务业进行科技合作，推动技术创新在两者之间的传递和应用。

通过设立创新基金、研发项目等方式，政府在政策引导下推动了农业与服务业之间科技成果的跨界应用，提高了整体产业的竞争力。在市场准入方面，政府加大了对农业与服务业合作企业的支持力度。通过简化审批程序、降低准入门槛等方式，政府为农业与服务业的合作提供了更为宽松的市场环境，鼓励更多的企业积极参与到这一协同发展的过程中。政府还在教育培训方面加大了力度，通过开展农业与服务业协同发展的培训计划，提高从业人员的综合素质，增强其在协同发展中的适应能力。这为农业与服务业之间的人才流动提供了更为广阔的空间，促进了两者之间的深度合作。政策引导下的农业与服务业一体化协同发展是一场全方位的变革。政府通过差异化的政策手段，推动了农业与服务业的深度融合，促使其共同实现了协同发展的目标。这种政策引导的协同发展模式为我国农业与服务业提供了新的发展路径，为经济的持续增长提供了有力支持。

（三）创新模式与共赢发展

创新模式与共赢发展是农业与服务业一体化中不可忽视的关键因素。通过打破传统边界，创造性地整合资源，实现各方的共赢，促使农业与服务业在发展中形成良性互动。创新模式注重产业链的全面升级。通过引入新技术、新理念，促使农业与服务业形成创新模式，不断提升产业链的附加值。这有助于推动整个产业链向更高端、更智能化的方向发展，实现全产业的全面升级。创新模式强调跨界合作。在农业与服务业一体化中，不同领域之间的协同作用至关重要。创新模式鼓励农业与服务业跨足不同领域，通过合作形成产业链的新动能。这种跨界合作有助于推动整个产业链的创新和发展。创新模式注重以市场为导向。通过深入了解市场需求，创新模式能够更好地满足消费者的需求。农业与服务业通过创新，能够更灵活地调整产业结构，提供符合市场需求的产品和服务，从而实现市场与产业链的共赢发展。创新模式关注品牌建设。

通过创新，农业与服务业能够打造独特的品牌形象，提高产品和服务的知名度和美誉度。这种品牌建设有助于吸引更多的合作伙伴，形成品牌效应，推动整个产业链的共同发展。创新模式强调人才培养。在农业与服务业一体化中，创新依赖于具备跨领域知识的优秀人才。通过培养创新型人才，能够更好地推动创新模式在农业与服务业一体化中的实施，实现共赢发展。创新模式注重生态环保。在农业与服务业一体化中，创新模式需要考虑生态环境的可持续性。通过创新，能够推动产业链的绿色发展，实现农业与服务业在生态环保方面的共赢。创新模式与共赢发展是农业与服务业一体化中的关键因素。通过打破传统，引入创新，促使产业链形成新的发展动力，实现农业与服务业的共同繁荣。这种创新模式的共赢发展有助于提升整个产业链的竞争力，推动产业的可持续发展。

第四节 强化科技创新驱动

一、科技创新推动服务业与农业的深度融合

（一）数字化服务平台

数字化服务平台的建设是农业与服务业融合的一项重要举措。该平台充分利用数字技术，将农业和服务业进行有机整合，通过信息化手段实现双方的互动和优势互补。数字化服务平台在农业与服务业融合中具有重要作用，为推动农业现代化和服务业的创新提供了新的发展机遇。数字化服务平台为农业提供了高效的管理工具。通过集成信息管理系统，农业生产数据得以全面记录和分析，农民能够更好地掌握生产情况，科学决策。数字化服务平台实现了生产过程的可视化和智能化，提高了农业生产效益。数字化服务平台为农产品的销售和流通提供了便捷的途径。通过电商平台，农产品能够迅速接触到更广泛的市场，实现产地直供，减少了中间环节，提高了销售效率。数字化服务平台的在线支付和物流配送系统，为农产品的销售提供了更加便捷的解决方案。数字化服务平台助力了农业与服务业的深度融合。通过平台上的信息共享和互动，服务业企业可以更好地了解农产品的生产情况和市场需求，为农产品提供个性化的服务。数字化服务平台架起了农业和服务业之间的桥梁，促使双方形成紧密的协同合作。数字化服务平台还推动了农业与服务业的创新。通过引入新技术、新模式，平台为农业和服务业的创新提供了广阔空间。通过大数据分析，平台可以为农业提供更为精准的市场预测，帮助农民合理安排生产计划。服务业通过数字化服务平台可以推出更多创新型的服务，满足消费者日益增长的多样化需求。数字化服务平台的建设也为农民提供了更多的就业机会。通过数字技术的应用，农业生产和服务业的发

展需要更多的专业人才，从而促使农村地区培养更多的技术人才，推动人才的流动和培养。数字化服务平台在推动农业与服务业融合的过程中，有助于构建农村社区经济。通过数字化服务平台，农产品的生产和销售更加贴近社区，形成了以农产品为核心的社区经济模式。这种社区经济不仅为农民提供了更多的就业机会，也为社区居民提供了更为便利的生活服务。数字化服务平台是推动农业与服务业融合的关键性工具。通过数字化手段，实现了农业生产和服务业的深度协同，促进了两者之间的互动与发展。数字化服务平台的建设不仅提高了农业和服务业的效益，也为农村地区的经济发展和社区建设注入了新的动力。

（二）农业旅游创新

农业旅游创新是农业与服务业融合的一种新模式，通过创意性的整合和发展，将传统的农业资源与现代的服务理念相结合，实现了农业产业与服务业的有机融合。农业旅游创新强调农业资源的多元化利用。传统农业仅仅注重农产品的生产，而农业旅游创新将农场或农庄打造成具有观光、体验价值的场所。通过设计各种农业体验活动，如采摘、亲子农场等，充分挖掘农业资源的多元化价值，吸引更多游客参与。农业旅游创新强调服务体验的提升。在传统农业中，服务主要是农产品的销售，而农业旅游创新通过提供更丰富、更个性化的服务体验，满足游客对休闲、娱乐、知识的需求。这包括定制化的农场游览、主题活动、美食体验等，使游客在农业旅游中获得更全面的服务感受。农业旅游创新注重品牌建设。

通过打造独特的农业旅游品牌，农场或农庄能在市场上脱颖而出。品牌建设不仅包括农产品的品质，还包括整体的服务形象、文化内涵等方面。良好的品牌形象有助于吸引更多游客，推动农业与服务业的共同发展。农业旅游创新关注生态环保。在农业旅游中，强调自然环境的保护和可持续利用。通过科学规划和管理，使农业旅游活动与自然环境协调发展，形成人与自然的和谐共生，吸引更多游客参与生态友好的旅游活动。农业旅游创新还强调社会互动。通过开展各类互动活动，如农民市集、农场庙会等，拉近农场与游客之间的距离，建立更加紧密的社会关系。这有助于培养游客的忠诚度，形成良好的口碑传播，推动农业与服务业的合作共赢。农业旅游创新是农业与服务业融合的一种有益尝试。通过多元化利用农业资源、提升服务体验、注重品牌建设、关注生态环保和强调社会互动，农业旅游创新为农业与服务业的深度融合提供了新的发展路径，实现了共同繁荣。

（三）农业科技培训服务

农业科技培训服务在促进农业与服务业融合过程中发挥着重要的作用。这一服务的实施不仅有助于提高农民的科技水平，推动农业生产的现代化，同时也促进了服务业的发展，实现了农业与服务业的深度协同。农业科技培训服务为农民提供了实用的技术支持。通过组织培训课程，向农民传授先进的农业技术，如精准农业、绿色农业、有机农业等。这有助于农民更好地运用现代科技手段，提高农业生产的效益和质量。农业科技培训服务的实施为农业提供了更为专业的技术支持，使得农业与服务业更加紧密地融合。农业科技培训服务为服务业提供了新的业态发展机会。服务业可以通过组织农业科技培训，提供专业的咨询服务，建立农业科技示范基地等方式，积极参与农业生产过程。服务业的参与不仅为农民提供了更为全面的支持，同时也创造了更多的就业机会，促进了服务业的繁荣发展。农业科技培训服务为农业与服务业之间搭建了桥梁。

通过组织农业科技培训，服务业可以更好地了解农业生产的需求和问题，有针对性地提供相应的解决方案。农民也能够更好地理解服务业的支持和帮助，形成一种互利共赢的关系。这种沟通与合作的机制有助于推动农业与服务业更加深度的协同发展。农业科技培训服务有助于推动农村地区的人才培养。通过培训，农村地区的农民能够更好地了解现代农业生产的要求，培养更多的农业专业人才。这不仅推动了农村地区的人才储备，也为服务业提供了更多的专业人才支持，推动了农业与服务业的深度融合。农业科技培训服务在促进农业与服务业融合中发挥着不可忽视的作用。通过提升农民的科技水平，为服务业提供新的业态发展机会，搭建农业与服务业之间的桥梁，推动农村地区人才培养等方面，这一服务为农业与服务业的有机融合提供了有力的支持，促使两者更加紧密地协同发展。

二、加强科技创新在农业与服务业融合中的应用

（一）智能农业技术

智能农业技术的应用是农业与服务业融合的重要方向之一。这种技术的引入，不仅提升了农业的生产效益，同时也为服务业创新提供了更多的可能性。智能农业技术的融合，使农业和服务业之间形成了更为紧密的协同关系，推动了农业的现代化和服务业的升级。智能农业技术的应用使农业生产更加高效。通过传感器、物联网等技术的运用，实现了对农田、作物的实时监测。这样的智能化管理，使农民能够更加精准地掌握农田的情况，合理安排生产计划。智能农业技术的应用还带动了农业机械的自动化，提高了农业生产的效率，减轻了农民的劳动负担。智能农业技术促使了农业与服务业的深度融合。通过智能化农业设备的引入，服务业企业可以更好地了解农产品的生产情况，有针对性地提供农业服务。农业生产数据的实时传输，使得农产品的品质和产量等信息可以直接传递给服务业企业，为其提供更为准确的市场预测和决策支持。

智能农业技术的融合也推动了农业与服务业的创新。通过数据分析、人工智能等技术，实现了农业生产过程的优化和智能化。服务业可以通过这些技术手段，提供更加智能、个性化的服务，满足消费者多样化的需求。通过智能化农业设备的运用，农产品的种植和养殖可以更好地适应市场需求，服务业也可以推出更多新颖的农产品相关服务。智能农业技术的应用有助于提升农产品的质量和安全。通过传感器监测、追溯系统等技术手段，实现了对农产品生产、运输和销售过程的全程追踪。这使得农产品的质量和安全可以

得到更为有效的保障，增强了消费者对农产品的信任感。服务业通过这些信息，可以更好地为消费者提供相关的服务，如农产品的品牌推广、质量检测等。智能农业技术的融合带动了农村地区的数字化发展。农村地区通过引入智能化农业技术，不仅提升了农业生产的效率，也促使农村地区逐渐融入数字化时代。这种数字化发展有助于提升农民的科技水平，培养更多的技术人才，推动农村地区的可持续发展。智能农业技术的应用为农业与服务业融合提供了新的契机。通过技术的推动，农业和服务业之间形成了更为密切的协同关系，促进了双方的共同发展。这种技术融合模式为农业和服务业的未来发展打开了新的局面，为实现农业现代化和服务业的升级提供了有力支持。

（二）数字化农业管理系统

数字化农业管理系统的引入标志着农业与服务业的深度融合，它不仅提高了农业生产效益，还为服务业的发展创造了新的机遇。数字化农业管理系统在资源配置方面发挥了重要作用。通过对农业生产各环节的信息进行数字化记录和分析，系统能够更准确地了解土地、水源、气候等资源的利用情况。这有助于科学合理地配置资源，提高农业生产的效益，为服务业提供更为稳定的农产品供应。系统的实时监控功能使得农业生产更加精准。通过数字传感器、监控设备等技术手段，系统能够实时监测土壤湿度、气温、作物生长状态等信息。这为农业生产提供了更为精准的数据支持，有助于提高农产品的质量和产量。数字化农业管理系统通过数据分析为决策提供科学依据。系统能够收集并分析大量的农业生产数据，为农业经营者提供更为全面的信息。这有助于决策者更准确地判断市场需求、优化农业生产流程，推动农业与服务业的智能化发展。

数字化农业管理系统实现了农业生产的远程控制。农业经营者可以通过系统远程监控和操控农业设备，实现对农田的远程管理。这提高了农业生产的灵活性和便捷性，有助于减轻农业从业者的劳动压力。数字化农业管理系统推动了农业与服务业的一体化发展。通过数字化技术，农业生产的信息可以更便捷地共享给服务业，比如农产品的供应链信息、生产环境数据等。这有助于服务业更好地了解农业生产的需求，提供更适应市场的服务。系统的数据积累为农业与服务业的创新提供了基础。通过对大量数据的积累，系统能够为农业与服务业的创新提供丰富的素材。这有助于推动农业与服务业的合作创新，共同开发更符合市场需求的产品和服务。数字化农业管理系统的引入为农业与服务业的深度融合提供了新的契机。通过优化资源配置、实现实时监控、提供科学依据、实现远程控制、推动一体化发展以及为创新提供基础，数字化农业管理系统为农业与服务业的共同繁荣创造了良好的条件。

（三）农业机械化和自动化

农业机械化和自动化是农业与服务业融合的重要方向，两者的协同发展为现代农业提供了强大的支持。这一趋势不仅提高了农业生产的效益，也为服务业创造了新的发展机遇，促进了农业与服务业的深度整合。农业机械化和自动化的发展为农业提供了高效、精准的生产手段。传统农业生产往往依赖于人工劳动，效率较低。而引入先进的农业机械和自动化技术，如无人机、智能农机等，可以实现农业生产过程的机械化、自动化，提高了生产效益。这不仅为农业提供了更先进的生产手段，也为服务业提供了丰富的技术支持，推动了农业与服务业的紧密融合。农业机械化和自动化为服务业创造了新的业态。

随着农业生产方式的转变，服务业可以通过提供农业机械化和自动化相关的服务，如设备维护、技术培训、数据分析等。这为服务业创造了新的商机，也丰富了服务业的发展方向。服务业通过为农业提供专业的技术支持，进一步促进了农业的现代化发展。农业机械化和自动化的发展为农民提供了更多的就业机会。

随着农业生产方式的升级，需要更多具备相关技能的从业人员。这促使农民通过接受培训，成为熟练的农业机械化和自动化操作人员。农民通过从事这些新型职业，既提高了自身的收入水平，也为农业与服务业的协同发展提供了人才支持。农业机械化和自动化为农业生产提供了更好的可持续性。通过合理利用先进的生产工具和技术，农业可以更加精准地进行资源利用，减少对环境的负面影响。这有助于推动农业向绿色、可持续的方向发展，为农业与服务业的整合提供了更为健康的基础。农业机械化和自动化是农业与服务业融合的关键领域。这一趋势不仅提高了农业生产的效益和可持续性，也为服务业创造了新的发展机遇。通过农业机械化和自动化的推动，农业与服务业实现了更紧密的协同发展，为现代农业的全面升级提供了可行的路径。

三、促进农业与服务业科技创新的政策和体制机制

（一）制定激励政策

激励政策的制定是推动农业与服务业融合发展的关键措施之一。通过明确的政策框架和切实可行的激励措施，政府可以引导农业和服务业深度融合，促使两者形成良性循环，实现协同发展。激励政策可以通过降低税负来促进农业与服务业的融合。对于从事农业与服务业深度融合的企业，可以给予税收减免或税收优惠政策，降低其生产经营成本，提升盈利能力。这种激励政策有助于鼓励更多的企业参与到农业与服务业融合的进程中，形成更加活跃的市场生态。政府可以通过金融激励政策，为农业与服务业融合提供更多的财政支持。设立专项资金，用于支持农业与服务业深度融合的创新项目。通过引导金融机构加大对农业与服务业合作企业的贷款支持力度，降低企业的融资成本，激发其创新活力。

政府可以推出用地激励政策，为农业与服务业合作提供更为灵活的用地政策。通过简化用地手续、提供土地出让优惠等方式，激发企业对农业用地的积极投入，推动农业与服务业更好地协同发展。激励政策还可以通过建立农业与服务业合作奖励机制，对取得显著成果的企业和项目给予奖励。这种奖励机制有助于树立先进典型，为其他企业提供学习借鉴的范本，推动整个行业向更高水平发展。政府还可以制定培训激励政策，通过投入更多的人力

和物力资源，加强对农业从业人员和服务业从业人员的培训，提高其专业素养和创新能力。这有助于农业与服务业形成更为融合的人才队伍，促使两者更好地协同工作。激励政策还可以通过推动科技创新，为农业与服务业提供更为先进的技术支持。建立研发基地，加大对农业智能化、数字化技术的研发力度，为农业与服务业的深度融合提供技术保障。通过建立科研团队，为企业提供科技咨询服务，推动科技成果更好地转化为生产力。激励政策的制定是推动农业与服务业融合发展的有效手段。通过降低税负、提供金融支持、灵活用地政策、奖励机制、培训措施和科技创新等方面的激励政策，可以为农业与服务业的深度融合提供更为有力的支持，促使两者共同发展，实现协同效应。

（二）加强产学研合作

产学研合作是农业与服务业融合的关键举措，它通过整合产业、学术和研究资源，推动了农业和服务业的深度协同发展。产学研合作促进了技术创新。通过产业界与学术界的深度合作，将前沿科技引入农业和服务业。学术界的研究成果得以应用，为农业提供了更先进的生产技术，同时也为服务业创新提供了科技支持。产学研合作推动了人才培养。学术界提供专业知识和培养人才的平台，产业界提供实际应用场景和实践机会。这种联合培养模式使学生更好地适应农业与服务业的需求，培养出更具实践能力和创新精神的人才。产学研合作强化了科研成果的产业化转化。学术界的研究成果通过与产业界的合作，能够更迅速地转化为实际应用。这有助于推动科技成果更好地服务于农业和服务业的发展，促进了产业结构的升级和优化。产学研合作促进了信息共享和资源整合。通过建立产学研联盟，不同领域的信息能够更加顺畅地流通，各方资源得以充分整合。这为农业和服务业的协同发展提供了更多的合作机会和共享资源。产学研合作促进了产业链的协同创新。不同领域的专业知识相互交融，促成了产业链各环节的协同创新。这种协同创新有助于形成更具竞争力的产业链，推动整个农业与服务业的升级和发展。产学研合作也促进了农业与服务业的国际竞争力。通过与国际学术界和产业界的合作，国内农业和服务业能够吸取国际先进经验和技术，提高自身的竞争力，更好地适应全球化的市场环境。产学研合作是农业与服务业融合发展的关键环节。通过促进技术创新、推动人才培养、强化科研成果的产业化转化、促进信息共享和资源整合、推动产业链的协同创新以及提升国际竞争力，产学研合作为农业与服务业的深度融合提供了全方位的支持和助力。

（三）建立创新平台

建立创新平台是促进农业与服务业深度融合的一项关键举措。这一平台为双方提供了共享资源、互通信息、共同创新的空间，推动了农业与服务业的有机结合，促使双方在科技创新、产业升级等方面实现更为紧密的协同发展。创新平台为农业和服务业提供了共享的资源。在创新平台上，农业和服务业可以共同利用先进的科技设施、研发人才等资源，实现资源的互通互用。这不仅节约了双方的研发成本，也提高了创新效率。通过资源的共享，创新平台为农业与服务业的深度融合创造了良好的基础条件。

创新平台促进了信息的高效流动。在创新平台上，农业和服务业可以通过共享信息、数据，更好地了解对方的需求和挑战。这有助于形成更为全面的合作模式，推动双方在技术研发、市场开发等方面的合作。信息的高效流动为农业与服务业提供了更多合作的可能性，促使双方在共同发展中取得更大的成果。创新平台为双方提供了共同创新的机会。通过在创新平台上进行合作研发，农业和服务业可以共同探索新的科技应用、业务模式等方面的创新方向。这种合作不仅有助于提高双方的竞争力，也推动了农业和服务业的深度融合。共同创新的机会使创新平台成为双方共同发展的孵化器，助力农业与服务业实现更为紧密的协同发展。创新平台还为创业者提供了更多的发展机会。在创新平台上，创业者可以获得来自农业和服务业的支持，实现更好地创业生态。这有助于培育更多创新型企业，推动了产业的升级与创新。建立创新平台是推动农业与服务业深度融合的有效手段。这一平台为双方提供了资源共享、信息流动、共同创新的机会，促使农业与服务业在科技创新、产业发展等方面实现更为紧密的协同发展。通过创新平台的建设，农业和服务业共同打造了一个共赢的合作空间，为实现双方更高水平的发展奠定了坚实基础。

第五节　优化服务体系

一、优化农村金融服务体系

（一）建设农村金融机构

农村金融机构的建设对于农村经济的发展至关重要。它不仅是连接农民和金融服务的桥梁，更是推动农村产业升级、农业现代化的有力支持。在全面建设小康社会的过程中，农村金融机构的建设将为农村经济的可持续增长提供重要保障。农村金融机构的建设有助于解决农村居民的融资难题。由于农村地区相对城市而言更为偏远，传统的城市银行在农村覆盖较差。农村金融机构的建设填补了这一空白，为农民提供更为便捷、灵活的融资服务，有力地促进了农业生产和农民经济的发展。农村金融机构的建设促进了金融资源向农村地区的流动。

传统上，金融资源主要集中在城市，农村地区往往面临资金匮乏的情况。农村金融机构的设立使得金融资源能够更加均衡地分布，为农村提供了更为充足的资金支持，助推了农村经济的全面发展。农村金融机构的建设有助于推动乡村产业结构升级。通过金融服务，农村企业和农民可以更方便地获取资金，开展新的生产业务。这有助于推动农业产业的升级，提高农产品附加值，促进了农村经济的可持续增长。农村金融机构的建设也对农村居民的储蓄和理财提供了更多选择。传统上，农村居民的储蓄主要依赖于传统的合作社或银行。农村金融机构的建设为农民提供了更为多样化的金融服务，包括储蓄、理财、贷款等多方面的金融产品，丰富了农村居民的金融选择，提高了金融服务的质量。农村金融机构的建设也在一定程度上减轻了农民的财务风险。由于农业生产受天气等多种因素的制约，农民的经济收入较为不稳定。

农村金融机构通过提供保险和金融衍生品等工具，帮助农民更好地应对经济波动，减轻了农村经济的不确定性。农村金融机构的建设有助于培养农村地区的金融从业人才。通过金融机构的设立，为农村培养了一批懂得金融业务、熟悉农业经济的专业人才，提高了农村金融服务的专业水平，为农民提供更为专业、精准的金融支持。农村金融机构的建设对于农村经济的发展具有深远的影响。它不仅解决了农民融资难、融资贵的问题，更促进了金融资源的流动，推动了产业结构的升级，提升了农民的金融素养，为农村经济的全面发展奠定了坚实基础。

（二）发展农村金融产品

农村金融产品的发展是促进农村经济增长、提高居民收入水平的重要途径。通过不断创新金融产品，可以更好地满足农村居民的多元化金融需求，推动农业和农村产业的发展。发展农村金融产品有助于解决农业生产资金短缺的问题。针对农业生产的特点，可以推出灵活的贷款产品，支持农民购买农业生产资料、改善农业生产条件。这有助于提高农业生产效益，推动农村经济的可持续发展。农村金融产品的发展能够满足农民的消费需求。设计符合农村居民生活特点的金融产品，如农民信用卡、消费贷款等，可以促进农村居民的消费，拉动农村内需，推动农村经济的发展。发展农村金融产品还可以解决农村居民的储蓄和投资需求。推出具有较高收益和适应农村居民风险承受能力的理财产品，有助于引导农村居民将闲置资金进行有效投资，提高农村居民的财富积累。

农村金融产品的发展可以支持农村产业的发展。通过推出农业保险、农业贷款等金融产品，可以降低农业经营风险，提升农业产业的可持续发展水平。这有助于培育农村新兴产业，推动农村产业结构的升级。发展农村金融产品还有助于促进农民参与农村社会事务。通过推出金融产品，如农民合作社金融服务、农民保险合作社等，可以促进农民组织、参与农村社会事务，加强农村社区的凝聚力和自治能力。农村金融产品的发展有助于实现金融服务的普惠性。通过创新金融产品，降低金融服务的门槛，使更多农村居民能够享受到金融服务。这有助于缩小城乡金融服务差距，促进农村金融的普及和发展。发展农村金融产品是促进农村经济发展、提高居民生活水平的有效途径。通过满足农业生产资金需求、促进农村居民消费、解决储蓄和投资需求、支持农村产业发展、促进农民参与社会事务、实现金融服务的普惠性等方面的作用，农村金融产品的发展将为农村经济的全面提升提供坚实支持。

（三）推广数字金融

推广数字金融是促进农业与服务业一体化的关键举措之一。数字金融的广泛应用为农业提供了更便捷的金融服务，同时也推动了服务业在农村地区的发展。数字金融的推广不仅使农业生产更为高效，也促进了服务业在农村地区的蓬勃发展，实现了农业与服务业的深度一体化。数字金融提升了农业的金融效率。通过数字金融工具，农民可以方便快捷地进行金融操作，如贷款、支付、理财等。这种便捷的金融服务有效地解决了传统金融体系中存在的信息不对称和服务滞后的问题。农业通过数字金融的支持，实现了更为高效的资金流动，提高了农业生产的资金使用效益。数字金融拓展了服务业在农村地区的发展空间。

随着数字金融的推广，服务业可以通过提供金融科技服务、信息咨询、电子商务等多元化服务，深入农村地区，满足农民的多样化需求。数字金融为服务业提供了更多的创新业态，使服务业在农村地区有了更广泛的发展机会。数字金融促进了农产品流通和销售的现代化。通过数字支付和电子商务平台，农产品的销售变得更加便捷，农民可以直接将产品推向市场。这不仅提高了农产品的销售效率，也缩短了生产者与消费者之间的距离。数字金融的推广使农产品流通更为高效，为农业和服务业的深度融合提供了坚实的基础。数字金融为农业提供了风险管理工具。通过数字金融工具，农民可以更好地进行风险防范和管理，如购买保险、参与金融衍生品交易等。这有助于农业生产更好地应对自然灾害、市场波动等风险因素，提高了农业的抗风险能力。数字金融的推广为农业与服务业的一体化提供了有力的支持。通过提升金融效率、拓展服务业发展空间、促进农产品现代化流通以及提供风险管理工具，数字金融实现了农业与服务业的深度融合。这种融合不仅促进了农业现代化，也推动了服务业在农村地区的发展，实现了农业与服务业的良性互动与共同发展。

二、提高农村电商服务水平

（一）建设农村电商服务平台

农村电商服务平台的建设是促进农村经济发展的一项重要措施。这一平台通过数字化技术和互联网的应用，连接了农产品的生产和市场的需求，为农民提供了更广阔的销售渠道和更多元化的服务。农村电商服务平台的建设不仅丰富了农产品的营销方式，也推动了农村经济的转型升级。农村电商服务平台的建设拓宽了农产品的销售渠道。传统上，农产品的销售主要依赖于传统的农贸市场和中间商。而农村电商服务平台通过在线销售，使农产品能够迅速接触到更广泛的市场，实现产地直供。这种直接面向消费者的销售模式，不仅提高了农产品的销售效率，也减少了中间环节，使农民能够获得更为合理的收益。

农村电商服务平台为农产品提供了更多元化的服务。通过平台，农民可以不仅仅销售农产品，还可以提供农业体验、农家乐等服务。这种服务的多元化有助于农产品的品牌建设，提高了产品的附加值。平台上还能提供农业生产资讯、市场分析等信息，帮助农民更好地进行生产经营决策。农村电商服务平台的建设还促进了农村产业的升级。通过数字化技术的应用，平台可以实现对农产品的全程追溯，提高产品的质量和安全。这对于推动农村产业的品质提升、品牌建设具有积极作用。农产品通过电商平台的销售，得以更好地满足市场需求，推动了农业产业向高质量、高效益方向发展。农村电商服务平台的建设助力了农村地区的数字化发展。通过在线销售和服务提供，农民逐渐融入数字时代，提高了数字素养。这有助于农村地区培养更多的科技人才，推动农村地区的数字化和信息化水平提升，为农业生产提供更多技术支持。农村电商服务平台的建设为农村就业提供了新的机会。

随着平台的发展，涌现出一大批从事电商运营、物流配送等相关岗位的就业机会。这有助于吸引更多年轻人留在农村发展，推动农村地区的人才流动和培养。农村电商服务平台的建设有助于促进农村社区的互动和合作。通过平台上的社交功能，农民能够更好地了解市场需求，形成合作社或农业合作社，实现资源共享和互利合作，推动农村社区形成更为紧密的合作关系。农村电商服务平台的建设为农村经济的发展提供了新的动力。通过拓宽销售渠道、提供多元化服务、促进农业产业升级、推动数字化发展、创造就业机会和促进社区合作等方面的作用，农村电商服务平台有助于推动农村经济的全面发展，提高农产品的市场竞争力。

（二）推动农村物流网络

推动农村物流网络的建设是促进农村发展、提高农产品供应链效率的重要手段。通过不断完善农村物流网络，可以更好地连接农村和城市，实现农产品的快速、高效流通，助力农村经济的蓬勃发展。农村物流网络的建设有助于解决农产品运输的瓶颈问题。通过建设更为便捷、高效的物流网络，可以缩短农产品从农田到市场的运输时间，减少农产品在运输过程中的损耗，提高农产品的新鲜度和市场竞争力。农村物流网络的发展有助于降低农产品运输成本。通过建设更为先进的物流基础设施，如冷链物流、智能物流系统等，可以提高农产品运输的效率，降低运输成本，使农产品价格更为合理，提高农民的收入水平。推动农村物流网络的建设可以促进农村产业的升级。通过畅通的物流网络，农产品能够更迅速地进入城市市场，有助于扩大农产品的销售规模。这可以鼓励农民转变种植结构，培育更有市场竞争力的农业产业。农村物流网络的完善有助于提高农产品供应链的透明度。通过物流信息化技术的应用，可以实现农产品流通全程的监测和追溯，使农产品的质量和安全可追溯，提升了消费者对农产品的信任度，推动农产品品牌建设。推动农村物流网络的发展可以促进乡村旅游和农业体验产业的兴起。通过物流网络，农产品能够更迅速地到达乡村旅游景区，满足游客对农村特色产品的需求。这有助于推动乡村旅游业的发展，增加农村的收入来源。农村物流网络的建设可以提升农产品的附加值。通过建设冷链物流、仓储设施等，农产品能够更好地保存和加工，提高产品的附加值。这有助于培育农产品的品牌效应，吸引更多消费者。推动农村物流网络的建设是促进农村经济发展、提高农产品供应链效率的重要举措。通过解决运输瓶颈、降低成本、促进产业升级、提高供应链透明度、推动乡村旅游和农业体验产业的兴起以及提升农产品的附加值等方面的作用，农村物流网络的发展将为农村经济的全面提升提供有力支持。

（三）农村电商政策扶持

农村电商政策的扶持为促进农业与服务业一体化提供了重要支持。这一政策不仅推动了农产品的数字化流通，也促进了服务业在农村地区的发展。农村电商政策的出台为农业和服务业的深度融合创造了良好的环境，推动了农村经济的全面升级。农村电商政策拓宽了农产品销售渠道。通过支持农村电商平台建设，政府为农产品提供了新的销售渠道，使农产品能够更便捷、广泛地进入市场。这种电商平台的建设为农业提供了数字化的销售渠道，有助于解决传统销售模式中的中间环节问题，提高了农产品的销售效率。农村电商政策促进了服务业的进驻。政府通过扶持农村电商平台，鼓励服务业在农村地区提供多元化的服务。服务业可以通过电商平台为农民提供金融、物流、信息咨询等服务，丰富了服务业在农村的业务领域。这种政策扶持使得服务业有更大的空间在农村地区发展，与农业实现更为深度的融合。农村电商政策提高了农村居民的数字化素养。为了推动农产品的数字化流通，政府通过培训和推广，提高农民对电商平台的使用能力。这使得农民更加熟悉数字技术，更便捷地利用电商平台进行农产品销售和服务获取。农村电商政策的实施提高了农村居民的数字化素养，为农村的信息化和现代化提供了基础支持。农村电商政策激发了创业热情。政府通过对农村电商的支持，鼓励农村居民开展电商创业。这为农民提供了新的经济增长点，创造了更多的就业机会。创业者可以通过电商平台销售农产品，同时为农民提供更多的服务，促进了农业与服务业的深度融合。农村电商政策的扶持为农业与服务业的一体化提供了有力的支持。通过拓宽农产品销售渠道、促进服务业发展、提高农民数字化素养和激发创业热情，农村电商政策推动了农业与服务业在数字化时代的深度合作。这一政策的实施不仅促进了农村地区的经济发展，也实现了农业与服务业的共同繁荣。

三、农村金融服务体系与电商服务的协同发展

（一）金融服务与电商整合

金融服务与电商的整合是推动农业与服务业一体化发展的关键因素之一。这种整合为农民提供了更为便捷和多样化的金融支持，同时通过数字化技术的运用，促进了农产品的生产、销售和服务的全面升级。这种融合模式在推动农业与服务业深度协同发展中发挥着重要的作用。金融服务与电商整合为农业提供了更灵活的融资渠道。通过电商平台，农民能够直接与金融机构对接，实现更为便捷的贷款流程。这种直接的融资渠道不仅减少了传统融资环节，提高了融资效率，也为农民提供了更为灵活的融资选择，满足了不同农业生产阶段的融资需求。金融服务与电商的整合促进了农产品的数字化管理。通过电商平台，农民可以实现对生产环节的全程监控，包括生产计划、农资使用、产量预测等。金融服务通过数字化技术的支持，能够更准确地评

估农业项目的风险，为金融机构提供更科学的信贷决策依据。金融服务与电商整合加速了农产品的线上销售。通过电商平台，农产品能够迅速接触到更广泛的市场，实现产地直供，减少中间环节。金融服务通过在线支付、信用体系等手段，为农产品提供了更安全、便捷的销售渠道，提高了产品的市场竞争力。金融服务与电商整合也推动了服务业的创新。通过电商平台，服务业可以更好地了解农产品的生产情况，提供更为个性化的服务。金融服务的整合为服务业提供了更精准的客户画像，帮助服务业企业更好地满足消费者需求，推动服务业向更高水平发展。

金融服务与电商整合促进了农业与服务业的深度合作。通过数字化平台，金融服务可以更好地为服务业提供融资支持，助力服务业的扩张。服务业可以通过金融服务的支持，为农业提供更为专业的市场分析、营销推广等服务，形成良性的协同关系。金融服务与电商整合有助于建立农产品的溯源体系。通过数字化技术的支持，金融服务可以更好地追踪农产品的生产、流通和销售过程。这种溯源体系不仅有助于提高农产品的质量和安全水平，也为服务业提供了更为可靠的数据支持，促进了农业与服务业的合作共赢。金融服务与电商的整合是农业与服务业一体化发展的重要动力。这种整合模式通过为农民提供更灵活的融资渠道、推动农产品数字化管理、加速产品线上销售、促进服务业创新、推动农业与服务业深度合作和建立农产品溯源体系等方面的作用，为农业与服务业的深度协同发展提供了全方位的支持。

（二）数据共享

数据共享是农村金融服务体系与电商服务协同发展的重要动力之一。通过共享数据，金融服务与电商能够更好地理解农业生产和服务需求，实现资源优化配置，促进了农业与服务业的深度协同发展。数据共享为农村金融服务提供了更为精准的风险评估。通过获取农业生产、经营、销售等方面的数据，金融服务可以更全面地了解农户的经济状况和信用状况。这有助于金融机构更准确地评估农户的信用风险，提高信贷决策的科学性和准确性。数据共享促进了农产品的精准营销。通过电商平台获取的消费者购物数据，可以为农产品的销售提供重要依据。金融服务体系通过与电商数据的共享，能够更好地了解市场需求和消费者偏好，为农产品的生产和销售提供更为精准的指导，实现了供需的精准匹配。数据共享为金融服务提供了更为深入的客户洞察。通过电商平台的数据，金融机构能够更全面地了解农民的消费习惯、偏好和购买力。这有助于金融机构更精准地推出金融产品，满足农民的个性化金融需求，提高金融服务的用户体验。数据共享还加强了金融服务与电商平台的战略合作。通过共享相关数据，金融机构和电商平台能够建立更为紧密的合作关系。金融服务体系可以为电商提供融资支持，推动其业务拓展；而电商平台则能为金融机构提供更为广阔的市场，促进金融服务的创新发展。这种战略合作为双方带来了共赢的机会，推动了农村金融服务与电商的深度融合。数据共享为服务业提供了更为全面的信息支持。

通过金融服务体系与电商平台数据的共享，服务业可以更好地了解农产品的产地、品质、供应链等信息。这有助于服务业提供更为精准的市场分析、物流配送和营销推广等服务，推动服务业与农产品产业链的协同发展。数据共享助力建立了更为完善的农产品溯源体系。通过电商平台的销售数据和金融服务的信贷记录，可以实现对农产品生产、流通、销售等环节的全程追溯。这有助于建立更为科学、透明、可信的农产品溯源系统，提升农产品的质量和安全水平。数据共享是农村金融服务体系与电商服务协同发展的重要推动力。通过获取和共享农业、金融和服务领域的相关数据，金融服务与电商平台能够更好地理解市场需求、优化资源配置、提高服务水平，为农村经济的全面发展提供了有力支持。

（三）建设农村综合服务站

农村综合服务站的建设为促进农村金融服务体系与电商服务的协同发展提供了有力的支持。这一综合服务站旨在整合金融和电商资源，为农民提供更全面、便捷的服务。通过协同发展，农村金融服务和电商服务在综合服务站中形成紧密的合作关系，推动了农村经济的全面发展。农村综合服务站为农民提供了全方位的金融服务。在综合服务站中，金融机构可以为农民提供贷款、存款、保险等一系列金融服务。通过整合金融资源，综合服务站实现了金融服务的多元化，满足了农民在资金方面的多样需求。这有助于提高农民的金融融资能力，促进农业生产的发展。综合服务站推动了电商服务在农村地区的普及。在服务站中，可以设立电商服务区，为农民提供在线购物、农产品销售等服务。通过整合电商平台，服务站使农产品更容易进入市场，推动了农产品的数字化流通。这有助于打破传统销售模式的限制，提高农产品的销售效率，推动了农业的现代化。农村综合服务站实现了金融和电商服务的有机结合。金融服务和电商服务在综合服务站中形成相互支持、协同发展的关系。农民可以通过综合服务站实现金融交易，同时利用电商服务实现农产品的线上销售。这种有机结合使农民在一个平台上就可以同时享受到金融和电商的便利服务，促进了农业与服务业的深度融合。

　　综合服务站还可以通过培训和宣传，提高农民对金融和电商服务的认知水平。这有助于增强农民的数字素养，使他们更好地利用综合服务站提供的金融和电商服务。提高农民的素养也有助于综合服务站在农村地区的长期发展。农村综合服务站的建设促进了农村金融服务体系与电商服务的协同发展。通过为农民提供全方位的金融服务，推动电商服务的普及，实现了金融和电商的有机结合，综合服务站成为促进农业与服务业深度合作的有力平台。这一模式的推广不仅提升了农民的生产和生活水平，也促使农村地区实现了数字化、现代化的全面发展。

第七章 结论

一、农业与服务业一体化发展研究的不足之处

农业与服务业一体化发展的研究在一定程度上存在一些不足之处，这些问题影响了对于该领域的深入理解和有效推动。现有研究普遍忽视了地域差异对农业与服务业一体化的影响。由于不同地区的经济发展水平、资源分布和产业结构存在差异，因此一体化发展的模式和路径也会有所不同。目前的研究往往未能充分考虑这些地域特色，导致研究结论难以直接应用于不同地区。农业与服务业一体化发展的研究过于强调技术创新，而忽略了社会文化因素的影响。虽然技术创新对一体化发展起到积极的推动作用，但社会文化因素同样至关重要。包括乡村文化、农民的观念和价值观等在内的社会文化因素，对于一体化发展的成功实施起到决定性的作用。因此，将过多关注放在技术层面，而忽略社会文化的研究，使得研究结果难以全面解释一体化发展的多样性和复杂性。现有研究对于农业与服务业一体化的发展路径和模式缺乏系统性的探讨。尽管有一些关于特定领域或地区的研究，但整体上缺乏对于不同发展阶段、不同产业类型的一体化发展路径和模式的系统性研究。这导致我们在实际推动中难以找到可操作的指导方针，缺乏对于一体化发展的整体把握和战略规划。现有研究对于政策环境和法律法规的研究相对薄弱。一体化发展需要有利的政策和法规环境来支持，但现有研究对于政策和法规的研究相对较少。政策的制定和实施对于一体化发展的成功至关重要，然而对于这方面的深入研究不足，使得我们对于如何制定更为有效的政策支持缺乏清晰的认识。现有研究对于农业与服务业一体化的长期效应和可持续性的

关注不足。大部分研究侧重于一体化的启动和初期阶段，而较少关注其在长期内的影响和可持续性。这导致我们缺乏对于一体化发展长期效果的深入认识，无法为未来的可持续发展提供足够的理论和实证支持。农业与服务业一体化发展研究存在地域差异忽视、社会文化因素疏忽、发展路径系统性不足、政策环境研究薄弱以及长期效应关注不足等问题。这些不足之处阻碍了我们对于一体化发展的全面理解和有效推动，需要在今后的研究中予以更为充分的关注和深入的探讨。

二、农业与服务业一体化发展研究的未来研究方向

农业与服务业一体化发展的未来研究方向包括以下几个关键领域创新模式研究未来的研究应当聚焦于农业与服务业一体化的新型合作模式和商业模式。研究者可以深入分析各种合作关系的效果，包括农业产业链上下游的合作、新型农产品服务模式等。数字技术应用研究随着数字技术的不断发展，未来的研究方向应包括数字技术在农业与服务业一体化中的应用。研究者可以关注物联网、大数据、人工智能等技术在提高农业生产效率和服务业创新中的作用。可持续发展研究未来研究应当关注农业与服务业一体化的可持续发展问题。这包括研究如何实现生态农业与可持续性服务业相结合，推动农业生产与服务业的绿色发展。全球化背景下的研究：随着全球化的深入，未来研究方向应当关注农业与服务业一体化在全球层面的合作与竞争。研究者可以深入分析全球农产品贸易、农业技术的跨国传播以及全球服务业发展对农业与服务业一体化的影响。政策与制度研究未来的研究可以关注政策与制度对农业与服务业一体化的影响。研究者可以深入分析各级政府的支持政策、法规对一体化发展的引导作用，以及相关制度对合作关系的塑造。社会需求与市场导向研究研究者可以关注社会需求对农业与服务业一体化的驱动作用。通过深入了解市场需求的变化，研究者能够指导产业的发展方向，促进一体化发展与市场的有效衔接。区域差异与特色产业研究考虑到不同地区

的自然条件和经济特点，未来的研究方向应当关注农业与服务业一体化在不同区域的实践。研究者可以深入挖掘各地特有的产业发展机会，推动一体化发展更加贴近实际情况。人才培养与教育研究未来的研究可以关注人才培养与教育对农业与服务业一体化的支持作用。研究者可以探索新型的人才培养模式，以适应一体化发展对多领域专业人才的需求。未来农业与服务业一体化发展的研究方向将更加注重创新、可持续发展、数字化技术应用、全球化视野、政策与制度、社会需求与市场导向、区域差异与特色产业、人才培养与教育等多个方面，以全面推动农业与服务业一体化的深度发展。

三、农业与服务业一体化发展研究的前景展望

农业与服务业一体化发展研究的前景展望呈现出多方面的潜在机遇和挑战，为未来农村经济的全面升级提供了广阔的空间。农业与服务业一体化发展有望进一步提升农民的收入水平。通过整合现代服务业资源，农业生产链的延伸将为农民提供更多的就业机会，提高农业从业人员的薪资水平。服务业的蓬勃发展将为农民创造更多的增值服务岗位，推动农村居民的经济收入提升。一体化发展有助于解决农业生产过程中的问题。服务业的引入将提高农业生产的效益和质量。农业技术服务、农业物流等服务的应用，将促进农业现代化，提高农产品的品质和市场竞争力。这有助于农业从传统生产模式向现代科技驱动的生产方式过渡，推动农业生产水平的整体提升。农业与服务业一体化发展有望促进农村社区的全面建设。

随着服务业的进驻，农村地区将拥有更多的基础设施和公共服务设施，如教育、医疗、文化等。这将提高农民的生活质量，推动农村社区的现代化发展。一体化发展将推动农村数字经济的蓬勃发展。

随着信息技术的普及，农业与服务业的数字化整合将成为未来的发展趋势。数字化农业生产、农村电商等新兴业态的发展，将为农业与服务业的深度融合提供更多创新机遇。这将促使农业与服务业在数据共享、信息传递等

方面实现更紧密的合作。农业与服务业一体化发展还有助于推动农村地区的可持续发展。通过实现资源的高效利用和环境的友好保护，一体化发展有望实现农村经济、社会和环境的协同进步。这将为未来农业与服务业的可持续发展奠定坚实基础。农业与服务业一体化发展的前景充满了希望和机遇。通过更紧密的协作，农业与服务业有望实现优势互补，共同推动农村地区的全面发展。不过，也需要应对挑战，包括产业协同难度、信息不对称等问题，以实现真正意义上的一体化发展。

参考文献

[1] 成康康, 杜赫. 中国农业生产性服务业高质量发展研究 [J]. 技术经济与管理研究, 2023,(12):106-111.

[2] 杨雪. 智慧农业该如何嵌入农业服务业发展中 [J]. 农机市场, 2023,(11):20.

[3] 雷红笑. 乡村振兴视角下现代农业和服务业融合发展研究 [J]. 农村经济与科技, 2023,34(12):32-34,46.

[4] 方瑞, 任丹丹, 姚飞羽. 基于灰色关联模型的信阳市农业与农业生产性服务业融合发展研究 [J]. 农村经济与科技, 2023,34(12):84-86.

[5] 浦同算. 河南省农业生产性服务业发展对农业全要素生产率的影响研究 [D]. 河南工业大学, 2023.

[6] 彭程. 农业服务业发展对我国粮食高质量增长的影响及对策研究 [D]. 山东理工大学, 2023.

[7] 陈曦, 毕明宇, 高勇. 一次引领中国农业服务业发展的盛会 [N]. 北大荒日报, 2023-05-29(001).

[8] 李宁, 邱实. 粮食安全省长责任制促进农业服务业发展了吗? [J]. 农村经济, 2023,(02):40-47.

[9] 马菲, 余国新. 乡村振兴背景下农业生产性服务业发展态势及影响因素研究——以新疆为例 [J]. 中国农机化学报, 2023,44(01):216-225.

[10] 王娜. 吉林省农业生产性服务业发展水平测度研究 [D]. 吉林农业大学, 2022.

[11] 王力, 刘子鸿, 赵瑞彤. 农业生产性服务业发展对棉花全要素生产率

的影响研究——基于中国棉花主产省市的经验证据 [J]. 石河子大学学报 (哲学社会科学版),2022,36(04):15-22.

[12] 朱华岳 , 王艳 , 唐安吉 . 农业生产性服务业发展的劳动力转移效应 [J]. 山西师范大学学报 (自然科学版),2022,36(02):64-68.

[13] 罗琳 . 农业生产性服务业发展对农业全要素生产率的影响研究 [D]. 广西师范大学 ,2022.

[14] 杨刚 . 重庆武陵山区农业生产性服务业发展效率的测算及影响因素研究 [D]. 中南民族大学 ,2022.

[15] 柏颖 . 黑龙江省农业生产性服务业发展研究 [D]. 哈尔滨商业大学 ,2022.

[16] 罗颖 . 生产性服务业集聚对经济高质量发展的影响研究 [D]. 中南财经政法大学 ,2022.

[17] 杨康 . 农业生产性服务业发展对农民收入的影响研究 [D]. 长江大学 ,2022.

[18] 纪丽娟 . 乡村振兴视域下食品产业与农业经济的协同发展研究——评《绿色食品产业现代农业服务业研究——以黑龙江省为例》[J]. 食品安全质量检测学报 ,2022,13(04):1357-1358.

[19] 江胜名 , 阮凯 . 安徽省农业生产性服务业发展水平测度及评价 [J]. 安徽农业大学学报 (社会科学版),2022,31(01):56-62.

[20] 刘英恒太 , 杨丽娜 . 农业产出增长的结构分解及与服务业融合发展研究 [J]. 中国农业资源与区划 ,2022,43(09):138-147.